B.C.Info

아두이노

기초에서 활용까지

사물인터넷, 모바일 앱 디자인

장호덕 · 박군종 · 설상동 공저

머리말

4차 산업혁명 시대에 접어들며 기술의 발전은 우리의 일상과 산업 전반에 걸쳐 혁신적인 변화를 불러오고 있습니다. 그중에서도 아두이노는 누구나 쉽게 접근할 수 있는 오픈소스 하드웨어 플랫폼으로, 사물인터넷과 프로그래밍을 처음 접하는 사람들에게 창의적인 프로젝트를 실현할 수 있는 강력한 도구를 제공합니다.

이 교재는 아두이노를 처음 접하는 입문자부터 중급자까지 단계적으로 학습할 수 있도록 구성되었습니다. 기본적인 회로 설계와 프로그래밍 기초는 물론, 안드로이드 휴대폰을 활용한 앱 개발까지 다루고 있어, 독자들이 아두이노와 스마트폰을 연동하여 블루투스 무선통신을 통해 장치를 제어하고 센서의 출력을 실시간으로 확인하는 방법을 익힐 수 있도록 도와줍니다.

더 나아가, 이 교재는 최신 산업 트렌드와 교육 현장에서 요구되는 핵심 역량을 반영하여 구성되었습니다. 안드로이드 앱 개발과 블루투스 통신을 활용한 프로젝트 실습을 통해 독자들은 이론을 넘어 실제 문제를 해결하는 실무 능력을 기를 수 있을 것입니다. 아두이노와 안드로이드 앱의 결합을 통해 IoT(사물인터넷)와 같은 첨단 기술을 활용하는 데 자신감을 가질 수 있기를 기대합니다.

이 교재가 독자 여러분의 학습 여정에서 든든한 동반자가 되어, 아두이노와 함께하는 창의적이고 흥미로운 도전이 되기를 바랍니다.

차례

아두이노 기초에서 활용까지

PART 1 아두이노 기초

PART 2 블루투스를 이용한 장치 제어

부록

PART 1

아두이노 기초

ARDUINO

01
CHAPTER

아두이노 소개

학습목표

- 아두이노가 무엇인지와 활용 분야를 설명할 수 있다.
- 아두이노 보드 종류를 파악하고, IDE를 활용할 수 있다.

1.1 아두이노란?

아두이노(Arduino)는 각종 전자 기기를 제어하고 상호 작용할 수 있도록 설계된 오픈소스 하드웨어 플랫폼이다. 아두이노 보드의 핵심 부품인 마이크로컨트롤러는 AVR 계열의 ATmega 시리즈가 대표적이다. 표 1-1은 AVR, ARM 계열의 MCU를 사용하는 아두이노 보드의 종류이며, 입문자를 위한 저사양 보드, 고급 사양 보드, IoT와 웨어러블(wearable) 디바이스 구현을 위한 보드로 구분할 수 있다. 그림 1-1은 아두이노 보드 중에서 윤(Yun), 우노(Uno), 메가(Mega) ADK 보드의 제품 사진이다. 윤은 리눅스 운영체제를 사용할 수 있는 장점이 있다. 우노는 가장 널리 사용되는 아두이노 시리즈이며, MCU는 ATmega328을 사용한다. 디지털 핀 14개와 아날로그 핀 6개를 가지고 있어서 다양한 센서 및 액츄에이터와 연결할 수 있으며, 처음 아두이노를 접할 때 선택하면 좋은 보드이다. 메가 ADK는 아두이노 정품 중에서 가장 큰 사이즈이며, 가장 많은 GPIO 핀을 가지고 있다. 또한 시리얼 통신을 위한 핀이 4개 존재하기 때문에 SoftwareSerial 클래스를 사용하지 않고, 다른 디바이스와 하드웨어 시리얼 통신을 할 수 있다. 메가 ADK에서만 사용할 수 있는 클래스가 따로 존재하기 때문에 부가적인 기능을 사용하려면 이 보드를 선택하면 된다.

아두이노 보드는 디지털 및 아날로그 핀을 이용하여 LED, 부저 등의 액츄에이터 제어뿐만 아니라, 다양한 센서의 출력신호를 읽어서 센싱 정보를 확인할 수 있다. 아두이노 보드는 전원 공급, 프로그래밍, 시리얼 통신을 위한 인터페이스로 USB를 사용한다. 통합 개발 환경을 제공하는 아두이노 IDE(Integrated Development Environment)를 이용하여 프로그램 소스코드를 작성할 수 있으며, 컴파일 및 타깃 보드 업로드를 진행할 수 있다. 아두이노는 비교적 저렴한 가격으로 사물인터넷을 포함한 다양한 시스템을 구현할 수 있고, 참고할 수 있는 다양한 예제 프로그램이 공개되어 있어서 여러 가지 프로젝트를 수행할 때 활용할 수 있다. 아두이노를 비즈니스에 활용하는 기업들도 늘어나고 있으며, 레고는 로봇 장난감과 아두이노를 활용한 로봇 교육 프로그램을 북미 지역에서 운영하고 있다. 포드는 아두이노 기반의 차량과 상호작용할 수 있는 프로그램인 오픈XC를 개발하였다.

[표 1-1] 아두이노 보드 및 모듈 종류

	MCU	모델명
AVR	ATmega168	Pro(168), Mini(168), LilyPad(168V)
	ATmega328	Uno, Fio, Nano, Pro(328), Mini(328), Pro Mini, LilyPad(328V)
	ATmega2560	Mega 2560, Mega ADK
	ATmega32U4	Yun, Leonardo, Esplora, Micro
	ATtiny85	GEMMA
ARM	Cortex-M0+	Zero, Zero PRO, M0, M0 PRO
	Cortex-M3	Due

윤 (Yun)

우노 (Uno)

메가 (Mega) ADK

[그림 1-1] 아두이노 보드 종류

1.2 아두이노 IDE

아두이노 IDE(Integrated Development Environment)는 아두이노 소프트웨어라고도 불리는 통합 개발 환경이다. 소스코드 편집기, 컴파일러, 업로더 등이 합쳐진 소프트웨어 개발 환경이다. 프로그래밍 언어는 C++이며, 프로그램 개발에 필요한 각종 라이브러리를 관리할 수 있다. 또한 아두이노 보드와 컴퓨터 사이에 시리얼 통신을 할 수 있는 시리얼 모니터를 제공한다. 아두이노 보드와 UART(Universal Asynchronous Receiver Transmitter) 시리얼 통신을 하기 위해 USB 인터페이스를 이용한다. USB는 프로그램 업로드에도 이용되는 인터페이스이다. UART는 범용 비동기화 송수신기이며, 병렬 형태의 데이터를 직렬 방식으로 전환하여 전송하는 통신 방식이다.

PC에 설치한 아두이노 IDE를 실행하면 그림 1-2의 실행 창이 생성된다. 아두이노 IDE의 버전은 2.3.0이며, 파일(File), 편집(Edit), 스케치(Sketch), 도구(Tool), 도움(Help) 메뉴를 가지고 있다. 버전에 따라서 기능의 차이가 있지만, 주요 기능은 표 1-2의 편집기, 컴파일러, 업로드, 라이브러리 관리, 시리얼 모니터, 시리얼 플로터이다.

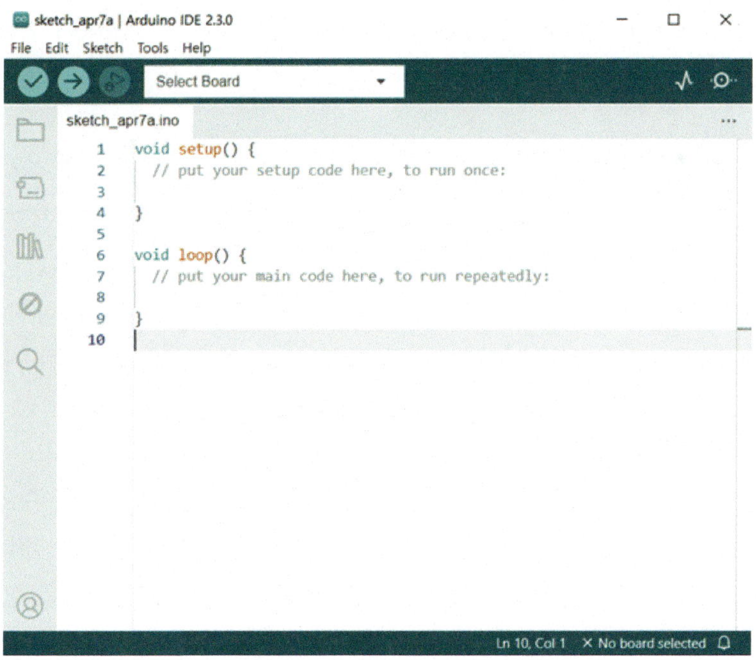

[그림 1-2] 아두이노 IDE 실행 창

[표 1-2] 아두이노 IDE의 기능

기능	설명 내용
편집기	UTF-8 기반이다.
컴파일러	ATmega의 경우, AVR-GCC를 이용한다.
업로드	USB-UART 변환을 하고, MCU의 부트로더가 동작하여 기계어 코드를 업로드한다.
라이브러리 관리	등록된 라이브러리 목록 및 예제를 지원한다. 공개된 아두이노 라이브러리를 등록할 수 있다.
시리얼 모니터(Serial Monitor)	UART 시리얼 통신으로 데이터를 송신하고, 수신된 데이터를 확인할 수 있다.
시리얼 플로터(Serial Plotter)	UART 시리얼 통신으로 수신된 데이터를 그래프로 보여준다.
기타 옵션	

1.2.1 프로그램 작성하기

아두이노 IDE에서 작성한 프로그램은 스케치(Sketch)라는 명칭을 사용하여 부르기도 한다. 프로그램을 저장하면 ino 확장자를 가지는 파일이 생성된다. 그림 1-2의 실행 창의 가운데 부분에 있는 소스코드 편집기에 프로그램을 작성하며, setup 함수, loop 함수로 구성된다. setup 함수 위에 #include, #define 등의 전처리 지시자, 전역 변수, 사용자 정의 함수 등을 추가할 수 있다.

setup 함수는 프로그램이 시작할 때 한 번만 실행되며, 초기 설정을 위한 소스코드를 포함한다. 예를 들어 사용하는 디지털 핀의 용도(입력 또는 출력), 출력(LOW 또는 HIGH) 등을 설정할 수 있다. 아래 LED 제어 (ON(점등), OFF(점멸), Blink(깜빡임)) 프로그램의 setup 함수를 보면 LED를 제어하기 위한 디지털 핀으로 4번을 선택하였고, setup 함수에서 pinMode 함수를 이용하여 4번을 출력으로 설정하였다. 그리고 digitalWrite 함수를 이용하여 4번 핀으로 LOW 레벨이 출력되도록 하여 LED의 초기 상태를 점멸로 만들었다.

loop 함수는 setup 함수가 실행된 다음에 반복적으로 실행되며, 아두이노 보드에 연결된 디바이스 제어, 센서의 출력 정보 확인 등 구현하고자 하는 프로그램의 주요 기능을 위한 소스코드를 포함한다. 아래 프로그램에서는, digitalWrite 함수를 이용하여 4번 핀으로 HIGH 레벨을 출력시켜 LED를 점등시키고, delay 함수를 이용하여 1초 동안 점등된 상태를 유지하도록 하였다. 다음으로 digitalWrite 함수를 이용하여 4번 핀으로 LOW 레벨을 출력시켜 LED를 점멸시키고, delay 함수를 이용하여 1초 동안 점멸된 상태를 유지하도록 하였다. loop 함수는 1초 점등, 1초 점멸을 반복하므로 LED가 깜빡이게 된다.

```
int pin_LED = 4;

void setup()
{
  pinMode(pin_LED, OUTPUT);
  digitalWrite(pin_LED, LOW);
}

void loop()
{
  digitalWrite(pin_LED, HIGH);
  delay(1000);
  digitalWrite(pin_LED, LOW);
  delay(1000);
}
```

1.2.2 프로그램 컴파일 및 업로드하기

아두이노 IDE에서 작성한 프로그램은 스케치(Sketch)라는 명칭을 사용하여 부르기도 한다. 프로그램을 저장하면 ino 확장자를 가지는 파일이 생성되며, 컴파일을 진행하기 위한 사전 작업으로 연결 보드 및 포트 설정이 필요하다. 타깃 보드는 도구(Tools) 메뉴의 Board에서 선택할 수 있으며, 그림 1-3은 AVR 보드 중에서 우노를 선택한 화면이다. 아두이노 보드가 연결된 포트는 그림 1-4에서와 같이 도구(Tools) 메뉴의 Port에서 선택할 수 있다.

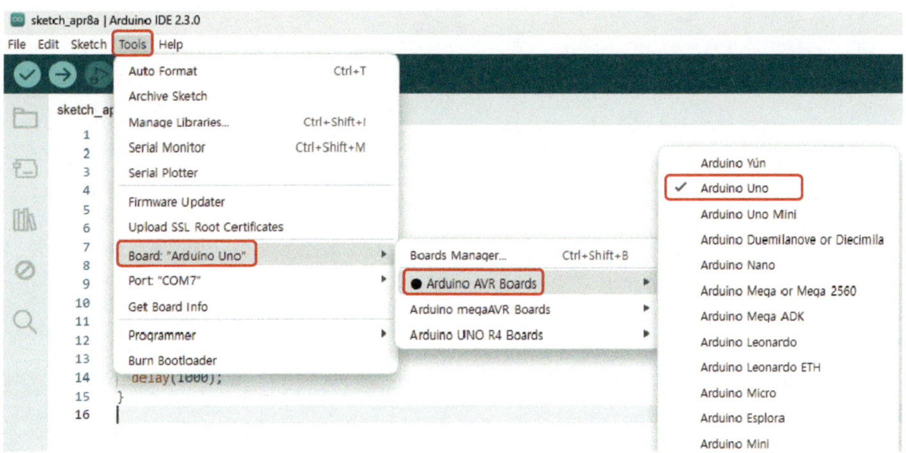

[그림 1-3] 아두이노 보드 선택 화면

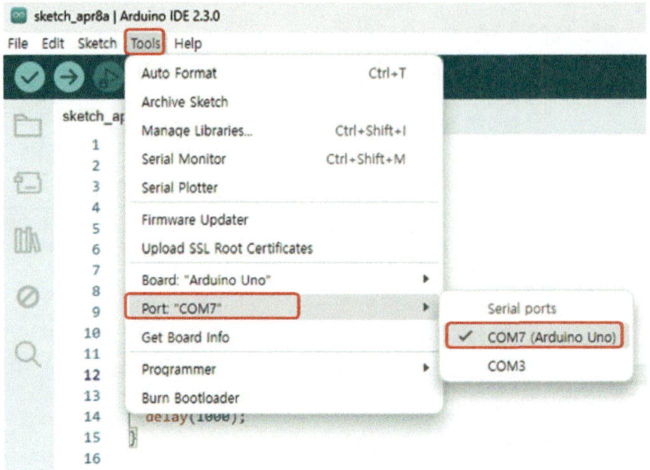

[그림 1-4] 아두이노 포트 선택 화면

프로그램 소스코드의 오류를 점검하기 위한 컴파일은 그림 1-5에서와 같이 스케치(Sketch) 메뉴 또는 툴 바의 확인/컴파일(Verify/Compile)을 선택하면 진행할 수 있다. 컴파일이 완료되면 오류 사항 유무를 확인할 수 있으며, 오류가 있으면 해당 부분을 수정한다. 프로그램 소스코드에 오류가 없으면 타깃 보드에 업로드한다. 프로그램 업로드는 그림 1-6에서와 같이 메뉴 또는 툴 바의 업로드(Upload)를 선택하면 진행할 수 있다.

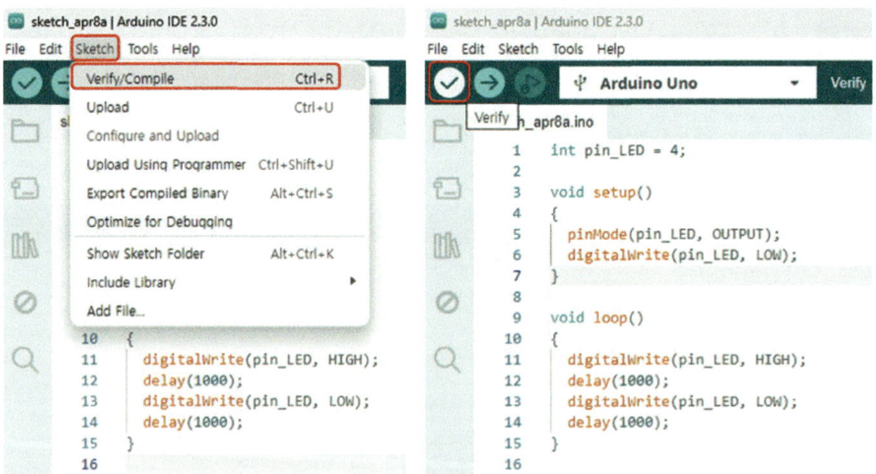

[그림 1-5] 확인/컴파일 (Verify/Compile) 선택 화면

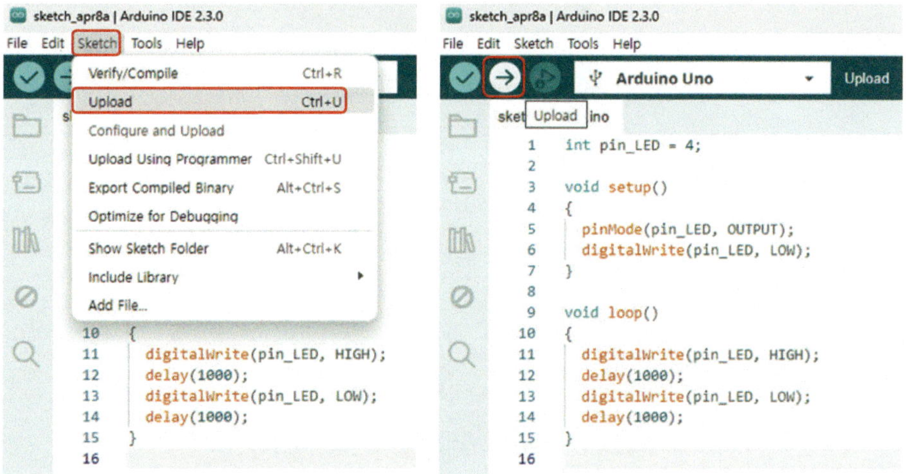

[그림 1-6] 업로드 (Upload) 선택 화면

1.2.3 라이브러리 관리 및 추가하기

아두이노 IDE를 설치하면 기본적인 라이브러리와 예제가 등록되며, 개발하고자 하는 프로그램에서 필요한 라이브러리가 있는 경우 추가하여 이용할 수 있다. 첫 번째 방법은 라이브러리 관리하기 메뉴를 이용하는 것이다. 그림 1-7에서와 같이 스케치(Sketch) 메뉴의 라이브러리 포함하기(Include Library) 또는 도구(Tools)에서 라이브러리 관리하기(Manage Libraries)를 선택하면 된다. 라이브러리 관리하기를 선택하면 그림 1-8의 라이브러리 관리자(LIBRARY MANAGER)가 실행된다. 라이브러리 명칭을 입력창에 작성하면 검색하여 목록을 보여주며, 라이브러리를 선택하여 INSTALL 버튼을 누르면 설치가 진행된다. 두 번째 방법은 공개된 아두이노 라이브러리를 찾아서 파일을 다운로드하여 등록하는 것이다. 그림 1-9에서와 같이 스케치(Sketch) 메뉴의 라이브러리 포함하기(Include Library)에서 'Add .ZIP Libraries...'를 선택하면 파일을 선택할 수 있는 창이 생성된다.

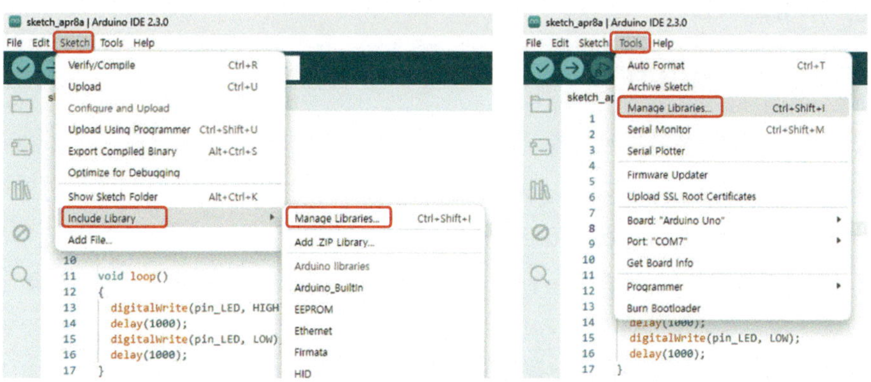

[그림 1-7] 라이브러리 관리 이용 방법1

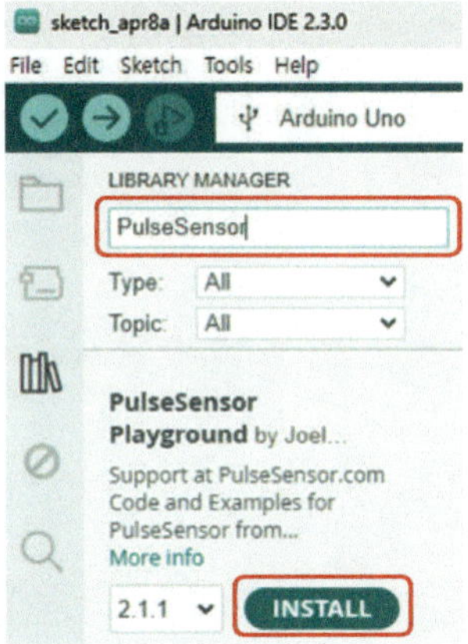

[그림 1-8] 라이브러리 관리 이용 방법2

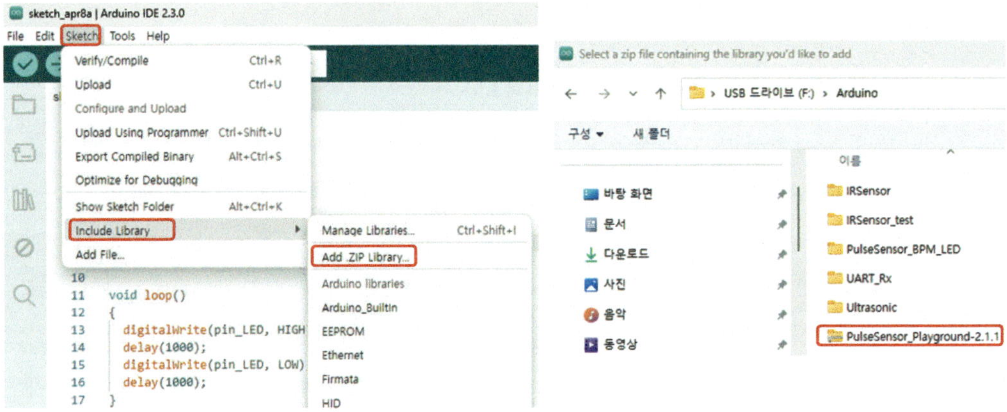

[그림 1-9] 라이브러리 관리 이용 방법3

1.3 팅커캐드 소개

1.3.1 팅커캐드 들어가기

팅커캐드(Tinkercad)는 아두이노를 웹에서 시뮬레이션하거나 프로그램 연습을 하려는 사람들에게 유익한 사이트이다. 팅커캐드의 장점은 사용을 위해 다운로드하거나 별도의 설치를 하지 않고서 다양한 툴과 환경을 무료로 제공한다는 점이다. 아두이노 실습을 진행하기 전에 가상으로 회로를 구성하여 동작 결과를 확인해 보고 싶을 때 사용해 보는 것을 권장한다.

팅커캐드 공식 웹 사이트: https://www.tinkercad.com/dashboard

공식 웹 사이트에서 그림 1-10과 같이 개인계정, 구글로 로그인, 디자인, 회로의 순서로 클릭하면 회로를 설계할 수 있는 화면이 나온다.

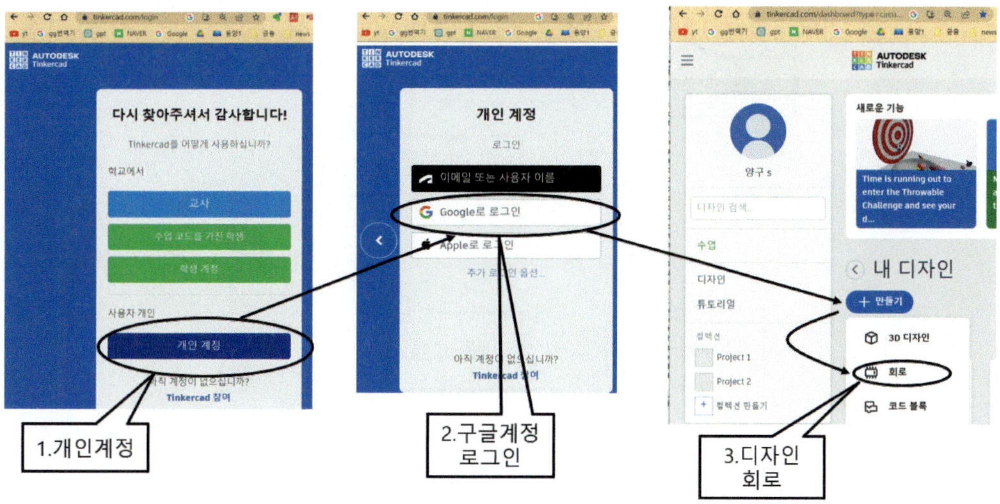

[그림 1-10] 팅커캐드에 로그인하기

1.3.2 팅커캐드 사용하기

팅커캐드를 사용하기 위해서 그림 1-11의 화면 구성요소를 이해하는 것이 좋다. 화면은 상단의 메뉴바, 좌측의 작업공간과 우측의 컴포넌트 구성요소들이 있다. 우측의 컴포넌트들을 클릭해서 좌측의 작업공간에 옮겨서 회로를 설계한다.

메뉴바에 있는 주요 아이콘은 아래와 같다.

▶ 코드 : 소스코드 작성을 위한 메뉴이다. 블록방식과 문자방식이 있는데, 여기서는 C++ 기반의 문자 형식을 사용한다.

▶ 배선색 : 컴포넌트들을 연결하는 선의 색을 선택할 수 있는 메뉴이다.

▶ 시뮬레이션 시작 : 회로설계 및 소스코드 작성을 완료하고, 동작을 확인하기 위한 메뉴이다.

아래의 핫키를 사용하면 편리하게 회로를 설계할 수 있다.

▶ Ctrl + c : 컴포넌트 복사하기

▶ Ctrl + v : 컴포넌트 붙여넣기

▶ r : 컴포넌트 회전하기

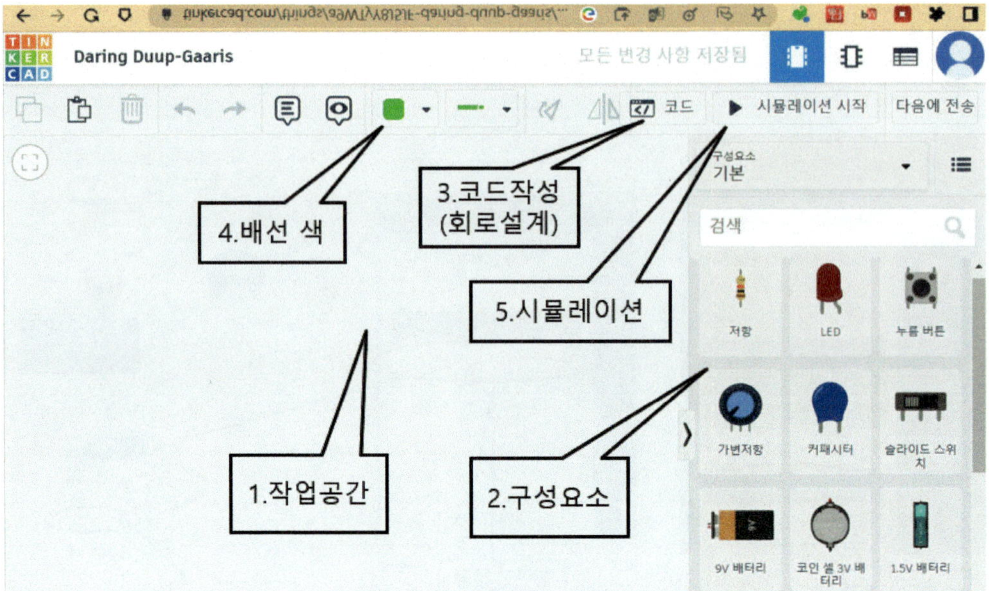

[그림 1-11] 팅커캐드 화면

1.3.3 팅커캐드 실습하기

팅커캐드를 사용하여 시뮬레이션하기 위해서는 회로설계, 코드 작성, 시뮬레이션 시작의 순서로 진행하며, 실제 아두이노 보드를 이용하여 회로를 동작시키는 것과 같은 순서이다.

① **회로설계** : 메뉴바에 "코드" 아이콘이 회로설계와 코드 작성 화면을 선택하게 한다. 코드 아이콘이 선택되지 않은 상태 (즉 회로설계 상태)에서 원하는 컴포넌트를 작업공간에 옮겨서 회로를 자유롭게 만든다. 컴포넌트의 설정이 필요한 경우 컴포넌트를 단순 클릭하면 설정이 가능하다. 그림 1-12에서 저항값을 변경하고 싶으면 저항을 클릭하여 설정 창이 뜨면 저항값을 지정할 수 있다.

② **코드 작성** : 메뉴바의 코드 아이콘을 선택하여 블록과 문자 중에서 문자를 선택하여 C++ 문법에 맞게 작성하여 소스를 완성한 후에 "시뮬레이션 시작" 버튼을 누르면 자동으로 실행된다. 코드를 작성하면 웹에 소스와 회로가 자동 보관되기 때문에 별도로 저장하지 않아도 된다.

③ **회로 확인** : "회로 보기" 또는 "도식적 뷰"를 선택될 수 있다. "도식적 뷰"를 클릭하면 실제 회로 형태의 도식을 볼 수 있다.

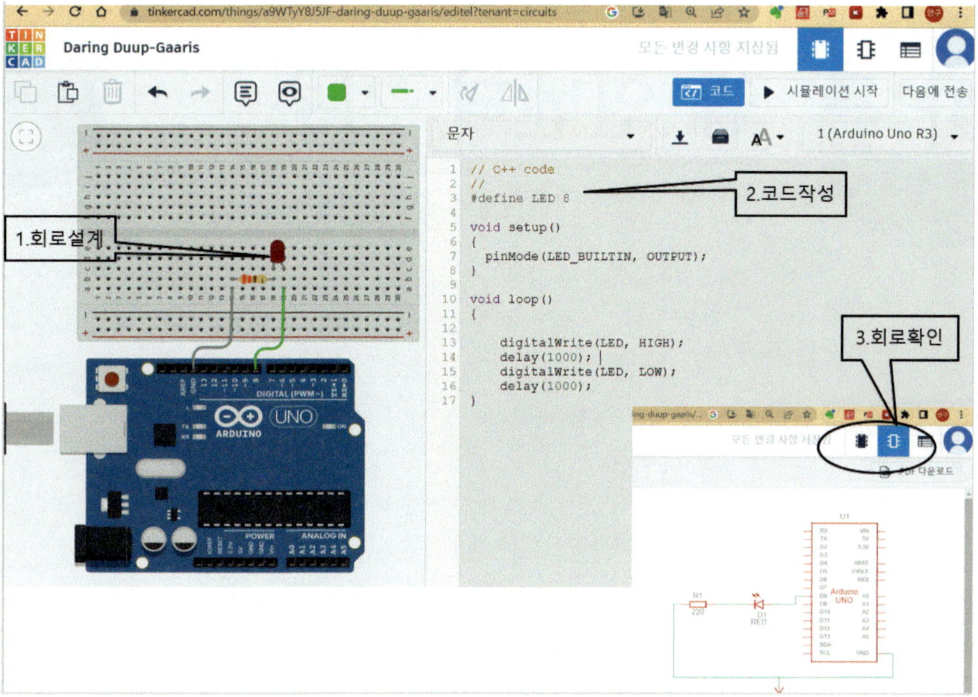

[그림 1-12] 팅커캐드 사용 방법

CHAPTER 02

앱 인벤터 기초

학습목표

- 앱 인벤터의 구성 요소를 이해한다.
- 앱 인벤터를 이용해서 스마트폰 앱을 제작하는 방법을 배운다.
- 앱 인벤터를 이용해서 간단한 스마트폰 앱을 제작한다.

2.1 앱 인벤터란?

앱 인벤터는 안드로이드 기반의 운영 체제에서 앱을 설계하는 프로그래밍 도구이며, 구글이 제작하였다. 2011년부터 MIT로 이관되어 발전적으로 관리되고 있다. 앱 프로그램 제작이 자바와 같은 스크립으로 작성하는 것이 일반적인데, 앱 인벤터는 블록코딩 기법을 이용하여 직관적으로 앱 프로그래밍을 작성할 수 있도록 설계되어 있어서 프로그램을 모르는 초보라도 쉽게 앱 제작을 할 수 있다. 그리고 앱을 제작하려면 자신의 컴퓨터에 복잡한 설치 및 설정 과정을 거쳐야 앱 프로그램을 시작할 수 있는데, 앱 인벤터는 별도로 설치하지 않고 웹 기반으로 프로그램을 제작하고 관리하기 때문에 개발자는 아무 컴퓨터에서나 인터넷만 연결하여 쉽게 앱 개발을 할 수 있다.

앱 인벤터 공식 웹 사이트: http://appinventor.mit.edu

특징 요약

- **웹 기반 프로그래밍 제공** : 구글 계정으로 앱인벤터에 로그인하면 프로그래밍이 가능하도록 설계
- **드래그 앤 드롭 방식의 프로그래밍** : 다양한 컴포넌트를 제공하고 프로그램 로직을 블록 코딩 기반으로 제작하게 되어 있어서 마우스 클릭으로 프로그래밍이 가능
- **화면 디자인과 블록 코딩을 함께 지원함** : 모든 프로그래밍은 2개의 단계로 단순화 시켜서 개발자가 원하는 화면을 먼저 디자인하고, 각 디자인된 요소에 적절한 기능을 블록 방식으로 프로그램 제작하도록 단순화 시킴
- **모든 동작은 이벤트 기반으로 구동** : 버튼 구동, 스크린 터치, 센서 데이터 수신 등의 이벤트 기반으로 동작하도록 설계

2.2 앱 인벤터 시작하기

2.2.1 앱 인벤터 로그인

인터넷에서 앱 인벤터를 검색하거나 공식사이트 https://appinventor.mit.edu에 접근하면 아래와 같이 진행하여 설계 화면으로 들어간다.

① Create app : 앱을 생성하기

② 구글계정 로그인하기 : 자신의 구글 계정을 선택한다. 개인 구글 계정을 이용하여 다른 등록 절차 없이 앱 인벤터에 로그인할 수 있다.

③ Start a blink project : 튜토리얼 아이콘을 선택하면 다양한 내용을 안내하지만 바로 프로젝트를 시작하려면, 빈 프로젝트를 선택하고 시작할 새로운 프로젝트 이름을 작성한다. 앱 인벤터에서 앱을 제작하는 작업은 프로젝트 단위로 관리한다.

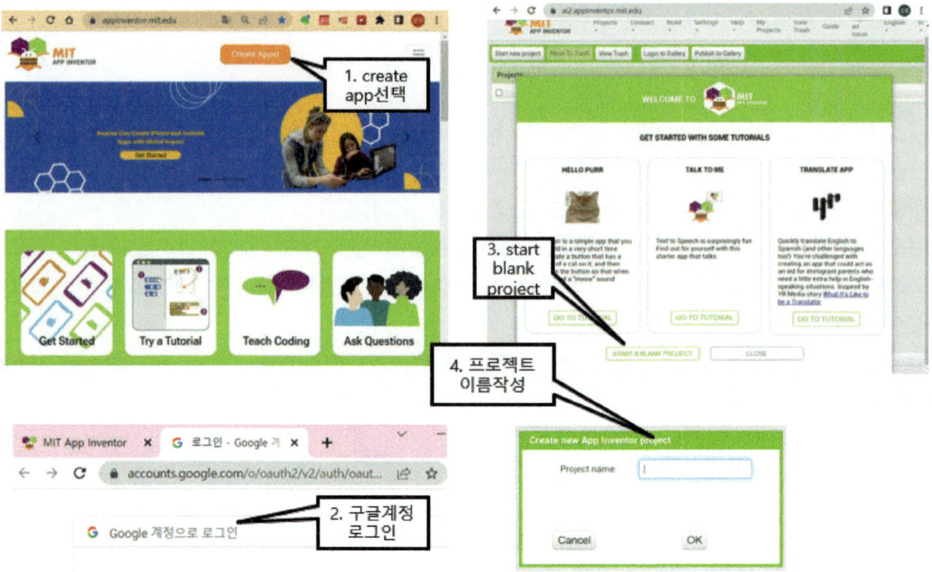

[그림 2-1] 앱 인벤터 로그인하기

2.2.2 앱 인벤터 둘러보기

앱 인벤터의 메뉴는 A. 앱 인벤터 메뉴와 B. 프로젝트 메뉴 2가지가 있다. 내용을 요약하면 아래 표와 같다.

[그림 2-2] 앱 인벤터 메뉴 화면

A. 앱 인벤터 메뉴 요약

▷ 프로젝트 : 프로젝트 시작, 데이터 파일 가져오기(aia), 저장, 다른 이름 저장 등 프로젝트 관리 기능
▷ 연결 : 에뮬레이터 연결 등 실행과 관련 기능
▷ 빌드 : 안드로이드 앱 생성(apk)
▷ Setting : 프로젝트 자동로드와 OpenDyslexic 폰트 설정 및 해제
▷ 도움말 : 라이브러리, 튜토리얼 등 도움말
▷ 내 프로젝트 : 내가 작업한 프로젝트 목록
▷ View Trash : 삭제된 프로젝트 목록
▷ 가이드 : 라이브러리 창 불러오기
▷ 문제보고 : 앱 인벤터 포럼 연결
▷ 한국어 : 언어 선택

B. 프로젝트 메뉴 요약

▷ 스크린/추가/제거 : 현재 앱 화면 표시 및 추가 제거
▷ 갤러리 발행 : 앱을 갤러리에 공개
▷ 디자이너 : 앱 화면 구성을 디자인하는 화면
▷ 블록 : 블록 코딩을 제작하는 화면

2.2.3 앱 인벤터 프로젝트 시작하기

앱 인벤터를 이용하여 앱을 개발하고, 실행하는 순서는 다음과 같다. 앱을 만들기 위해서는 화면 디자인을 이용해서 앱에서 개발자가 원하는 화면을 자유롭게 디자인하게 한다. 디자인의 구도가 완료되면 블록 코딩을 통해서 각 화면의 기능들을 제공해 주는 블록을 이용해 작성한다.

프로젝트 시작 → 화면 디자인 → 블록 코딩 → 스마트폰에 전달하기

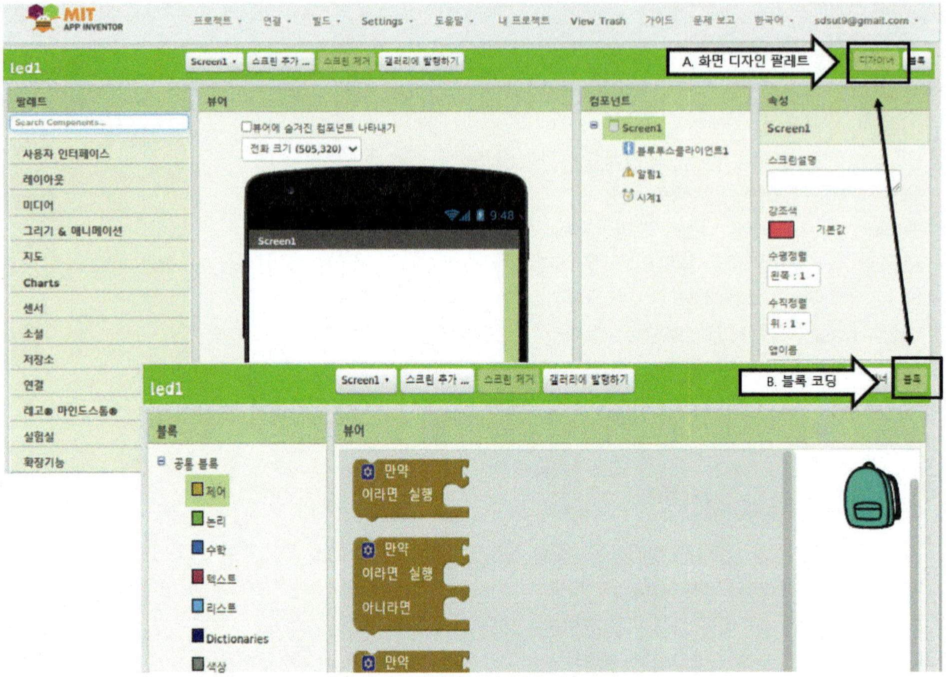

[그림 2-3] 디자인 화면과 블록 화면

A. 화면 디자인 팔레트 : 앱 화면을 디자인하기 위한 컴포넌트 모음

▷ 사용자 인터페이스 : 기본 디자인에 필요한 컴포넌트 버튼, 레이블, 박스 등 기본 요소이다.
▷ 레이아웃 : 컴포넌트를 수평, 수직으로 배치하는 기능
▷ 미디어 : 카메라, 소리, 캠코더 등의 미디어 관련 기능
▷ 그리기 & 애니메이션 : 그림을 그리도록 캔버스와 이미지 처리 관련 기능
▷ 지도 : 지도를 활용한 기능
▷ 센서 : 가속도센서, 바코드, 자이로 등 스마트폰 센서 제어 기능
▷ 연결 : 블루투스, 웹 연결에 필요한 기능
▷ 확장 기능 : 외부에 확장된 동작을 추가하는 기능
▷ 소셜/저장소/레고 마인드스톰/실험실 : 부가 기능

B. 블록 코딩 : 각 컴포넌트의 동작을 코딩할 때 사용할 블록

▷ 공통 블록 : 제어, 논리, 수학, 텍스트, 리스트, Dictionaries, 색상, 변수, 함수
▷ 스크린/모든 컴포넌트 : 개발자가 작성해야 할 블록 코딩 부분

2.3 앱 만들기 (인치 센치 변환기)

2.3.1 화면 구성 컴포넌트

인치(inch)를 센치(cm)로 변환하는 간단한 앱을 만들기 위해 먼저 앱 화면을 디자인한다. 동작 원리는 인치를 텍스트박스에 입력하고, '센치(cm)로 변환' 버튼을 누르면 인치를 센치(cm)로 계산해서 레이블에 표시하는 것이다. 아래 그림과 같이 컴포넌트를 클릭해서 드래그하여 디자인 화면에 옮겨놓으면 기본 디자인은 완성된다. 여기에 사용된 컴포넌트는 사용자 인터페이스의 버튼, 레이블, 텍스트박스이다. 숫자나 문자를 입력할 때는 텍스트 박스를 사용해서 변수를 입력할 수 있다. 단순히 숫자나 글자를 표시만 하는 용도로 사용되는 컴포넌트는 레이블이다. 그리고 모든 동작은 이벤트 기반으로 구동되기 때문에 버튼을 누를 때 마다 인치 데이터를 읽어서 센치(cm)로 변환하는 동작을 하도록 구성하면 된다. 그리고 레이아웃의 수평배치를 사용했다. 이는 한 줄에 텍스트박스와 3개의 레이블을 수평으로 배치하는 설정이 필요하기 때문이다.

[그림 2-4] 인치 센치 변환기 화면 디자인

[그림 2-5] 인치 센치 변환기 화면 구성하기

그림 2-5 프로젝트 화면의 상단에 있는 Ⓐ 디자이너를 선택하면 화면 디자인을 할 수 있다. 디자인에 필요한 컴포넌트들은 Ⓑ 팔레트에서 드래그해서 Ⓒ 뷰어의 사용자 폰 화면에 레이블, 버튼, 목록선택버튼 등의 컴포넌트를 순서대로 배치한다. 뷰어에 옮겨진 컴포넌트들을 클릭하면 선택한 컴포넌트의 이름이 Ⓓ에 하이라이트 되어 나타나며, 이 이름은 Ⓐ의 블록 코딩에서 사용된다. 또한 Ⓔ 속성에서 해당 컴포넌트의 특성을 2.3.2절의 컴포넌트 속성 설정에서 다양하게 설정할 수 있다.

[표 2-1] 컴포넌트 위치 및 명칭

번호	컴포넌트 팔레트 위치	변수, 상수 명칭
①	사용자 인터페이스 〉 버튼	버튼_센치_변환
②	사용자 인터페이스 〉 레이블	inch레이블, 센치_변환값, cm레이블
③	사용자 인터페이스 〉 텍스트박스	인치입력값

2.3.2 컴포넌트 속성 설정

모든 컴포넌트는 클릭하면 자동으로 설정 창이 오른쪽에 나타난다. 아래 그림은 사용한 4개 컴포넌트의 속성을 보여주고 있다.

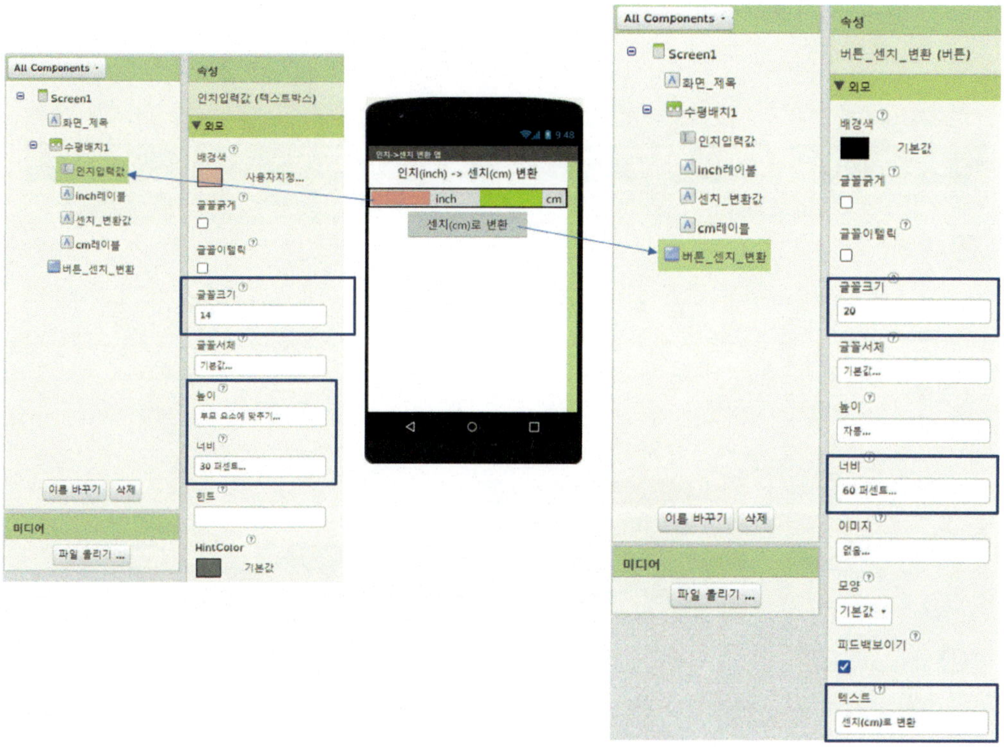

[그림 2-6] 컴포넌트 속성 설정 예

컴포넌트 구조를 보면 Screen1 아래에 화면_제목, 수평배치1, 버튼_센치_변환 요소가 배치되었고, 수평배치1 아래에는 인치입력값, inch레이블, 센치_변환값, cm레이블의 4개 요소가 있다. 여기서 지정한 이름을 설정하면 코딩할 때 사용될 변수, 상수의 이름이 된다.

a. **스크린:** 화면 전체의 속성에 영향을 주기 때문에 수평정렬 항목을 가운데로 설정하면 버튼을 불러올 때 가운데 배치된다. 앱의 명칭은 제목에서 "인치->센치 변환 앱"으로 작성한다.
b. **레이블:** 글꼴크기, 제목, 텍스트정렬을 선택한다.
c. **텍스트 박스:** 배경색 지정, 글꼴 크기, 높이, 너비를 설정한다.
d. **버튼:** 글꼴크기, 높이, 너비, 텍스트 (센치(cm) 변환), 텍스트정렬 (가운데)을 선택한다.

2.3.3 앱인벤터 블록 코딩

화면 디자인을 완성한 다음, 블록을 이용해서 프로그램을 작성한다. 블록코딩 내용은 "버튼_센치_변환" 버튼을 클릭하면 텍스트박스(인치입력값)에 숫자를 입력하고, 입력한 숫자에 2.54를 곱한 다음 레이블(센치_변환값)에 그 값을 표시하는 것이다. 또한 확장성을 고려하여 입력 inch 값을 변수로 사용하였고, 이를 위해서 "inch"라는 변수를 만들어서 처리하였다.

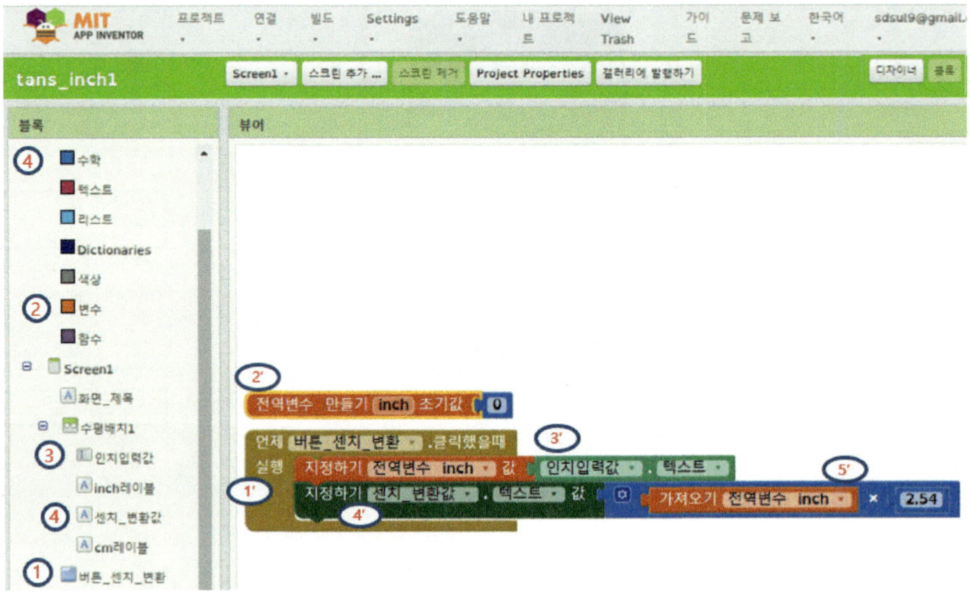

[그림 2-7] 블록 코딩 순서

a. **변수 만들기:** 공통 블록 ⇨ 변수 만들기 불러오고, 초기값은 수학 ⇨ "0"을 드래그해서 블록에 붙이면 변수 생성이 됨
b. **버튼 기능:** 사용자 블록 ⇨ 버튼_센치_변환 ⇨ "(버튼_센치_변환) 클릭했을 때" ⇨ 변수 가져오기(인치입력값 텍스트) ⇨ 지정하기(센치_변환값 텍스트) ⇨ 수학(곱하기 블록)

앱 인벤터는 공통 블록에서 기본적으로 필요한 블록을 제공하고, 개발자가 추가한 컴포넌트의 블록을 함께 이용하여 코딩한다. "버튼_센치_변환" 버튼이나 "인치입력값" 등을 지정하면 자동으로 기본 블록이 생성되기 때문에 그것을 이용해서 코딩하면 된다. 공통 블록의 경우에는 이용자가 쉽게 이해하도록 색깔을 구분해서 제공하기 때문에 수학에 관련된 블록이 필요한 경우 파란색을 직관적으로 이용하게 제공한다.

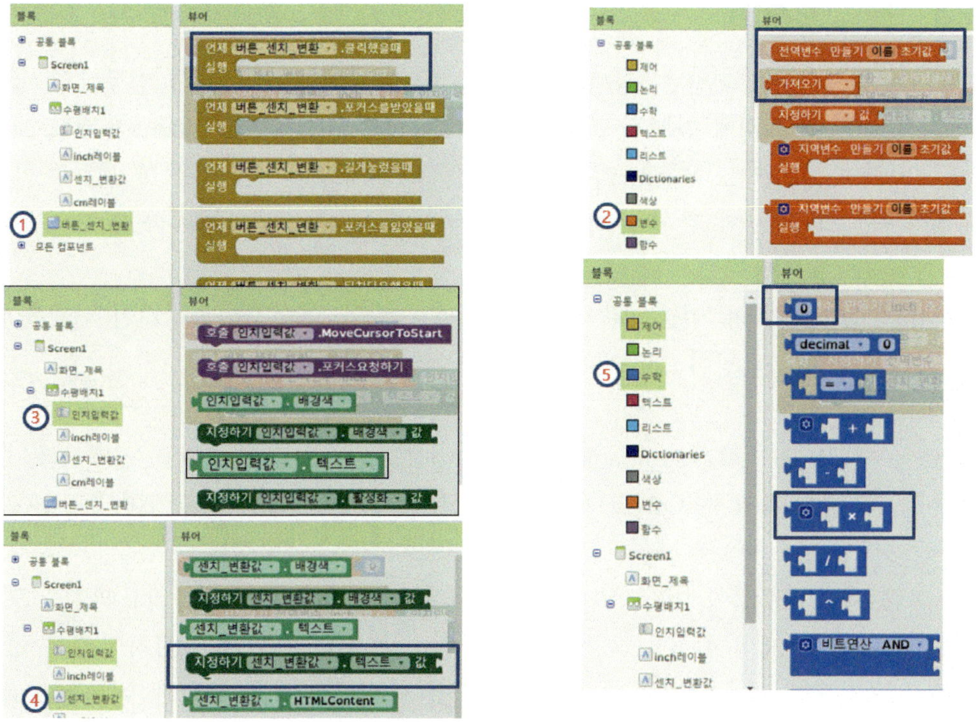

[그림 2-8] 블록 코딩에 사용된 컴포넌트

사용자가 정의한 블록들의 아이콘을 클릭하면 그림 2-8과 같이 사용 가능한 블록 리스트가 나타난다. 여기서 사용한 블록의 이름과 위치, 사용하는 블록을 요약하면 표 2-2와 같다.

[표 2-2] 컴포넌트 블록 리스트

번호	블록 이름과 위치	사용하는 블록
①	버튼_센치_변환	언제 버튼_센치_변환 .클릭했을때 실행
②	공통블록〉변수	전역변수 만들기 이름 초기값 가져오기
③	인치입력값	인치입력값 . 텍스트
④	센치_변환값	지정하기 센치_변환값 . 텍스트 값
⑤	공통블록〉수학	× 0

2.3.4 앱 실행하기

블록 코딩 작업이 완료되면 AI 컴패니언 기능을 이용하여 모바일 기기와 연동해 앱 동작을 시뮬레이션한다. 이를 위해 먼저 구글 플레이 스토어에서 MIT AI2 Companion 앱을 모바일 기기에 설치한다. PC에서도 aiStarter라는 에뮬레이터를 설치하면 앱 동작을 확인할 수 있지만, 본 교재에서는 그림 2-9와 같이 모바일 기기를 이용하는 방법을 소개한다.

- PC 부분: 앱 인벤터의 '연결' 메뉴에서 AI 컴패니언을 선택한다. 컴패니언 연결을 위한 QR 코드를 포함하는 창이 생성된다. (그림 2-9의 a 참고)
- 스마트폰 부분: MIT AI2 Companion 앱을 실행하고, 'scan QR code'를 선택한다. PC의 컴패니언 연결 창에 있는 QR 코드를 스캔해서 앱을 실행한다. (그림 2-9의 c 참고)

한편 그림 2-9의 b와 같이 '빌드' 메뉴의 'Android App (.apk)'을 선택하여 apk 파일을 모바일 기기에 다운로드하여 앱을 설치하는 방법도 있다. 하지만 AI 컴패니언을 이용하면 앱을 설치하는 과정 없이 수정사항을 적용하여 확인할 수 있다. 또한, 연결이 끊어진 경우 'Refresh Companion Screen'이나 '다시 연결하기'를 통해 다시 실행할 수 있다.

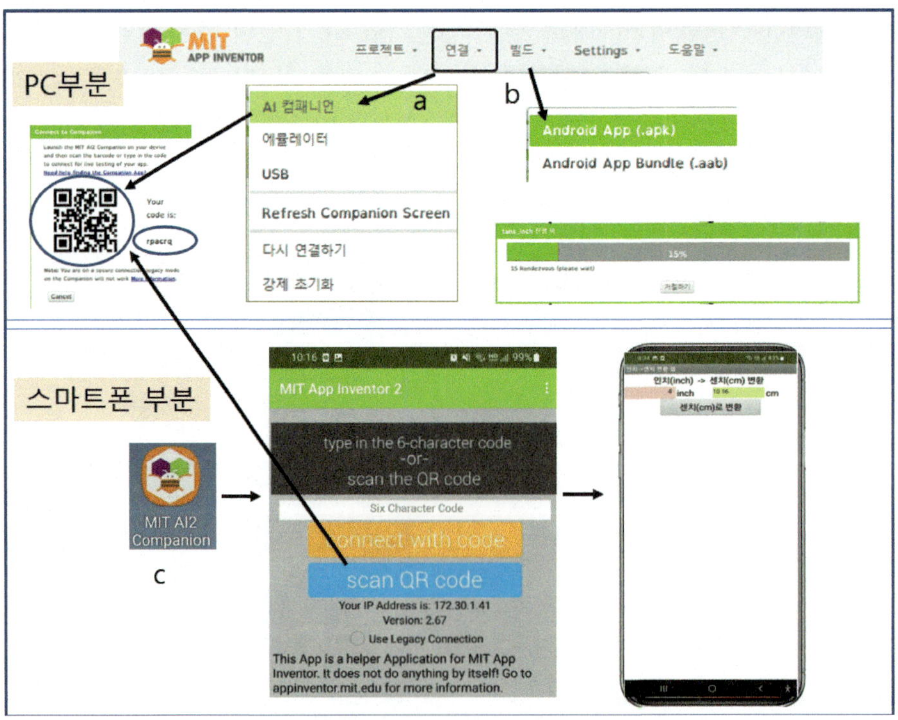

[그림 2-9] 앱 실행 순서

2.3.5 추가 기능 만들기

그림 2-10에서와 같이 센티미터를 인치로 변환하는 부분을 구현한다. 이를 위해 화면을 구성하는 컴포넌트를 추가하고, 기능 구현을 위한 코딩 블록을 추가한다.

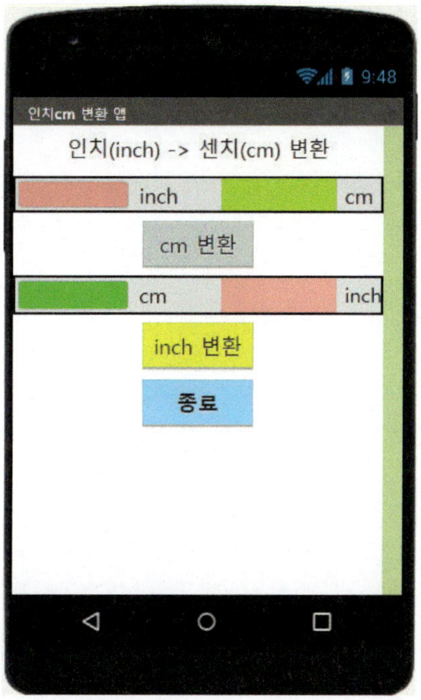

[그림 2-10] 추가 기능 화면

03
CHAPTER

블루투스 통신 구현

학습목표

- 블루투스 통신의 용도를 이해한다.
- 블루투스와 아두이노를 연동하는 방법을 이해한다.
- 블루투스 연동을 통해 원격 제어를 실행한다.

3.1 블루투스 소개

3.1.1 블루투스 개요

블루투스는 1994년 에릭슨이 최초로 개발한 근거리 무선 통신 방식으로 전력을 적게 소모하는 것이 특징이다. 사용되는 2.4GHz 주파수는 산업용 주파수(ISM, Industrial Scientific and Medical) 대역으로 전파사용이 허용된 무선 주파수이며, 79개의 채널을 이용하여 통신한다. 2.4GHz 주파수는 개인 무선기기, WiFi 등 여러 기기가 사용되기 때문에 전파 간섭이 많지만, 블루투스는 주파수 호핑 방식 (순서대로 주파수를 바꿔서 통신하는 방식)을 통해 간섭되는 전파환경에도 불구하고 좋은 통신을 유지한다.

블루투스는 다양한 용도로 사용될 수 있기 때문에, 특정한 용도에 맞게 통신을 하기 위해서 표준화된 기능 세트가 있다. 그것을 블루투스의 프로파일이라 하고, 표 3-1에서와 같이 블루투스 프로파일 종류와 용도를 표시하고 있다.

[표 3-1] 블루투스 프로파일 종류

프로파일 이름	약어	설명
Advanced Audio Distribution Profile	A2DP	고품질 오디오 스트리밍을 지원하며, 일반적으로 무선 헤드폰 및 스피커에서 사용됩니다.
Audio/Video Remote Control Profile	AVRCP	오디오 및 비디오 장치를 원격으로 제어하기 위해 사용됩니다.
Hands-Free Profile	HFP	핸즈프리 장치를 통해 차량 내에서 휴대폰을 사용할 수 있도록 합니다.
Headset Profile	HSP	헤드셋 장치를 통해 음성 통신을 지원합니다.
Human Interface Device Profile	HID	키보드, 마우스 등과 같은 인풋 장치를 지원합니다.
Personal Area Networking Profile	PAN	장치 간에 네트워크 연결을 설정합니다.
Serial Port Profile	SPP	가상 시리얼 포트를 통해 장치 간 데이터 전송을 지원합니다.
File Transfer Profile	FTP	블루투스를 통해 파일을 전송할 수 있도록 합니다.
Object Push Profile	OPP	블루투스를 통해 연락처 정보와 같은 객체를 전송할 수 있습니다.
Phone Book Access Profile	PBAP	휴대폰의 전화번호부에 접근할 수 있도록 지원합니다.
Message Access Profile	MAP	문자 메시지에 접근하고, 읽고, 보낼 수 있도록 지원합니다.

3.1.2 블루투스 진화

블루투스 1.x가 도입되어 무선 연결기능이 제공되었고, 2.x와 3.x로 진화하면서 데이터의 전송속도가 향상되어 스트리밍 등의 파일 전송도 가능해졌다. 4.x에서 저전력 통신 기능을 강화하여 다양한 센서 네트워크에 사용되고 있으며, 최신 버전인 5.x에서 보안과 도달거리를 크게 개선하였다.

[표 3-2] 블루투스 버전별 특징

버전	1.X	2.X	3.X	4.X	5.X
출시	2004년	2005년	2009년	2010년	2016년
속도	1Mbps	3Mbps	24Mbps	3Mbps	50Mbps
특징	2개 슬레이브	7개 슬레이브, 페어링 강화	PC, 파일 전송 동영상, 모바일	저전력, 초소형, 코인 배터리	보안성, Mesh 네트워크, 거리: 400m
제품	핸드폰, 핸즈프리	헤드셋, 마우스	PMP, UMPC	가전, 비콘, 임베디드	IoT

3.2 블루투스 통신 환경 구축

3.2.1 블루투스 모듈

[그림 3-1] 블루투스 모듈

그림 3-1은 블루투스 모듈들을 나타낸 것이다. HC-05의 경우 마스터, 슬레이브 기능을 선택할 수 있는 모듈이고, HC-06은 슬레이브로만 사용할 수 있는 모듈이다. HC-10 모듈은 블루투스 4.0이 동작하는 것이라서 BLE를 실험하는 경우에 유용하다.

3.2.2 회로 구성 및 블루투스 통신 설정

블루투스 모듈 연결 회로

블루투스 모듈의 환경을 설정하기 위해서는 SoftwareSerial 라이브러리를 사용해서 아두이노와 블루투스 모듈간 시리얼 통신을 할 수 있도록 하는 기본 프로그램이 로딩되어야 한다. 그림 3-2는 블루투스 모듈을 아두이노 보드와 연결한 회로 구성과 구동 프로그램을 보여준다. 시리얼 통신을 위해 아두이노의 Tx(pin 3) 핀은 블루투스 모듈의 Rx 핀에 연결하고, 아두이노의 Rx(pin 2) 핀은 블루투스의 Tx 핀에 연결한다. 이렇게 구성하면 블루투스 모듈이 송신하는 데이터는 아두이노 보드의 2번 핀으로 수신되고, 아두이노 보드의 3번 핀으로 송신하는 데이터는 블루투스 모듈의 RXD 핀으로 수신되게 된다.

[그림 3-2] 블루투스 모듈 회로 구성 및 구동 프로그램

블루투스 통신 환경 설정하기

[표 3-3] 블루투스 설정 명령어

명령어	사용 예	의미	반환값
AT+NAME	AT+NAMEbtSDS	모듈 이름을 btSDS로 변경	OKsetname
AT+PIN	AT+PIN4444	PIN을 4444로 변경	OKsetPIN
AT+BAUD	AT+BAUD4	통신 속도를 9600bps로 변경	OK9600

표 3-3의 AT 명령어를 이용하여 블루투스 모듈의 이름, PIN과 통신 속도 등을 변경할 수 있다. 이를 위해서 먼저 그림 3-3과 같이 아두이노와 블루투스 모듈이 시리얼 통신을 할 수 있도록 아두이노 프로그램을 업로드한다. 아두이노 IDE의 시리얼 모니터 창에서 표 3-3의 AT 명령어를 이용하여 블루투스 모듈의 설정을 변경한다.

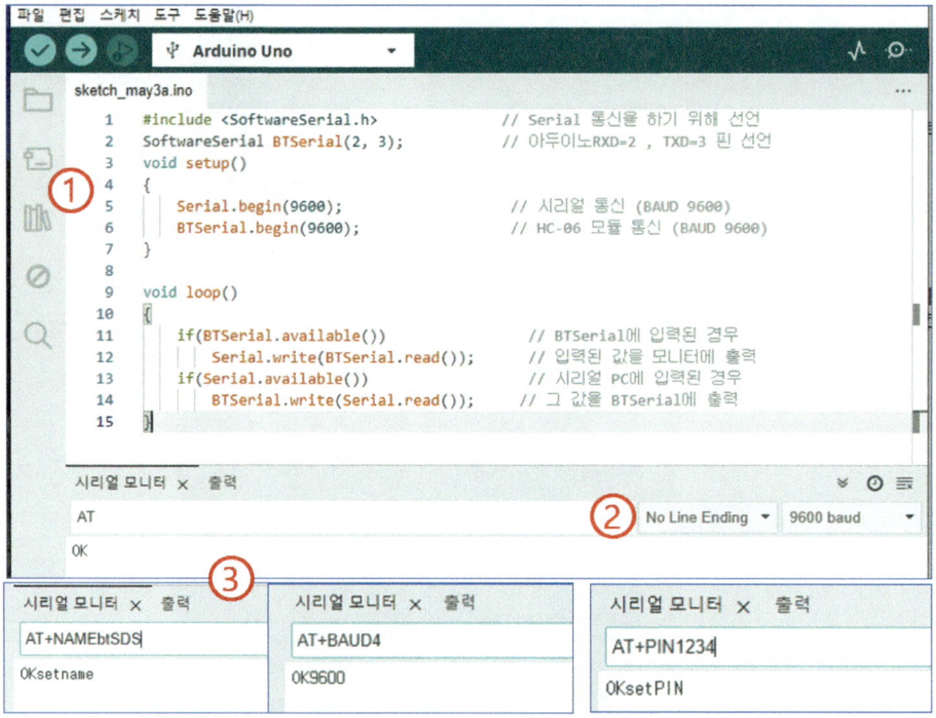

[그림 3-3] 블루투스 모듈 설정 변경하기 사례

① 그림 3-3과 같은 기본 구동 프로그램을 작성하여 아두이노 보드에 업로드한다.
② 시리얼 모니터 창을 열어서 No Line Ending, 9600(기본값) baud를 선택한다.
③ AT의 다양한 명령어를 적용하여 설정을 변경한다.

3.3 블루투스 통신 앱 개발

3.3.1 블루투스 통신을 위한 사전 작업

아두이노 블루투스 모듈을 이용해서 안드로이드 폰과 통신을 하기 위해서는 안드로이드 기기에 2가지 작업이 선행되어야 한다.

① 앱 인벤터 앱 설치 및 권한 허용

구글 플레이 스토어에서 'MIT AI2 companion'을 선택하여 앱을 설치하고, 그림 3-4와 같이 앱 설정에서 권한을 통해 근처 기기 사용을 허용한다. 추가로 다른 프로그램을 위해서 마이크, 위치, 카메라 등은 허용하고, 파일을 저장하거나 음악 재생이 필요하면 파일 및 미디어 접근도 허용한다.

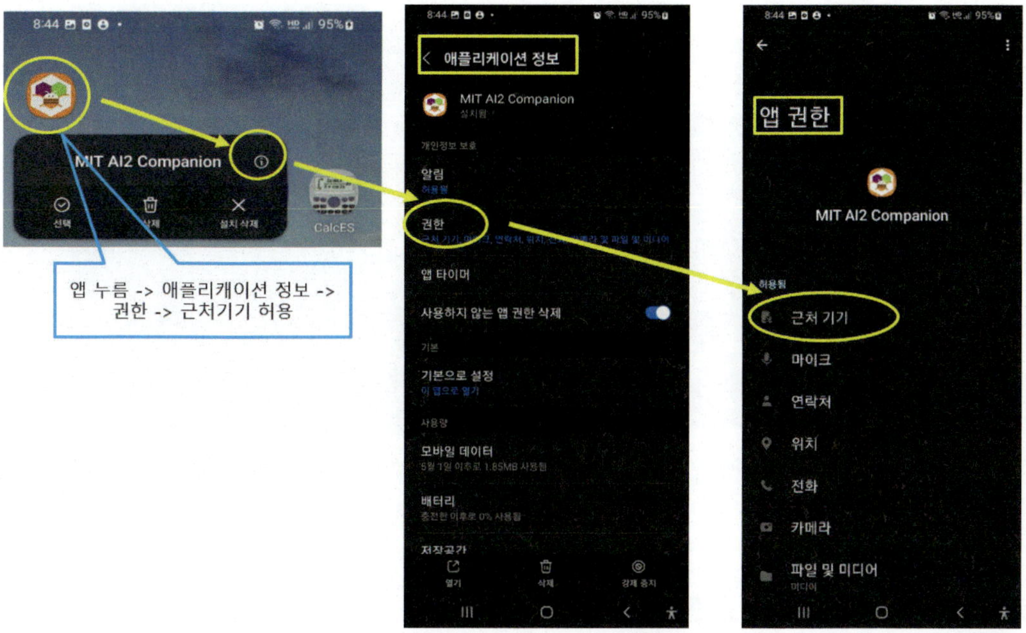

[그림 3-4] 앱 인벤터 앱 권한 허용

② 블루투스 모듈을 안드로이드 기기에 등록

블루투스를 이용하여 원격으로 아두이노를 제어하기 위해서 앱은 안드로이드 기기에 등록한 블루투스 모듈을 검색하여 페어링을 진행하게 된다. 따라서 블루투스 모듈이 사전에 등록이 안 된 경우 앱에서 페어링할 모듈을 찾지 못하게 된다.

블루투스 모듈을 등록하는 일반적인 순서는 그림 3-5와 같다. 안드로이드 기기에서 블루투스 활성화 ⇨ 블루투스 아이콘 선택 ⇨ 주변 블루투스 기기 검색 ⇨ 블루투스 모듈(3.3.3절에서 AT 명령어로 설정한 HC-05/06 모듈의 명칭) 선택 ⇨ 핀 번호 입력 "1234" ⇨ 등록 완료(등록된 기기 목록에 리스트 표시)

블루투스 통신에 사용되는 모듈은 저가형으로 HC-05와 HC-06을 많이 사용한다. 차이점은 AT 명령어를 입력하는 방식의 차이이다. HC-05는 마스터/슬레이브 모드 선택을 할 수 있어서, 이를 핀 제어를 통해 AT 명령어를 전달하고, HC-06은 슬레이브 모드로만 동작하기 때문에, 프로그램 혹은 시리얼로 설정을 위한 AT 명령어를 전달하는 것이다.

[그림 3-5] 안드로이드 기기에 블루투스 모듈을 등록하는 절차

3.3.2 앱 인벤터를 이용한 앱 제작

아두이노와 블루투스 모듈을 이용해서 안드로이드 기기와 통신하기 위한 앱을 앱 인벤터를 이용하여 개발한다.

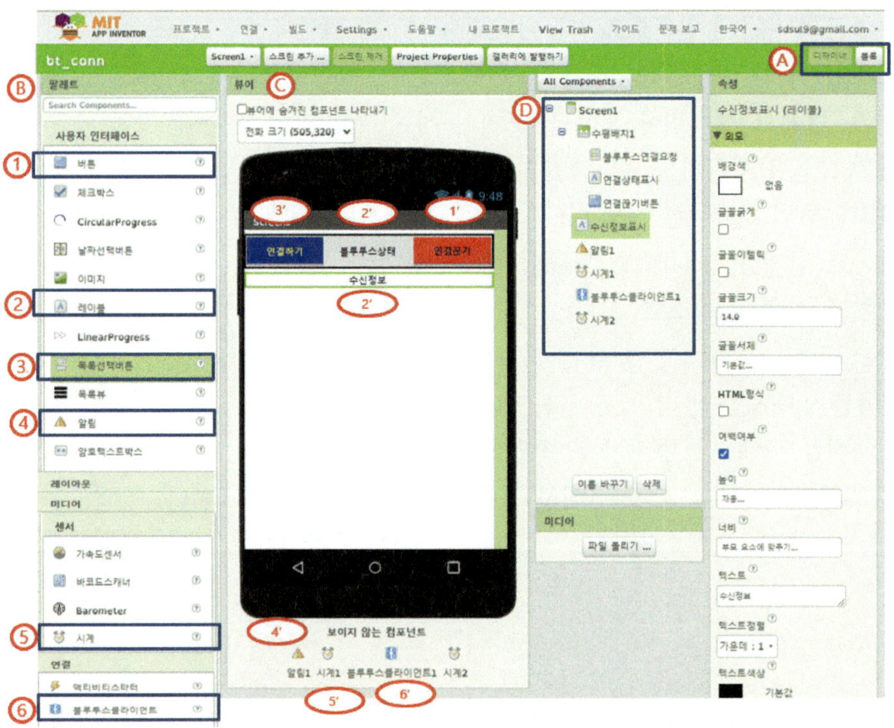

[그림 3-6] 블루투스 기본 동작 화면 디자인

1. 화면디자인 :

프로젝트 화면의 상단 오른쪽에 Ⓐ디자이너를 선택하면 앱 화면을 디자인할 수 있다. 디자인에 필요한 컴포넌트들은 Ⓑ팔레트 내에서 드래그해서 Ⓒ뷰어의 사용자 폰 화면에 레이블, 버튼, 목록선택버튼 등의 컴포넌트를 순서대로 배치한다. 뷰어에 옮겨진 컴포넌트들을 클릭하면 선택한 컴포넌트의 이름이 Ⓓ에 하이라이트 되어 나타나며, 이 이름은 Ⓐ의 블록 코딩에서 사용된다. 또한 속성에서 해당 컴포넌트의 특성을 다양하게 설정할 수 있다. 그림 3-6은 블루투스 연결하기 / 블루투스 상태 / 연결 끊기 기능을 구현한 앱 화면을 보여준다. 레이블과 버튼을 한 줄에 나란히 배치하기 위해 수평 배치를 불러온 후에 레이블, 버튼, 목록선택버튼을 배치하고, 높이와 너비를 설정한다. 알림1, 시계1과 블루투스 클라이언트1을 드래그하면 안드로이드 기기 화면에 나타나지 않고, 보이지 않는 컴포넌트(안드로이드 기기 화면 아래)로 배치된다. 앱에서 사용된 구성 요소의 위치와 화면에 표시되는 명칭은 표 3-4와 같다.

[표 3-4] 앱 기본 화면 구성 요소

번호	컴포넌트 팔레트 위치	화면에 표시되는 텍스트
①	사용자 인터페이스 〉 버튼	연결끊기
②	사용자 인터페이스 〉 레이블	블루투스상태
③	사용자 인터페이스 〉 목록선택버튼	연결하기
④	사용자 인터페이스 〉 알림	알림1
⑤	센서 〉 시계	시계1
⑥	연결 〉 블루투스 클라이언트	블루투스클라이언트1

2. 블록 코딩 :

앱 인벤터의 블록 버튼을 클릭하면 그림 3-7과 같이 블록 코딩을 편집할 수 있는 화면으로 바뀌게 된다. 앱 UI 화면에 추가한 '연결하기' 목록선택버튼, '연결끊기' 버튼을 눌렀을 때 스마트폰과 블루투스 클라이언트 연결 동작을 구현하기 위해 그림 3-7과 같은 블록을 추가한다. 추가한 블록은 Screen1에 있는 블루투스연결요청, 연결끊기버튼, 블루투스클라이언트1 등의 동작을 위한 블록이며, 컴포넌트에서 제공하는 블록 목록은 그림 3-8에서 상세한 내용을 확인할 수 있다.

그림 3-7의 컴포넌트 블록의 동작을 요약하면 아래와 같다.

① **블루투스연결요청:** 목록에서 블루투스 장치를 선택

- ▶ 연결요청 전 : 블루투스 기기를 검색하여 주소와 이름을 표시하고, 블루투스가 꺼진 경우 알림창을 통해 "스마트폰 블루투스를 활성화시키세요!!!" 문구를 안내
- ▶ 연결요청 후 : 블루투스 기기를 선택하면 수신정보표시에 "연결을 시도합니다" 문구가 표시되고, 연결이 완료되면 "연결되었습니다" 문구를 표시

② **연결상태표시:** 1초마다 블루투스 연결 상태를 확인하여 안내

- ▶연결된 경우 : 배경색은 녹색이 되고, 파란색 글씨로 "블루투스 연결됨" 표시
- ▶연결이 끊어진 경우 : 배경색은 빨간색이 되고, 노란색 글씨로 "블루투스 끊김" 표시

③ **연결끊기버튼:** 블루투스 연결을 끊고, 수신정보표시에 "연결이 끊겼습니다" 표시

④ **시계1:** 타이머 간격이 1000(1초)으로 설정된 경우 1초마다 블루투스 연결 상태를 확인

[그림 3-7] 블루투스 기본 동작 블록 코딩

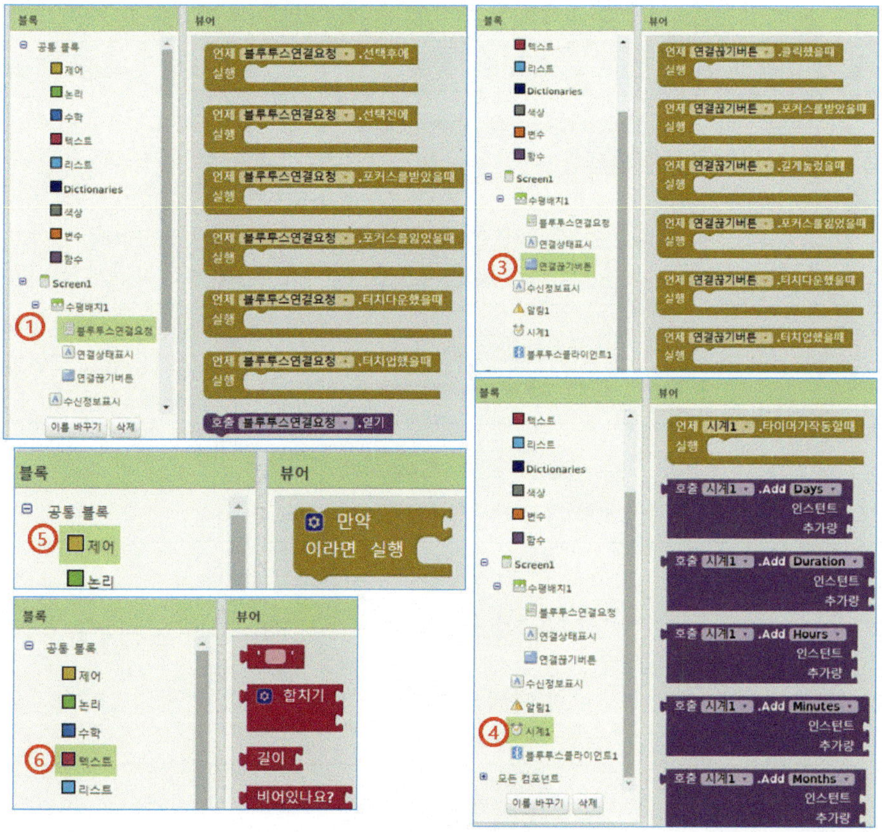

[그림 3-8] 컴포넌트 블록 리스트

사용자가 추가한 컴포넌트의 블록 아이콘을 클릭하면 사용 가능한 블록 목록이 나타난다. 블루투스 연결 및 연결 해제 동작을 위한 블록은 표 3-5와 같다.

[표 3-5] 블루투스 연결 동작을 위한 블록

번호	블록 이름과 위치	사용하는 블록	기능 및 실행 내용
①	블루투스연결요청	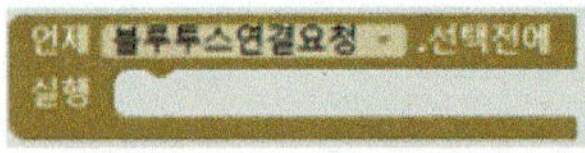	선택 전 실행 : 블루투스 기기를 검색하여 주소와 이름을 표시, 블루투스 기기가 꺼져있는 경우 활성화 안내
		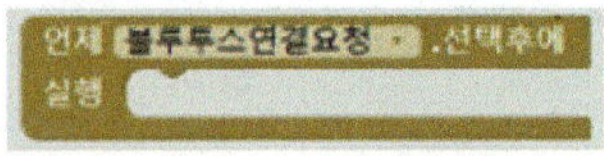	선택 후 실행 : 선택한 블루투스 기기를 연결하고 화면에 상태를 표시
③	연결끊기버튼	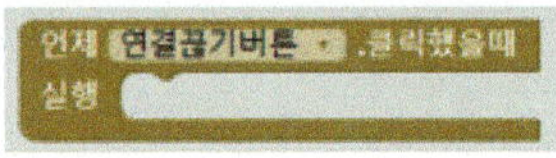	버튼 클릭했을 때 실행 : 블루투스 기기와의 연결을 끊고, "연결이 끊겼습니다"를 표시
④	시계1		타이머가 작동할 때 실행 : 블루투스 기기와의 연결 상태를 1초 마다 확인하여 안내
⑤	공통블록 〉 제어		제어문으로 조건에 따른 실행 내용을 설계
		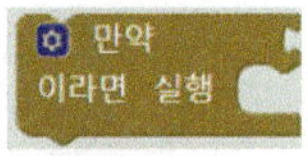	
⑥	공통블록 〉 텍스트		텍스트 합치기
			텍스트 표시

3. 기본 프로젝트 파일 불러오기 (bt_conn.aia 파일)

그림 3-6의 화면 디자인과 그림 3-7의 블록 코딩 내용은 모두 bt_conn.aia 프로젝트 파일에 포함되어 있다. 본 교재에서 사용하는 블루투스 통신은 이 파일을 기반으로 하여 다양한 센서와 액추에이터를 원격으로 제어한다. 참고로, aia 파일을 저장하고, 불러오는 방법은 아래와 같다.

▶ 프로젝트 저장하기 :

앱 인벤터 〉 프로젝트 〉 선택된 프로젝트(.aia)를 내 컴퓨터로 내보내기

▶ 프로젝트 불러오기 :

앱 인벤터 〉 프로젝트 〉 내 컴퓨터에서 프로젝트(.aia) 가져오기 …

4. 앱 실행하기 :

안드로이드 기기에서 앱을 실행하기 위해서는 안드로이드 기기의 블루투스를 실행하고, 그림 3-5에서 설명한 절차에 따라서 블루투스 모듈이 안드로이드 기기에 미리 등록되어 있어야 한다. 앱 인벤터에서 제작한 앱을 안드로이드 기기에서 실행하기 위해서 그림 3-9의 절차대로 진행한다.

A. PC 동작 부문:

앱 인벤터 메뉴 〉 연결 〉 AI 컴패니언을 선택하면 코드 번호와 QR코드가 나타난다.

B. 안드로이드 동작 부문:

안드로이드 기기에 설치된 MIT AI2 Companion을 실행하고, scan QR code를 선택해서 PC의 QR코드를 읽는다.

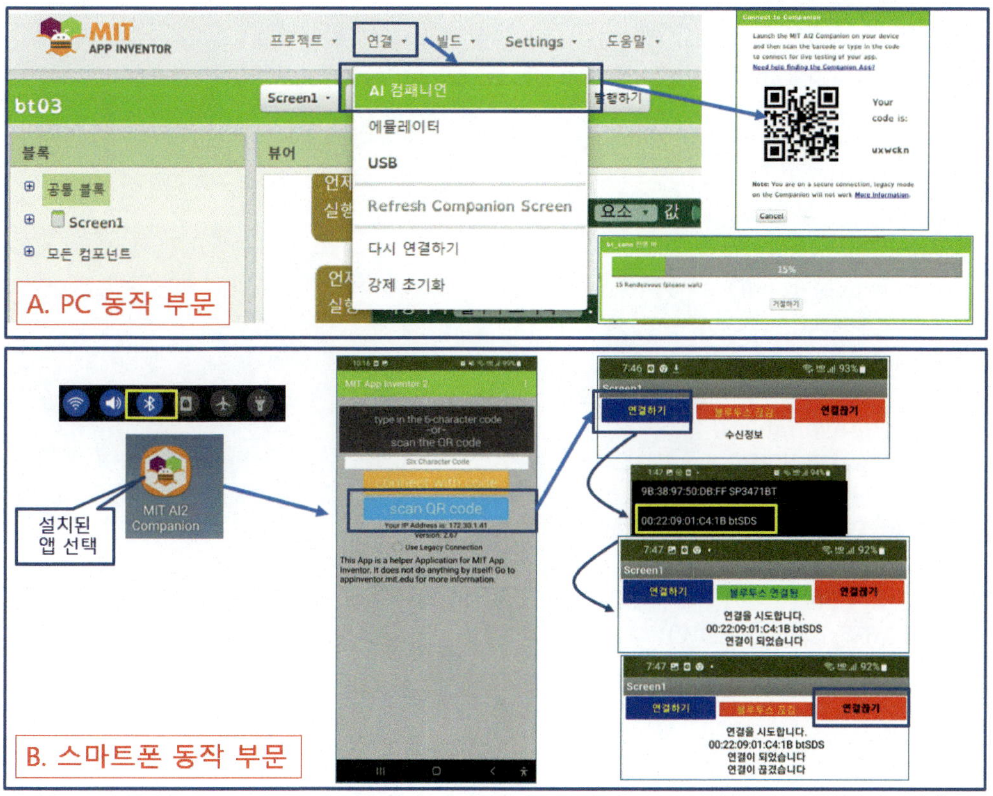

[그림 3-9] 앱 실행 순서

3.3.3 아두이노에 내장된 LED 제어하기

실습 개요 :

- ▶ 아두이노의 내장 LED(pin 13번)를 안드로이드 기기로 제어하기
- ▶ 아두이노의 시리얼 모니터에서 문자를 보내면 안드로이드 기기에 수신 문자 표시하기
- ▶ 안드로이드 기기에서 문자를 전송하면 아두이노 시리얼 모니터에 수신 문자 표시하기
- ▶ 안드로이드 기기에서 LED-ON/OFF 하면 내장 LED를 ON/OFF 하기

1단계 : 회로 구성 및 아두이노 프로그램 작성하기

```
#include <SoftwareSerial.h>
//pin2/3 아두이노 Rx/Tx
SoftwareSerial mybt(2,3);
void setup() {
  pinMode(13, OUTPUT);
  Serial.begin(9600);
  mybt.begin(9600);
  Serial.println("working");
}
void loop() {
  char data;
  if(mybt.available()){
    data=mybt.read();
    mybt.write(" OK ");
    Serial.print(data);
  }
  if (Serial.available()) {
    mybt.write(Serial.read());
  }
  if(data =='r') {          // LED on
    digitalWrite(13, HIGH);
  } else if (data=='x'){  // LED off
    digitalWrite(13, LOW);
 }
  delay(10);
}
```

[그림 3-10] 블루투스를 이용한 LED 원격 제어

3.2.2절에서 설명한 방법대로 그림 3-10과 같이 아두이노 보드와 블루투스 모듈을 연결한다. 그림 3-10의 아두이노 프로그램을 아두이노 보드에 업로드한다. setup 함수에서 핀 할당과 입 · 출력을 설정하고, SoftwareSerial을 이용하여 만든 시리얼 포트 (Tx : 3번 핀, Rx : 2번 핀)의 통신속도를 9600bps로 설정한다. loop 함수에서 블루투스 통신으로 수신한 정보를 기반으로 아두이노 보드의 LED를 제어하기 위한 코드를 작성한다. 먼저 문자 변수 data에 블루투스 모듈을 통해 수신한 데이터를 읽어서 저장한다. 수신한 데이터가 'r'이면 LED와 연결된 13번 핀으로 HIGH 레벨 신호가 출력되어 아두이노 보드에 있는 LED가 켜지도록 설정하고, 'x'이면 LOW 레벨 신호가 출력되어 아두이노 보드에 있는 LED가 꺼지도록 설정한다.

2단계 : 앱 화면 디자인하기

앱 인벤터의 새로운 프로젝트를 시작하여 '디자이너'를 선택한 다음 그림 3-11과 같이 화면을 디자인한다. 팔레트의 사용자 인터페이스에서 레이블, 텍스트박스, 버튼을 드래그해서 배치한다. 보이지 않는 백그라운드 컴포넌트로 블루투스 클라이언트와 시계가 있다. 시계는 1초마다 수신 데이터가 있는지 확인하는 용도로 사용하는데 팔레트의 센서에서 선택하고, 블루투스 클라이언트는 팔레트의 연결에서 선택하여 드래그한다.

[그림 3-11] LED 제어 앱 UI 화면 디자인

3단계 : 블록 코딩

①의 LED_ON을 누르면 모바일 앱에서 'r' 문자를 블루투스 클라이언트에 송신하고, 앱 화면에 'LED_ON 〉 데이터 전송'을 표시한다. ②의 LED_OFF를 누르면 'x' 문자를 블루투스 클라이언트에 송신하고, 'LED_OFF 〉데이터 전송'을 모바일 앱 화면에 표시한다. ③ 시계의 '수신체크 타이머'는 1초마다 수신 데이터를 확인해서 앱 화면에 표시한다.

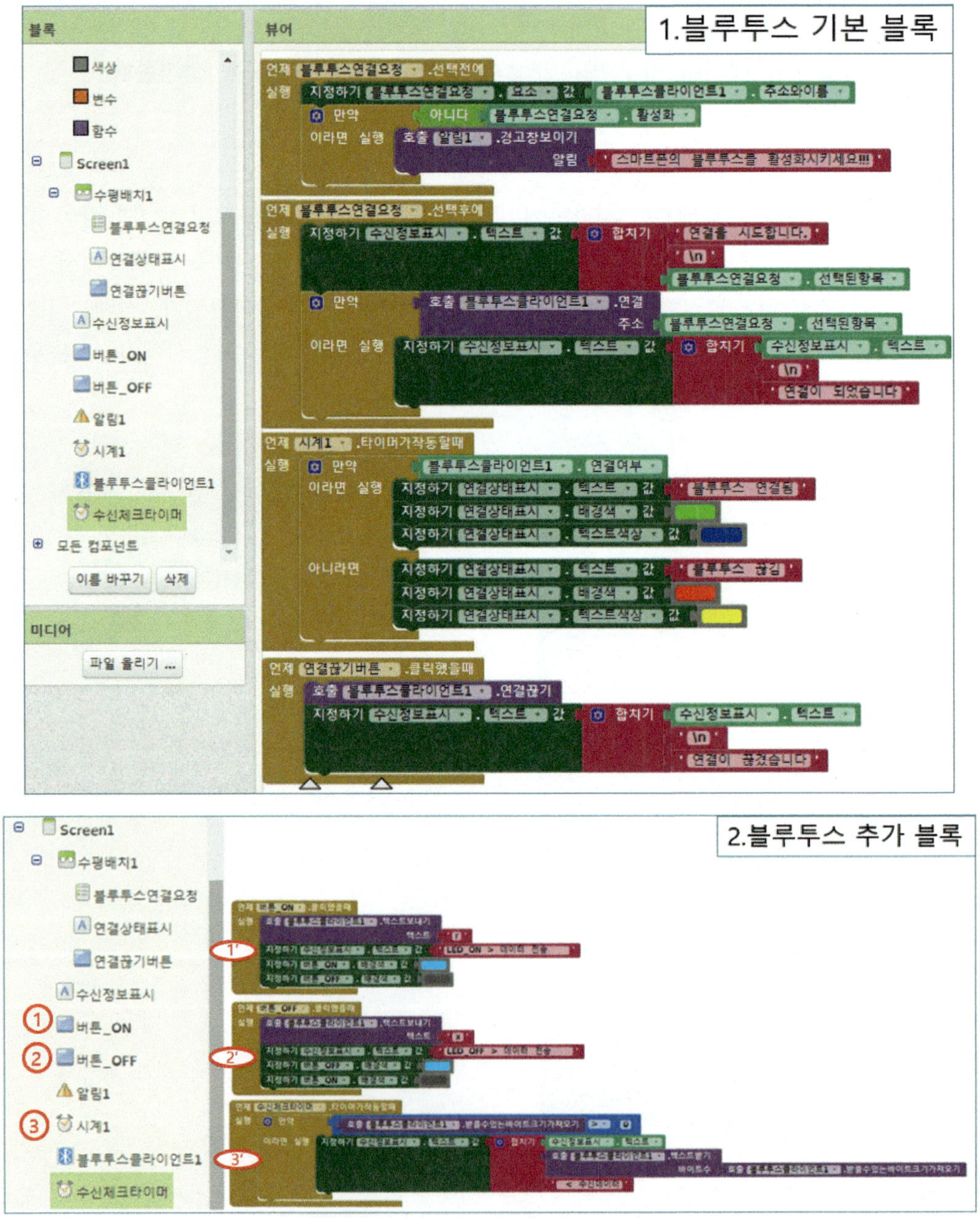

[그림 3-12] 아두이노 보드에 내장된 LED 제어를 위한 블록

4단계 : 앱 실행하기

3.3.2절에서 설명한 절차대로 앱을 실행하고, 앱의 '연결하기' 버튼을 선택해서 등록된 블루투스 모듈을 선택한다. 아두이노 보드에 연결한 블루투스 모듈과 연결되면 LED_ON/OFF를 선택하여 아두이노 보드에 내장된 LED가 동작하는지 확인한다. 그림 3-13과 같이 LED_ON /LED_OFF 버튼으로 LED를 제어하고, 결과를 앱 화면에서 확인할 수 있다. 앱을 안드로이드 기기에 직접 설치하여 동작을 확인할 수도 있으며, 이를 위해서 프로젝트를 빌드하고, 생성한 apk 파일을 안드로이드 기기로 복사하여 설치한다.

A. PC: 앱인벤터의 연결〉 AI 컴패니언을 선택하면 QR코드가 PC의 화면에 나타난다.
B. 안드로이드 기기: MIT AI2 Companion 앱 〉 scan QR code 〉 PC의 QR코드 읽음 〉 앱인벤터 프로그램을 로딩한다.

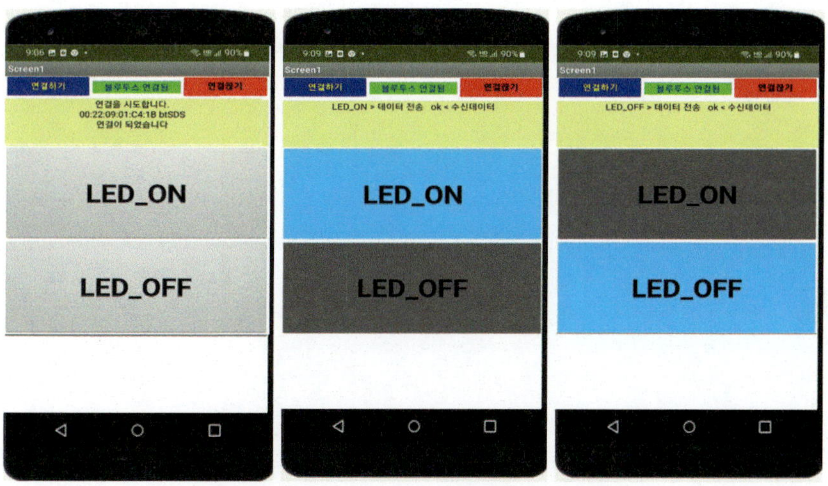

[그림 3-13] LED 제어 결과에 따른 앱 화면

PART 2

블루투스를 이용한 장치 제어

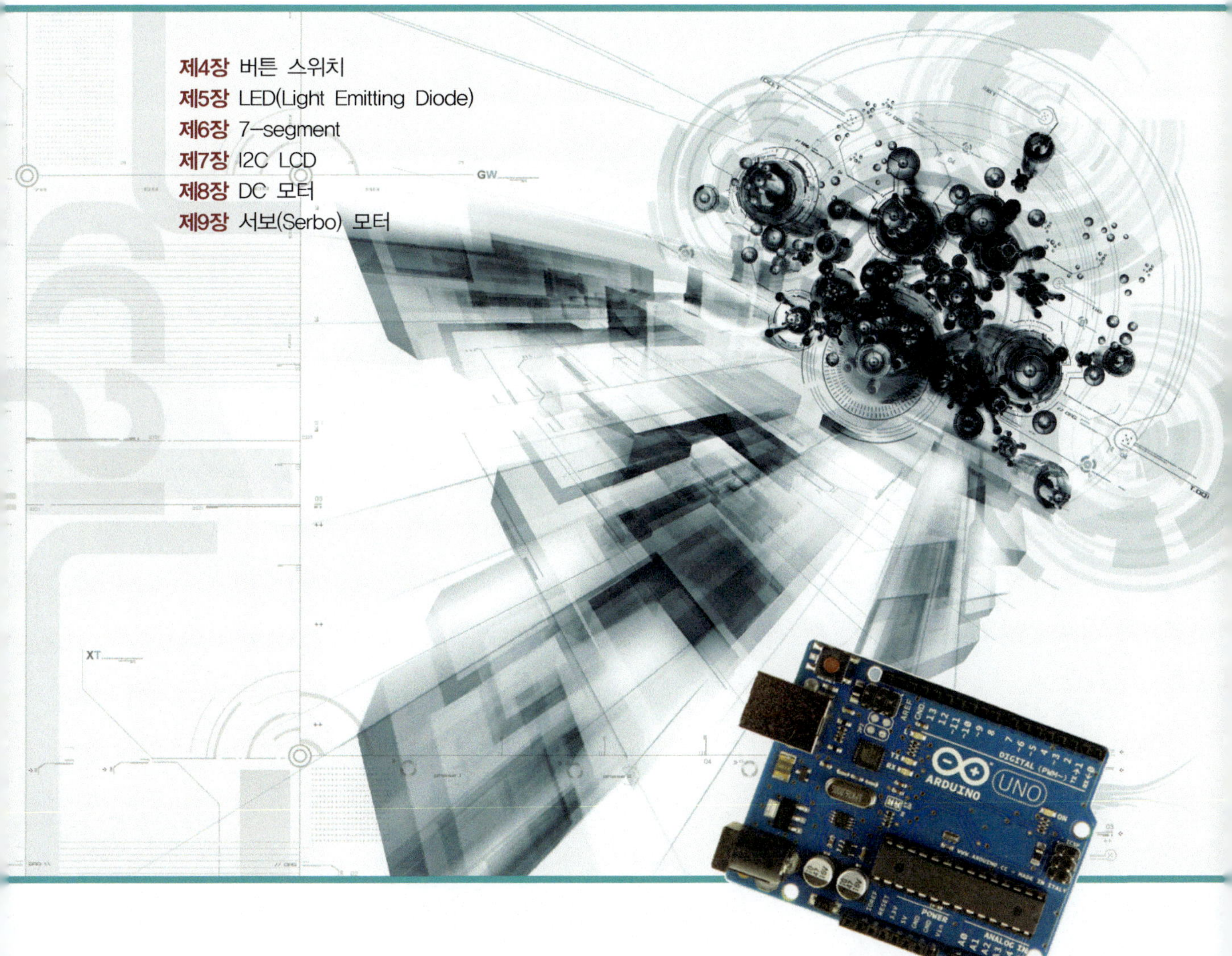

ARDUINO

04 CHAPTER 버튼 스위치

학습목표

- 앱 인벤터와 아두이노를 이용하여 버튼 스위치를 제어할 수 있다.

4.1 회로 구성

4.1.1 버튼 스위치 제어 회로 구성하기

그림 4-1은 버튼 스위치의 접점 특성을 나타낸 것이다. 버튼을 누르지 않으면 ①과 ②가 떨어져 있고 버튼을 누르면 ①과 ②가 연결되는데 직선방향과 대각선 방향으로 동시에 연결된다.

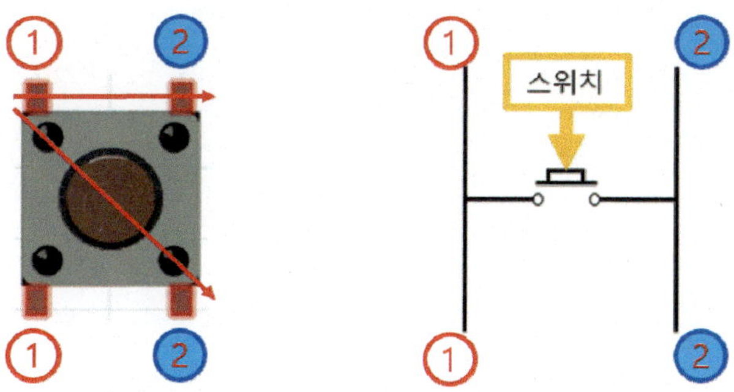

[그림 4-1] 버튼 스위치의 접점

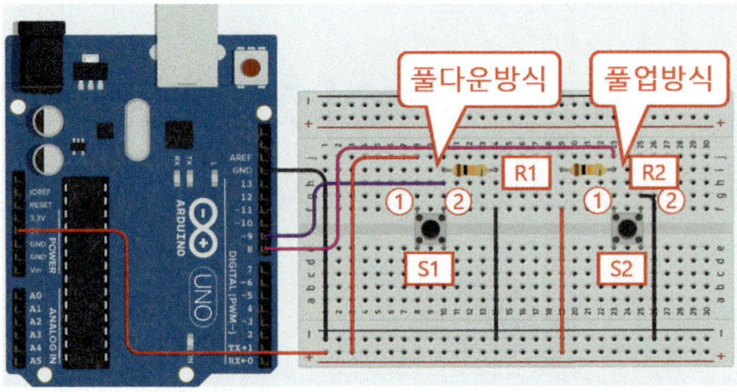

[그림 4-2] 버튼 스위치의 풀업방식과 풀다운 방식

그림 4-2는 버튼 스위치의 풀업방식과 풀다운 방식을 회로로 표현한 것이다. 풀다운 방식에서 버튼을 누르지 않으면 아두이노의 입력 핀 9번에 논리 0이 나타난다. 버튼을 누르면 접점 ①과 ②가 연결되기 때문에 아두이노의 입력 핀 9번에 논리 1이 나타난다. 풀업 방식에서 버튼을 누르지 않으면 아두이노의 입력 핀 8번에 논리 1이 나타난다. 버튼을 누르면 접점 ①과 ②가 연결되기 때문에 아두이노의 입력 핀 8번에 논리 0이 나타난다. 연결방식에 따라 버튼을 눌렀을 경우 논리 0과 1이 반대로 나타나므로 응용분야에 맞게 설계할 필요가 있다. 그림 4-3은 그림 4-2의 등가회로이다.

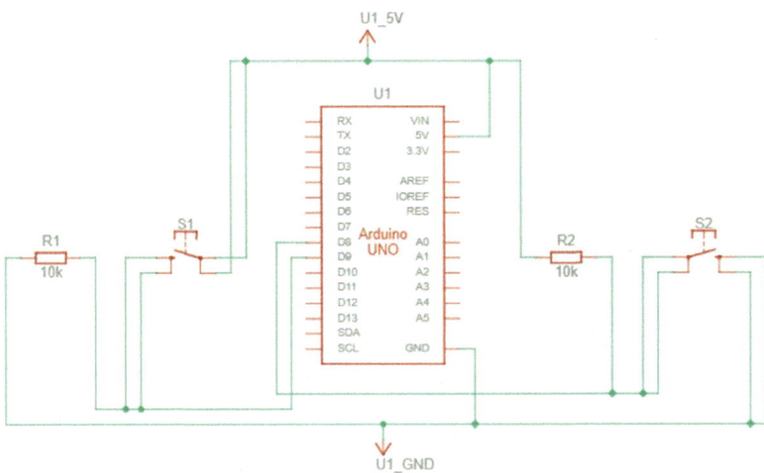

[그림 4-3] 버튼 스위치의 풀업방식과 풀다운 방식에 대한 등가회로

그림 4-4는 아두이노와 버튼 스위치 그리고 블루투스를 이용한 풀다운 방식 버튼 스위치 제어 회로를 나타낸 것이다. 버튼 스위치의 한쪽은 5V, 다른 한쪽은 저항 10K를 연결하고 저항의 반대쪽은 접지에 연결한다.

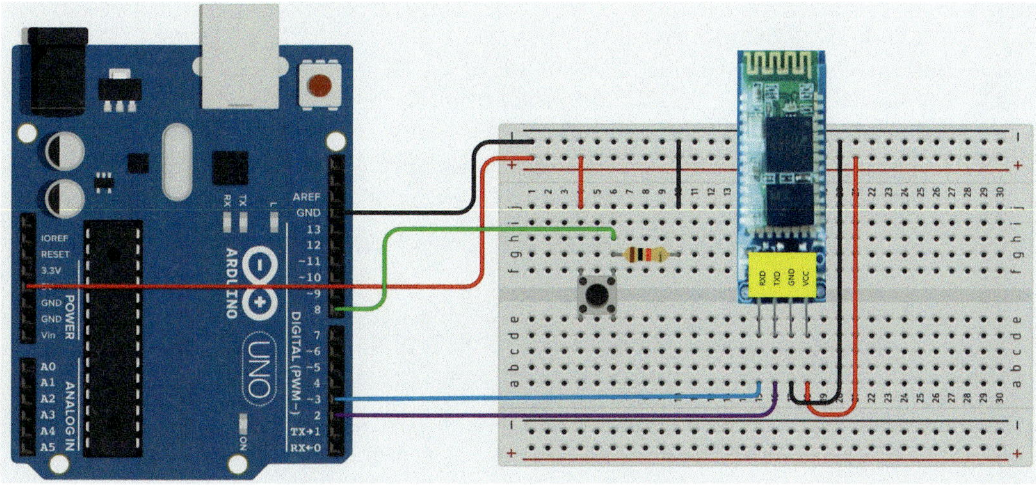

[그림 4-4] 버튼 스위치 제어회로

저항과 연결된 버튼 스위치에 아두이노의 8번 핀을 연결하여 스위치의 상태를 확인하도록 한다. 블루투스는 안드로이드 스마트폰과 아두이노를 연결하기 위한 장치이며 아두이노의 3번 핀(TxD)과 블루투스의 2번 핀(RxD)을 연결하고 아두이노의 2번 핀(RxD)과 블루투스의 1번 핀(TxD)을 연결한다. 이 회로를 도난 방지 시스템에 적용할 수 있다. 버튼 스위치를 창과 창틀 사이에 배치한 다음 창이 닫혀 있으면 버튼이 눌려져서 아두이노 8번 핀에 논리 상태 High가 나타나고 창이 열리면 눌려졌던 버튼이 해제되어 아두이노 8번 핀에 논리 상태 Low가 나타나므로 8번 핀의 논리 상태를 스마트폰의 앱으로 우리 집 창이 열렸는지 닫혔는지를 파악할 수 있다.

4.2 아두이노 프로그램

4.2.1 버튼 스위치 제어 프로그램 작성하기

버튼 스위치 제어 프로그램은 아두이노에 연결된 버튼 스위치의 상태를 1초에 한 번씩 점검하여 그 결과를 컴퓨터의 직렬 모니터와 스마트폰으로 전송한다. 아래 프로그램을 아두이노 IDE로 작성하고 컴파일한 다음 아두이노 보드에 다운로드하여 실험 결과를 확인한다.

```
1  #include <SoftwareSerial.h>
2  SoftwareSerial mySerial(2,3); //2=RX, 3=TX
3  int sw = 8;                    //아두이노 핀
4  void setup() {
5    pinMode(sw, INPUT);    //sw핀은 입력 핀
6    Serial.begin(9600);         //직렬통신을 ON하고 컴퓨터와의 직렬통신 속도 설정
7    mySerial.begin(9600);   //직렬통신을 ON하고 스마트폰과의 직렬통신 속도 설정
8  }
9  void loop() {
10   if(digitalRead(sw)==HIGH)    //버튼이 눌러져 있는지를 확인
11   {
12     mySerial.print( 'a' );    //버튼이 눌러져 있다면 스마트폰으로 문자 a를 전송
13     Serial.println("Window is Closed");  //컴퓨터 직렬모니터에 문자 출력
14   }
15   else
16   {
17     mySerial.print( 'b' );    //버튼이 눌러져 있다면 스마트폰으로 문자 b를 전송
18     Serial.println("Window is Opened"); //컴퓨터 직렬모니터에 문자 출력
19   }
20   delay(1000);                    //1초에 한 번씩 버튼 스위치 상태 점검
21 }
```

다음 내용은 버튼 스위치 제어 프로그램을 상세히 설명한 것이다.

[1~2] : 아두이노 우노는 직렬통신 포트가 하나만 있으므로 블루투스로 스마트폰과 통신하려면 소프트웨어 직렬통신 포트를 추가해야 한다. 아두이노 우노의 모든 핀이 직렬통신에 사용할 수 있지만 여기서는 아두이노 2번 핀과 3번 핀을 직렬통신 포트로 사용하였다.

[3] : 버튼 스위치의 상태를 읽어내기 위해 아두이노 8번 핀을 사용하고 있다.

[5] : 버튼 스위치 상태를 읽어내려면 해당 핀을 입력모드(INPUT)로 설정한다.

[6~7] : 아두이노와 컴퓨터, 아두이노와 스마트폰간의 직렬통신을 인에이블하고 통신속도를 9600Baud로 설정한다.

[10~14] : 아두이노에 연결된 버튼의 상태가 High라면 블루투스에 문자 a를 전송하고, 직렬모니터에 "Window is Closed"라는 메시지를 출력한다.

[15~19] : 아두이노에 연결된 버튼의 상태가 Low라면 블루투스에 문자 b를 전송하고, 직렬모니터에 "Window is Opened"라는 메시지를 출력한다.

[20] : 1초에 한 번씩 버튼 스위치 상태를 점검하기 위해 1초 지연을 준다.

그림 4-5와 같이 버튼 스위치 제어 프로그램이 완성되었으면 프로그램 파일명을 "sw_phone_uno"라고 저장한 다음 그림 4-5의 메뉴 ①을 클릭하여 컴파일을 실시한다. 컴파일 결과 문법 오류가 없으면 그림 4-5의 메뉴 ②를 클릭하여 프로그램 코드를 아두이노 우노 보드에 다운로드 한다.

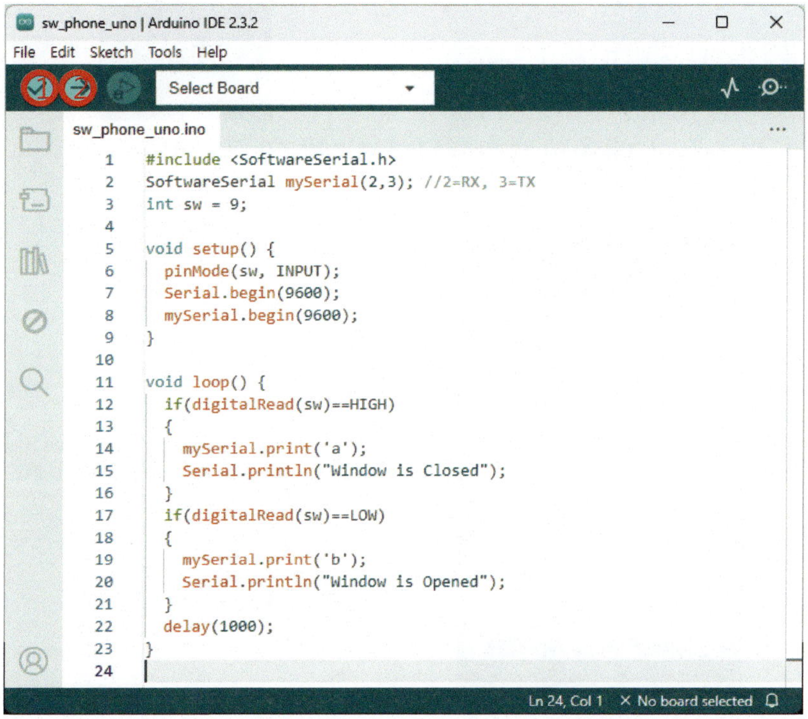

[그림 4-5] 아두이노 IDE 버튼 스위치 제어 프로그램 코드 작성 화면

4.3 버튼 스위치 제어 앱

4.3.1 앱 UI 디자인하기

버튼 스위치를 블루투스 무선통신을 이용하여 원격으로 제어하기 위한 앱은 교재 3장에서 제공하는 bt_conn.aia를 활용하여 앱 인벤터로 제작한다. 본 절에서는 bt_conn.aia 파일을 이용하여 sw_phone.aia로 파일명을 변경하고, 버튼 스위치 제어를 위해 UI 디자인을 변경한다.

[그림 4-6] 앱 인벤터 MIT AI 컴패니언 연결 과정

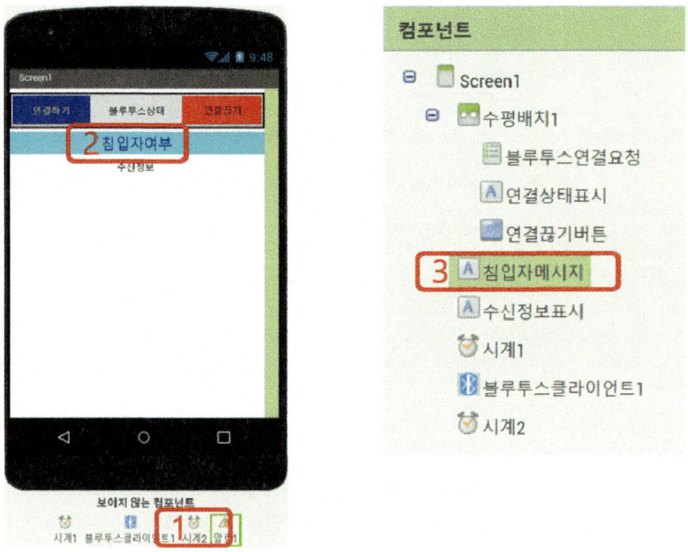

[그림 4-7] 앱 인벤터 sw_phone.aia의 화면 디자인

그리고 스마트폰에 설치한 MIT AIT Companion을 실행한 다음 그림 4-6의 ①과 같이 앱 인벤터 메뉴 "연결"을 클릭한다. 나타난 팝업 메뉴에서 ②와 같이 AI 컴패니언 메뉴를 선택하면 ③처럼 QR코드 또는 ④와 같은 문자 코드가 나타난다. 스마트폰에 설치한 컴패니언 앱(⑤)을 실행하면 ⑥과 같은 scan QR Code와 ⑦과 같은 문자코드 입력창이 나타난다. scan QR code를 실행하여 QR코드를 찍거나 문자코드를 입력하면 앱 인벤터와 스마트폰이 서로 연결된다. 이제 앱 인벤터에서 설계하는 내용이 실시간으로 스마트폰에 나타나게 되므로 프로그램 설계가 수월해진다. 그림 4-7은 sw_phone.aia에 침입자여부를 나타내기 위해 디자이너 창의 팔레트에서 ①시계2(팔레트의 센서에 있다)와 ②침입자여부 레이블(팔레트의 사용자 인터페이스에 있다)을 추가한 상태이다. 그리고 컴포넌트에 침입자여부 레이블의 이름이 ③"침입자메시지"로 변경된 것을 확인할 수 있다. 이것은 컴포넌트의 이름 바꾸기 메뉴를 이용하여 변경한 것이다.

4.3.2 앱 블록 코딩하기

앱 디자인을 완료한 후 앱 인벤터의 우측상단 블록 메뉴를 클릭하면 그림 4-8과 같은 블록이 나타난다. 그림 4-8의 좌측 상단에 ③전역변수 만들기가 추가되었는데 이것은 그림 4-8의 좌측에 있는 ④변수를 클릭하여 이름을 "버튼상태"로 바꾼 것이다. 변수 버튼상태에는 아두이노에서 전송한 버튼 스위치의 논리 상태에 따라 문자 a 또는 b가 저장되도록 설계한 것이다. 그 외에 좌측 화면에 있는 블록을 살펴보면 ①침입자메시지와 ②시계2 블록이 추가된 것을 확인할 수 있다. 그림 4-9는 아두이노에서 버튼 스위치의 상태를 확인하여 스마트폰으로 전송하면 스마트폰에서 침입자의 유무를 파악하여 스마트폰 화면에 "침입자가 있습니다" 또는 "침입자가 없습니다"라는 메시지를 출력하는 프로그램 요소를 나타낸 것이다. 이 요소에 대한 세부 내용은 표 4-1에 나타내었다.

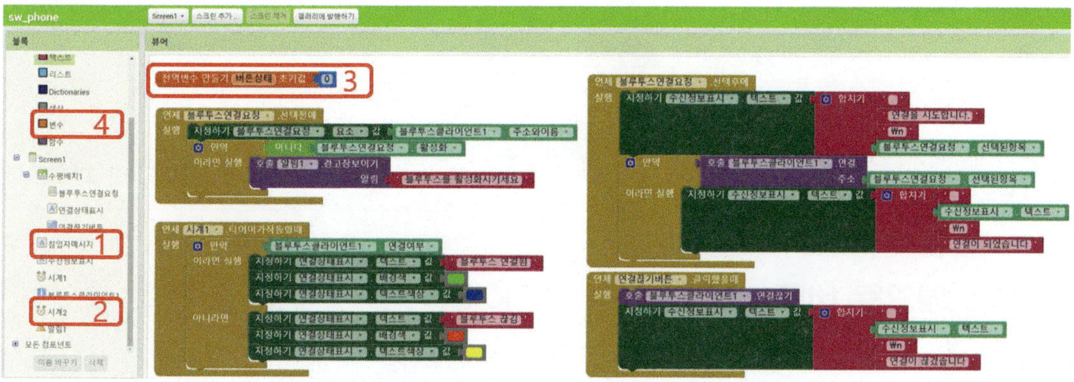

[그림 4-8] 앱 인벤터 sw_phone.aia의 기본 블록도

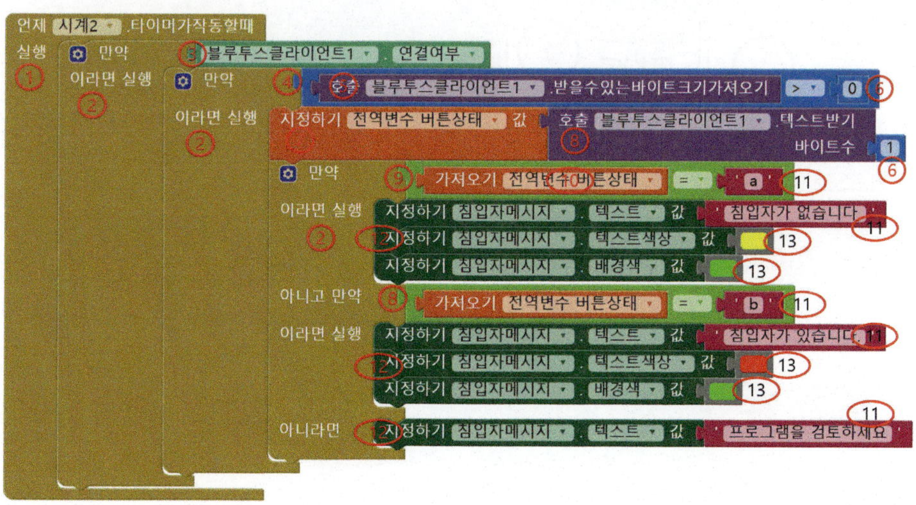

[그림 4-9] 앱 인벤터 sw_phone.aia의 추가 블록도

[표 4-1] 그림 4-9를 설계하기 위한 블록과 블록의 이미지

번호	블록의 이름	블록의 이미지
1	시계2	언제 시계2 .타이머가작동할때 실행
2	제어	만약 이라면 실행
3	블루투스클라이언트1	블루투스클라이언트1 . 연결여부
4	수학	=
5	블루투스클라이언트1	호출 블루투스클라이언트1 .받을수있는바이트크기가져오기
6	수학	0
7	변수	지정하기 값
8	블루투스클라이언트1	호출 블루투스클라이언트1 .텍스트받기 바이트수
9	논리	=
10	변수	가져오기
11	텍스트	" "
12	침입자메시지	지정하기 침입자메시지 . 텍스트 값
13	색상	

4.3.3 앱으로 버튼 스위치 원격 제어하기

버튼 스위치 제어 회로를 구성하였고 아두이노 프로그램을 완성하였다. 스마트폰 앱도 모두 완성하였다면 실험을 해보자. 그림 4-10의 순서에 따라 실험을 하면서 결과를 확인해 보자.

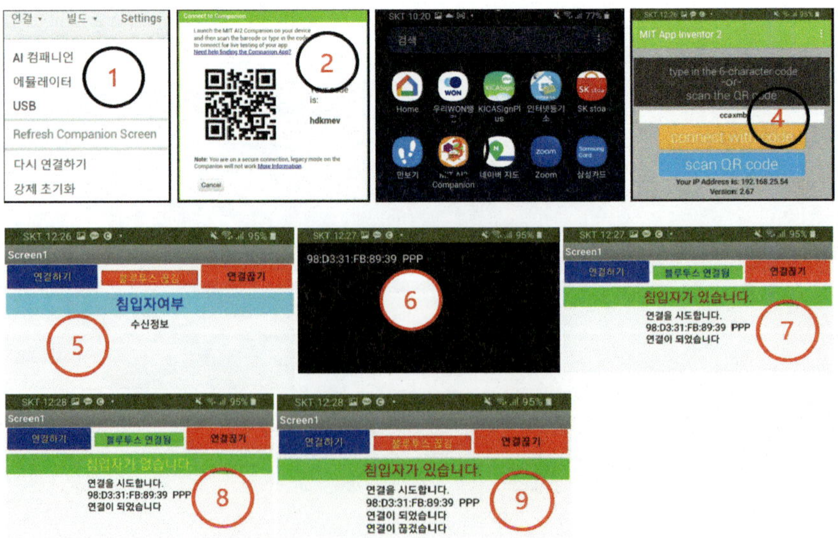

[그림 4-10] 버튼 스위치 제어 실험과정

① 앱 인벤터의 연결 메뉴에 있는 AI 컴패니언을 클릭한다.
② scan QR code 또는 Your code is ???이 앱 인벤터 화면에 나타난다.
③ 스마트폰에 설치한 MIT AI2 Companion을 실행한다.
④ scan QR code"를 클릭하여 ②의 QR코드를 찍거나 Six Character Code 입력란에 ②의 "Your code is"에 있는 6개의 코드를 입력한다.
⑤ 이제 스마트폰 화면에는 앱 인벤터로 설계한 Screen1 화면이 나타날 것이다. 여기서 유의할 것은 블루투스 끊김 메시지를 확인한다. 다음으로 스마트폰의 화면에 나타나 있는 앱에서 "연결하기" 버튼을 클릭한다.
⑥ 스마트폰에 미리 등록한 블루투스가 나타날 것이다. 3.2.2절의 AT 명령어를 이용하여 이름을 변경한 블루투스 장치를 클릭한다. 그림 4-10의 블루투스 장치 이름은 PPP이다.
⑦ 스마트폰의 앱 상단 중앙에 있는 "블루투스상태"에 "블루투스 연결됨"이라는 메시지가 나타나는 것을 확인한다. 그리고 "연결을 시도합니다."와 블루투스 하드웨어 어드레스 그리고 블루투스 이름이 나타나면서 "연결이 되었습니다." 메시지가 나타난다. 이때 아두이노에 있는 버튼 스위치는 개방된 상태이기 때문에 창문이 열려있는 상태와 같고, "침입자가 있습니다."라는 메시지가 나타난다.
⑧ 이제 아두이노에 연결한 버튼 스위치를 눌러보자. 그리고 스마트폰의 화면에 "침입자가 없습니다."라는 메시지가 나타난다. 이것은 창문이 닫혀있는 상태와 동일한 결과를 나타낸다.
⑨ 실험이 정상적으로 이루어졌으면 블루투스 연결을 끊기 위해 스마트폰 화면의 "연결끊기" 버튼을 클릭한다. 스마트폰 화면의 중앙에 "블루투스 끊김"이라는 메시지와 "연결이 끊겼습니다." 메시지가 출력된다. 이제 버튼 스위치 실험을 종료한다.

4.3.4 버튼 스위치 원격 제어 과제 구현하기

지금까지 설계한 버튼스위치 제어 프로그램은 아두이노가 스마트폰으로 문자 a 또는 b를 전송하여 앱 인벤터에서 처리한 형식이다. 아두이노가 문자 a 또는 b를 전송하지 않고 숫자 1 또는 2를 전송하여 프로그램이 동작하도록 설계를 변경하고 실험하여 결과를 증명하라.

05 CHAPTER

LED (Light Emitting Diode)

학습목표

- LED 원격 제어 회로를 구성하고, 아두이노 프로그램을 작성할 수 있다.
- 앱 인벤터를 이용하여 LED 원격 제어를 위한 앱을 개발할 수 있다.

5.1 회로 구성

5.1.1 LED 제어 회로 구성하기

그림 5-1은 아두이노, 미니 브레드보드, DIP 타입 LED, 저항으로 구성된 LED 제어 회로 구성을 보여준다. LED ON/OFF 제어를 위한 디지털 핀은 4번 핀을 사용하였고, 저항, LED와 직렬로 연결된다. 저항은 LED에 걸리는 전압을 정격전압에 맞추기 위한 용도로 사용하며, LED의 Anode(+)는 전원의 양극과 연결하고 Cathode(-)는 접지와 연결한다.

[그림 5-1] LED 제어 회로

5.1.2 LED 원격 제어 회로 구성하기

그림 5-2는 블루투스 모듈을 활용한 LED 원격 제어 회로 구성을 보여준다. LED ON/OFF 제어를 위한 디지털 핀은 4번 핀을 사용하였고, 그림 5-1에서와 동일하게 저항, LED와 직렬로 연결한다. LED를 원격으로 제어하기 위한 블루투스 모듈의 RXD 핀은 아두이노 보드의 3번 핀과 연결하고, 블루투스 모듈의 TXD 핀은 아두이노 보드의 2번 핀과 연결한다. 이렇게 구성하면 블루투스 모듈이 송신하는 데이터는 아두이노 보드의 2번 핀으로 수신되고, 아두이노 보드의 3번 핀으로 송신하는 데이터는 블루투스 모듈의 RXD 핀으로 수신되게 된다.

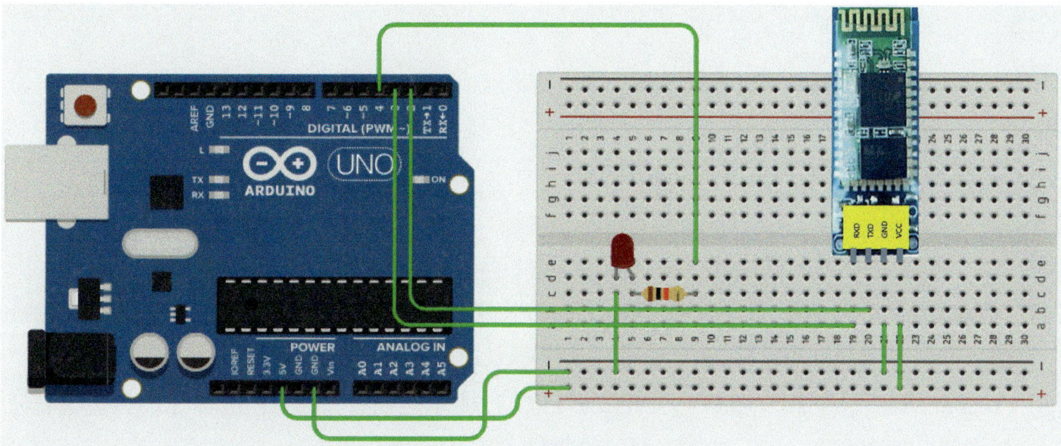

[그림 5-2] LED 원격 제어 회로

5.2 아두이노 프로그램

5.2.1 LED 제어 프로그램 작성하기

아래 프로그램은 LED를 1초 간격으로 깜빡이도록 하기 위한 소스 코드이다. setup 함수에서 핀 할당과 입·출력을 설정하고, loop 함수에서 LED ON/OFF 동작 제어를 위한 코드를 작성한다.

```
1  void setup()
2  {
3    pinMode(4, OUTPUT);
4    digitalWrite(4, LOW);
5  }
6
7  void loop()
8  {
9    digitalWrite(4, HIGH);
10   delay(1000);
11   digitalWrite(4, LOW);
12   delay(1000);
13 }
```

LED 제어 프로그램을 상세히 설명하면 다음과 같다.

[3] : pinMode 함수를 이용하여 4번 핀을 출력으로 설정한다.

[4] : digitalWrite 함수를 이용하여 4번으로 LOW 레벨 디지털 신호가 출력되도록 설정한다. 4번 핀에 연결된 LED는 OFF 상태가 된다. (LED 동작 상태 초기화)

[9] : digitalWrite 함수를 이용하여 4번으로 HIGH 레벨 디지털 신호가 출력되도록 설정한다. 4번 핀에 연결된 LED는 ON 상태가 된다.

[10] : delay 함수의 매개 변수 단위는 ms이며, 1000을 입력하면 1초 지연이 발생하게 된다. 따라서 LED는 1초 동안 ON 상태를 유지하게 된다.

[11] : digitalWrite 함수를 이용하여 4번으로 LOW 레벨 디지털 신호가 출력되도록 설정한다. 2번 핀에 연결된 LED는 OFF 상태가 된다.

[12] : delay 함수를 이용하여 1초 지연을 발생시킨다. 따라서 LED는 1초 동안 OFF 상태를 유지하게 된다.

실제 아두이노 보드를 프로그래밍하기 위해서는 아두이노 IDE(통합개발환경)를 실행하고, LED 제어 프로그램을 작성한다. 그림 5-3은 아두이노 IDE를 실행한 화면이다. 컴파일하기 위한 사전 작업으로 'Tools' 메뉴에서 'Board'는 사용하는 아두이노 모델로 선택하고, 'Port'는 보드를 연결한 시리얼 포트를 선택한다. 다음으로 'Sketch' 메뉴의 'Verify/Compile'을 선택하여 컴파일하고, 에러가 없으면 'Upload'를 선택하여 보드를 프로그래밍한다.

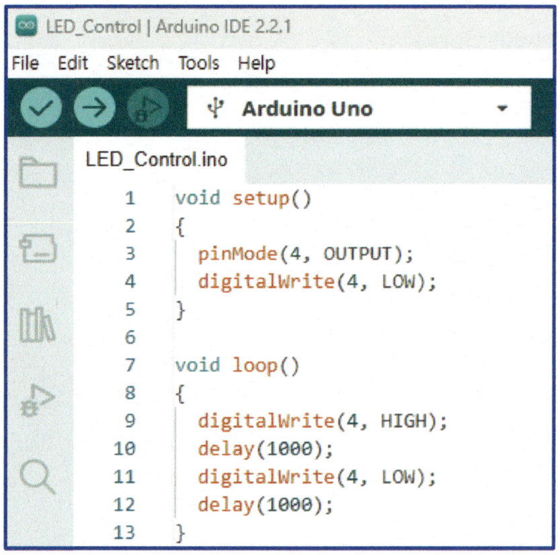

[그림 5-3] LED 제어 프로그램을 작성한 아두이노 IDE 화면

5.2.2 LED 원격 제어 프로그램 작성하기

아래 프로그램은 LED를 원격으로 제어하기 위한 소스 코드이다. 우선 블루투스 모듈과 신호를 송수신하기 위한 핀을 설정하기 위한 라이브러리인 SoftwareSerial 헤더 파일을 포함시켜야 한다. 아두이노는 보드에는 시리얼 통신을 위한 핀이 배정되어 있다. 예를 들어 아두이노 우노 보드는 1번 핀을 송신, 0번 핀을 수신 용도로 사용한다. 여러 개의 시리얼 통신이 필요한 경우, 일반 디지털 핀을 시리얼 통신 용도로 사용해야 한다. SoftwareSerial 라이브러리를 사용하면 일반 디지털 핀을 시리얼 통신을 위한 송신, 수신 핀으로 동작시킬 수 있다. 하지만 수신 핀은 보드의 종류에 따라서 사용할 수 있는 핀이 정해져 있다. setup 함수에서 핀 할당과 입 · 출력을 설정하고, 시리얼 통신속도를 설정한다. loop 함수에서 블루투스 통신으로 수신한 정보를 기반으로 LED의 동작 제어를 위한 코드를 작성한다.

```
1  #include <SoftwareSerial.h>
2
3  SoftwareSerial mySerial(2,3);
4
5  void setup()
6  {
7    pinMode(4, OUTPUT);
8    Serial.begin(9600);
9    mySerial.begin(9600);
10 }
11 void loop()
12 {
13   if(mySerial.available())
14   {
15     char RxData = mySerial.read();
16     Serial.Write(RxData);
17
18     if(RxData == '1' )
19       digitalWrite(4, HIGH);
20     else
21       digitalWrite(4, LOW);
22   }
23 }
```

LED 원격 제어 프로그램을 상세히 설명하면 다음과 같다.

[1] : SoftwareSerial 헤더 파일이 포함된다.

[3] : SoftwareSerial 클래스 객체를 선언한다. 매개 변수인 Rx, Tx 핀은 각각 2, 3으로 지정한다. 이렇게 하면 아두이노 보드의 2번 핀을 시리얼 통신 수신 핀으로, 3번 핀을 송신 핀으로 사용할 수 있다.

[7] : pinMode 함수를 이용하여 4번 핀을 출력으로 설정한다. 4번 핀으로 LED를 제어하기 위한 신호를 출력하게 된다.

[8] : 아두이노 보드의 시리얼 통신속도를 9600bps로 설정한다.

[9] : SoftwareSerial을 이용하여 만든 시리얼 포트 (Tx : 3번 핀, Rx : 2번 핀)의 통신속도를 9600bps 설정한다.

[13] : 블루투스 모듈과 연결된 시리얼 통신 수신 핀이 수신 대기 상태에 있는지를 확인한다. 수신 대기 상태에 있지 않거나 버퍼가 비어 있는 경우에는 0을 반환하므로 0이 아닌 경우 조건문을 만족하여 내부 소스 코드가 실행된다.

[15] : 문자 변수 RxData에 블루투스 모듈을 통해 수신한 데이터를 읽어서 저장한다.

[16] : 아두이노 보드의 시리얼 통신 송신 핀으로 RxData를 출력한다. 아두이노 우노 보드의 경우, 시리얼 통신 송신 핀은 1번 핀이다.

[18~19] : RxData의 값이 문자 '1'과 같으면 digitalWrite 함수를 이용하여 4번으로 HIGH 레벨 신호가 출력되도록 설정한다. 4번 핀에 연결된 LED는 ON 상태가 된다.

[20~21] : RxData의 값이 문자 '1' 이외의 다른 값이면 digitalWrite 함수를 이용하여 4번으로 LOW 레벨 신호가 출력되도록 설정한다. 4번 핀에 연결된 LED는 OFF 상태가 된다.

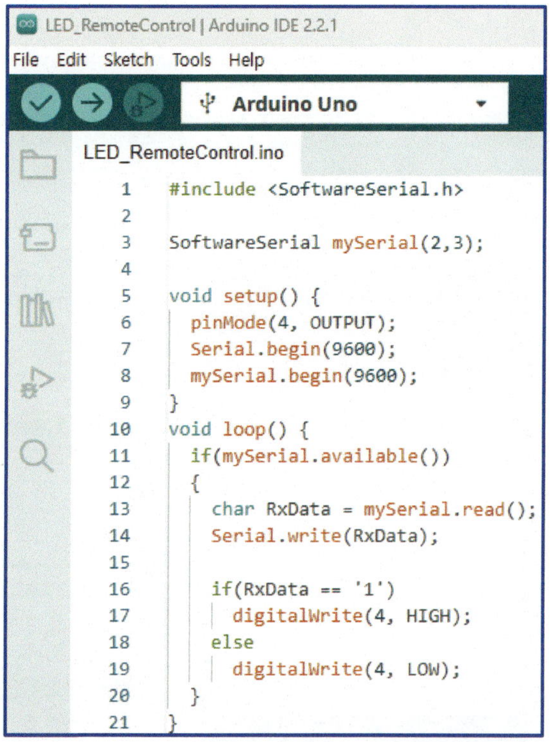

[그림 5-4] LED 원격 제어 프로그램을 작성한 아두이노 IDE 화면

실제 아두이노 보드를 프로그래밍하기 위해서는 아두이노 IDE(통합개발환경)를 실행하고, LED 제어 프로그램을 작성한다. 그림 5-4는 아두이노 IDE를 실행한 화면이다.

5.3 LED 제어 앱

5.3.1 앱 UI 디자인하기

LED를 블루투스 무선통신을 이용하여 원격으로 제어하기 위한 앱은 교재 3장에서 제공하는 bt_conn.aia를 활용하여 앱 인벤터로 제작한다. bt_conn.aia는 아두이노 보드의 블루투스 모듈과 휴대폰, 태블릿 등의 스마트 기기 사이의 블루투스 통신을 위한 기본 앱이다. 본 절에서는 bt_conn.aia 파일을 이용하여 bt_conn_LED.aia로 파일명을 변경하고, LED 제어를 위해 UI 디자인을 변경한다.

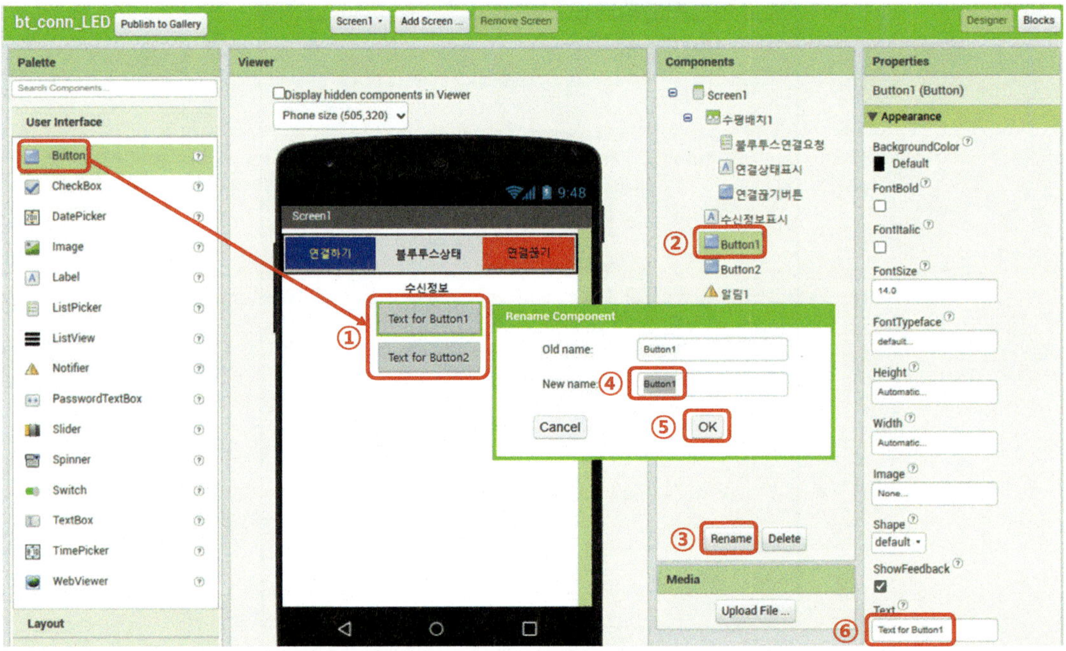

[그림 5-5] LED 제어 앱 UI 화면 디자인 과정

우선 앱 인벤터를 실행하고 내 프로젝트에서 bt_conn_LED.aia 파일을 선택하여 불러온다. 스마트 기기에 설치한 MIT AI2 Companion 앱을 실행하고, 앱 인벤터의 Connect 메뉴의 'AI Companion'을 선택하여 스마트 기기와 앱 인벤터를 연결한다. 이렇게 하면 앱 인벤터에서 변경한 디자인을 스마트 기기에서 확인할 수 있다. 기본 디자인에서 LED를 원격으로 제어하기 위해 그림 5-5에 나타낸 순서대로 User Interface에서 버튼을 두 개 추가하고, 명칭을 각각 'LED ON', 'LED OFF'로 수정한다. 버튼은 선택하여 drag & drop 하면 Viewer에 추가되고, 명칭은 Components와 Properties 모두 변경해야 한다. 완성한 앱 UI 화면은 그림 5-6과 같다.

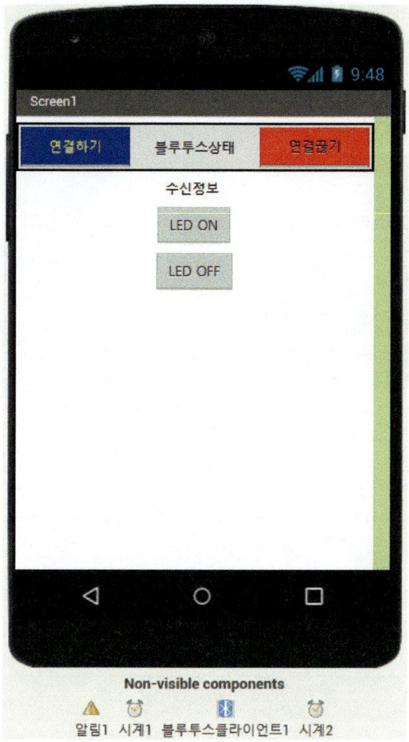

[그림 5-6] LED 제어 앱 UI 화면

5.3.2 앱 블록 코딩하기

LED 원격 제어 앱을 개발하기 위해 블록 코딩을 진행한다. 앱 인벤터의 Blocks 버튼을 클릭하면 그림 5-7의 블록 코딩을 편집할 수 있는 화면으로 바뀌게 된다. 앱 UI 화면에 추가한 'LED ON', 'LED OFF' 버튼을 눌렀을 때 아두이노 보드에 연결된 LED를 제어하기 위한 정보를 송신하는 동작을 구현하기 위해 그림 5-8에서와 같이 블록을 추가한다. Screen1에 있는 LED_ON, LED_OFF, 블루투스클라이언트1, Built-in에 있는 Text 동작을 위한 블록이며, 표 5-1에 상세한 내용을 확인할 수 있다. 그림 5-8의 블록에 의해서 'LED ON' 버튼을 클릭하면 블루투스 클라이언트가 아두이노로 문자 1을 전송하고, 'LED OFF'를 클릭하면 아두이노로 문자 0을 전송하게 된다.

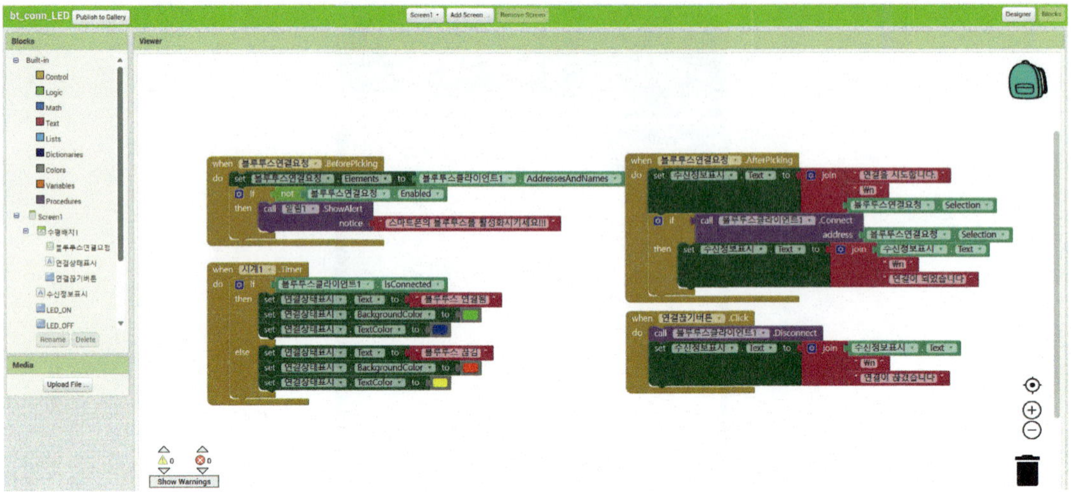

[그림 5-7] LED 원격 제어 앱 블록 코딩 편집 화면

[표 5-1] LED 원격 제어를 위한 앱 인벤터 블록

번호	위치	블록	기능
1	Screen1 〉 LED_ON		LED_ON 버튼을 클릭했을 때의 동작 구현
2	Screen1 〉 LED_OFF		LED_OFF 버튼을 클릭했을 때의 동작 구현
3	Screen1 〉 블루투스클라이언트1		연결된 블루투스 장치로 문자를 전송
4	Built-in 〉 Text		문자 입력

[그림 5-8] 'LED ON', 'LED OFF' 버튼 동작을 위한 블록

5.3.3 앱으로 LED 원격 제어하기

앱 인벤터로 개발한 LED 원격 제어 앱을 이용하여 아두이노 보드에 연결한 LED를 제어한다. 동작 확인을 위한 절차는 아래와 같으며, 5.2.2와 5.3.2에서 설명한 아두이노 프로그램과 앱 블록 코딩대로 LED가 동작하는지 확인한다.

① 5.1.2의 LED 원격 제어 회로를 구성한다.
② 5.2.2의 아두이노 프로그램을 아두이노 보드에 업로드한다.
③ 5.3.2에서 개발한 bt_conn_LED.aia 불러와서 스마트 기기에 설치한 MIT AI2 Companion 앱을 실행하고, 앱 인벤터의 Connect 메뉴의 'AI Companion'을 선택하여 스마트 기기와 앱 인벤터를 연결한다. 한편 앱을 스마트 기기에 직접 설치하여 동작을 확인할 수도 있으며, 이를 위해서 프로젝트를 빌드하고, 생성한 apk 파일을 안드로이드 기기로 복사하여 설치한다.
④ 앱의 '연결하기' 버튼을 클릭하고, 등록된 블루투스 기기 중에서 아두이노 보드에 연결된 블루투스 모듈을 선택한다.
⑤ 앱 화면의 수신정보에서 연결되었다는 메시지를 확인하고, 'LED ON' 버튼을 클릭하여 아두이노 보드에 연결된 LED가 점등되는지 확인한다. 그리고 'LED OFF' 버튼을 클릭하여 아두이노 보드에 연결된 LED가 점멸되는지 확인한다.

5.3.4 LED 원격 제어 과제 구현하기

5.3.2에서 구현한 LED 원격 제어 앱은 버튼을 이용하여 제어하는 방식이다. 'LED ON'과 'LED OFF' 버튼을 클릭하면 각각 1과 0이 전송되도록 하였고, 아두이노 프로그램에서는 블루투스 통신으로 수신한 데이터를 확인해서 LED ON/OFF 동작을 제어한다. 5장의 과제는 TextBox를 이용하여 문자를 입력하고 'Send' 버튼을 누르면 LED를 제어하기 위한 정보가 전송되도록 앱을 만들고 동작을 확인하는 것이다. 이를 위해서 앱 인벤터의 Designer에서 User Interface의 TextBox와 Button 그리고 수평 배치를 위한 Layout의 HorizontalArrangement를 추가한다. 그리고 추가한 TextBox와 Button을 HorizontalArrangement 안으로 넣어서 같은 수평 라인이 배치되도록 한다. 구성요소의 폭과 높이는 Properties에서 변경할 수 있으며, 과제를 구현하기 위한 블록은 표 5-2를 참조한다.

[표 5-2] LED 원격 제어 과제를 위한 앱 인벤터 블록

번호	위치	블록	기능
1	HorizontalArrangement1 〉 Send		'Send' 버튼을 클릭했을 때의 동작 구현
2	Screen1 〉 블루투스 클라이언트1		연결된 블루투스 장치로 문자를 전송
3	HorizontalArrangement1 〉 TextBox1		문자 상자에 입력한 문자를 읽음

06 CHAPTER 7-segment

학습목표

- 앱 인벤터와 아두이노를 이용하여 7-segment에 숫자를 출력하는 프로그램을 설계할 수 있다.

6.1 회로 구성

6.1.1 7-segment 제어 회로 구성하기

그림 6-1과 6-2는 공통 애노드형 7-segment와 공통 캐소드형 7-segment의 핀 배치, 외형 그리고 각 세그먼트의 논리 상태에 따라 표시가 가능한 숫자를 나타낸 것이다. 그림 6-1의 ①과 같이 공통 애노드형은 공통 단자 "com"를 VCC에 연결하고 세그먼트 a~g를 아두이노의 출력 핀에 연결하여 제어하는데 아두이노의 출력 핀을 논리 '0'으로 만들면 불이 켜진다. 그림 6-1의 ②에 공통 애노드형의 외형을 나타내었으며 일반적으로 외형에 문자 "5611AH"와 같이 "A"가 찍혀있는 경우가 많다. 그림 6-2의 ①과 같이 공통 캐소드형은 공통 단자 com을 GND에 연결하고 a~g를 아두이노의 출력 핀에 연결하여 제어하는데 아두이노의 출력 핀을 논리 '1'로 만들면 불이 켜진다. 그림 6-2의 ②에 공통 캐소드형의 외형을 나타내었으며 일반적으로 외형에 문자 'K'가 찍혀있는 경우가 많다.

공통애노드 형	g	f	e	d	c	b	a	16진수	숫자
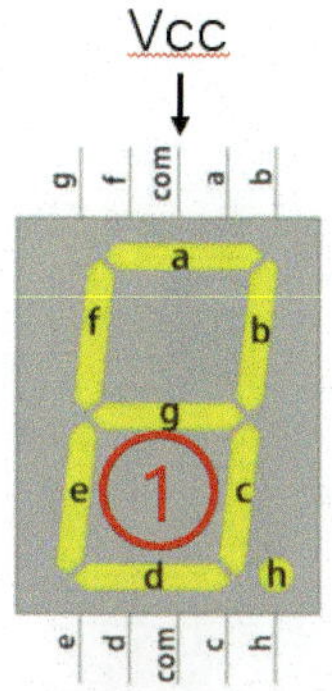	1	0	0	0	0	0	0	0x40	
	1	1	1	1	0	0	1	0x79	
	0	1	0	0	1	0	0	0x24	
	0	1	1	0	0	0	0	0x30	
	0	0	1	1	0	0	1	0x19	
	0	0	1	0	0	1	0	0x12	
	0	0	0	0	0	1	0	0x02	
	1	0	1	1	0	0	0	0x58	
	0	0	0	0	0	0	0	0x00	
	0	0	1	1	0	0	0	0x18	

[그림 6-1] 공통 애노드형 7-segment와 숫자 표시

공통캐소드 형	g	f	e	d	c	b	a	16진수	숫자
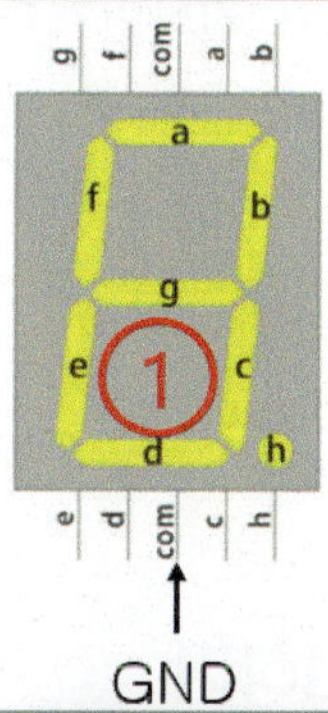	0	1	1	1	1	1	1	0x3F	
	0	0	0	0	1	1	0	0x06	
	1	0	1	1	0	1	1	0x5B	
	1	0	0	1	1	1	1	0x4F	
	1	1	0	0	1	1	0	0x66	
	1	1	0	1	1	0	1	0x6D	
	1	1	1	1	1	0	1	0x7D	
	0	1	0	0	1	1	1	0x47	
	1	1	1	1	1	1	1	0x7F	
	1	1	0	0	1	1	1	0x67	

[그림 6-2] 공통 캐소드형 7-segment와 숫자 표시

그림 6-3은 아두이노와 7-segment 그리고 블루투스를 이용한 7-segment 제어 회로를 나타낸 것이다.

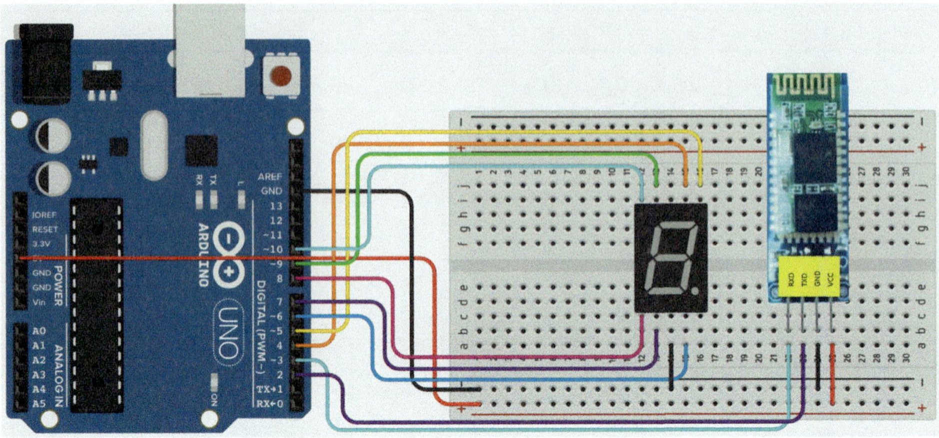

[그림 6-3] 공통 캐소드형 7-segment 제어 회로

공통 캐소드형 7-segment의 공통 단자 "com"은 접지에 연결하였고 아두이노의 4~10번까지의 출력 핀을 7-segment의 a~g까지 연결하였다. 블루투스는 안드로이드 스마트폰과 아두이노를 연결하기 위한 장치이며 아두이노의 3번 핀(TxD)과 블루투스의 1번 핀(RxD)을 연결하고 아두이노의 2번 핀(RxD)과 블루투스의 2번 핀(TxD)을 연결한다. 이 회로는 스마트폰에서 특정 버튼을 눌렀을 경우 버튼과 일치하는 숫자를 표시하는 시스템에 적용할 수 있다. 7-segment를 4개 연결할 경우 0~9999까지의 숫자를 표시할 수도 있으므로 전화번호를 표시하거나 계산 결과의 숫자를 표시할 수도 있다. 숫자 표시기는 산업 분야 어느 곳에서도 적용할 수 있는 장치이므로 그 활용가치가 매우 높다.

6.2 아두이노 프로그램

6.2.1 공통 캐소드형 7-segment 제어 프로그램 작성하기

공통 캐소드형 7-segment 제어 프로그램은 아두이노에 연결된 7-segment에 스마트폰에서 누른 버튼과 일치하는 숫자가 나타난다. 아래 프로그램을 아두이노 IDE로 작성하고 컴파일한 다음 아두이노 보드에 다운로드하여 실험 결과를 확인한다.

```
#include 〈SoftwareSerial.h〉
SoftwareSerial mySerial(2,3);
int segPins[7]={4,5,6,7,8,9,10};
int degData[10][7]={{1, 1, 1, 1, 1, 1, 0}, {0, 1, 1, 0, 0, 0, 0},
{1, 1, 0, 1, 1, 0, 1}, {1, 1, 1, 1, 0, 0, 1}, {0, 1, 1, 0, 0, 1, 1},
{1, 0, 1, 1, 0, 1, 1}, {1, 0, 1, 1, 1, 1, 1}, {1, 1, 1, 0, 0, 0, 0},
```

```
{1, 1, 1, 1, 1, 1, 1}, {1, 1, 1, 0, 0, 1, 1}};
int j;
void setup() {
  Serial.begin(9600);
  mySerial.begin(9600);
  for(int i=0; i<7; i++) {
    pinMode(segPins[i], OUTPUT);
  }
}
void disFND(int j){
  for(int i=0; i<7; i++) {
    digitalWrite(segPins[i], degData[j][i]);
  }
  delay(1000);
}
void loop() {
  if(mySerial.available() > 0){
    byte phone_data = mySerial.read();
    if(phone_data == 1){
      Serial.println("Number 1");
      disFND(1);}
    if(phone_data == 2){
      Serial.println("Number 2");
      disFND(2);}
    if(phone_data == 3){
      Serial.println("Number 3");
      disFND(3);}
    if(phone_data == 4){
      Serial.println("Number 4");
      disFND(4);}
    if(phone_data == 5){
      Serial.println("Number 5");
      disFND(5);}
    if(phone_data == 6){
      Serial.println("Number 6");
      disFND(6);}
    if(phone_data == 7){
      Serial.println("Number 7");
      disFND(7);}
    if(phone_data == 8){
      Serial.println("Number 8");
      disFND(8);}
    if(phone_data == 9){
      Serial.println("Number 8");
      disFND(9);}
```

```
52        if(phone_data == 0){
53          Serial.println("Number 0");
54          disFND(0);
55        }
56      }
57    }
```

7-segment 원격 제어 프로그램을 상세히 설명하면 다음과 같다.

[1~2] : "#include SoftwareSerial.h, SoftwareSerial mySerial(2,3)"는 아두이노 우노가 직렬통신 포트를 하나만 가지고 있으므로 블루투스로 스마트폰과 통신하려면 소프트웨어 직렬통신 포트를 추가해야 한다. 아두이노 우노의 모든 핀이 직렬통신에 사용할 수 있지만 여기서는 아두이노 2번 핀과 3번 핀을 직렬통신 포트로 사용하였다. "SoftwareSerial.h" 파일을 사용할 것이며 블루투스용 통신 포트 모듈 명은 mySerial이다.

[3] : "int segPins[7]={4,5,6,7,8,9,10}"는 7-segment 각각의 segment를 제어하기 위한 아두이노 핀 7개를 "segPins"라는 이름의 배열로 선언하였다.

[4~7] : "int degData[10][7]={ ::: }"는 아두이노 4~10까지의 출력 핀에 이중 배열 :"degData"의 요소를 할당하여 원하는 숫자를 표시하기 위한 것이며 "degData[0][0]"는 첫 번째 배열 {1,1,1,1,1,1,0} 중의 첫 번째 요소인 "1"이고 "degData[0][6]"는 첫 번째 배열 {1,1,1,1,1,1,0} 중의 마지막 요소인 "0"을 의미한다. 이 배열은 숫자 0을 의미한다. 각 배열의 값은 숫자 0에서 9까지의 segment 데이터이다.

[8] : "int j"는 함수 "disFND"함수에서 사용하며 이중 배열의 첫 번째 배열의 값을 결정한다.

[10] : "Serial.begin(9600)"은 아두이노와 컴퓨터 간의 직렬 통신을 활성화하고 통신속도를 9600 Baud로 설정한다.

[11] : "mySerial.begin(9600)"은 아두이노와 스마트폰 간의 직렬 통신을 활성화하고 통신속도를 9600 Baud로 설정한다.

[12~13] : "for(int i=0; i〈7; i++) {pinMode(segPins[i], OUTPUT);}"는 "for" 문장을 이용하여 배열 "segPins"의 핀 7개를 "pinMode" 명령어를 이용하여 모두 출력 핀으로 정의한다.

[17~19] : "disFND(int j){for(int i=0; i〈7; i++){digitalWrite(segPins[i], degData[j][i]);}"는 함수는 변수 'j'를 받아서 7-segment에 숫자를 표시하는 함수이며 "j" 값이 3이면 아두이노 4, 5, 6, 7, 8, 9, 10번 핀에 "digData[3][0~6]"에 해당하는 {1,1,1,1,0,0,1}이 대입되어 7-segment에 숫자 3이 표시된다.

[20] : "delay(1000)"는 1초 동안의 지연을 의미하며 숫자를 1초 동안 표시한다.

[23] : "if(mySerial.available() 〉 0)"는 스마트폰에서 아두이노로 블루투스를 통해 보낸 데이터

가 있는지를 확인하며 데이터가 있으면 조건문의 결과는 “참”이다.

[24] : “byte phone_data = mySerial.read()”는 스마트폰에서 아두이노로 블루투스를 통해 보낸 데이터가 있으면 해당 데이터를 읽어 바이트 형의 “phone_data” 변수에 저장한다.

[25~27] : “phone_data”가 “1”이라면 시리얼 모니터에 “Number 1”을 출력하고 “disFND”함수를 실행하여 해당 숫자 “1”을 7-segment에 표시한다. 나머지 28~54 라인의 소스코드도 앱에서 전달받은 숫자에 따라 동일한 동작을 수행하게 된다.

그림 6-4와 같이 공통 캐소드 형 7-segment 제어 프로그램을 완성하였으면 프로그램 파일명을 “FND_test_phone”이라고 저장한 다음 그림 6-4의 ①메뉴를 클릭하여 컴파일한다. 컴파일 결과 문법 오류가 없으면 그림 6-4의 메뉴 ②를 클릭하여 프로그램 코드를 아두이노 우노 보드에 다운로드한다.

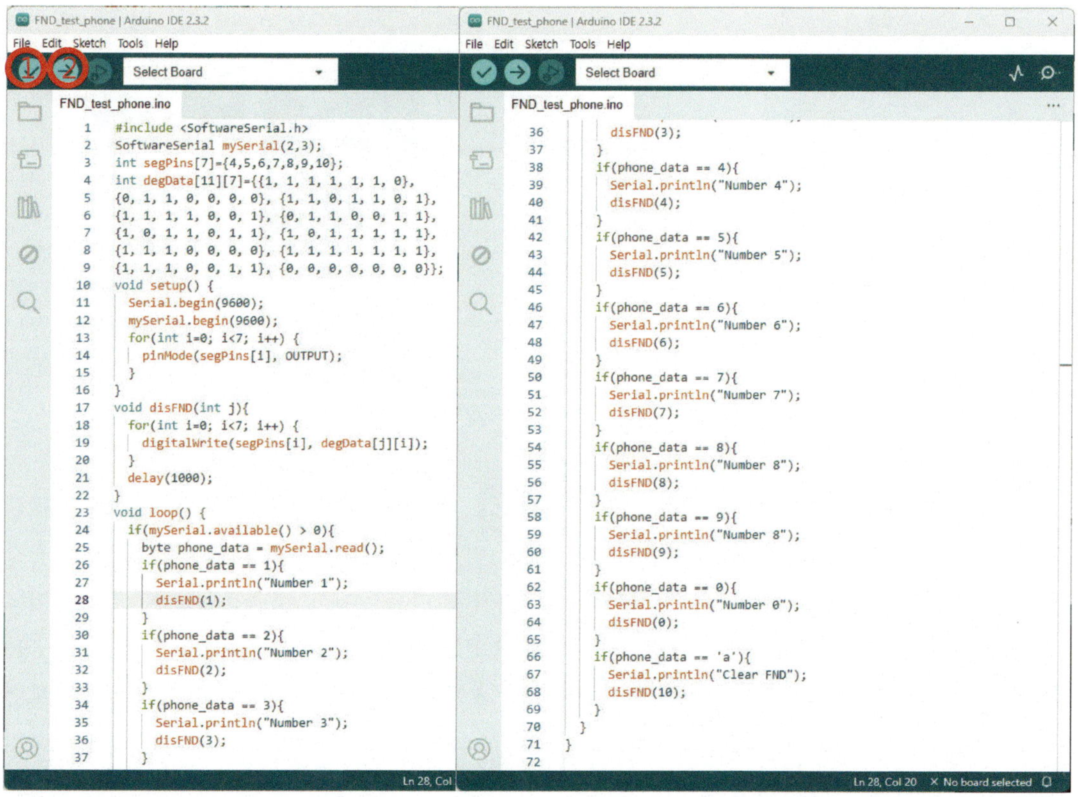

[그림 6-4] 아두이노 IDE 공통 캐소드형 7-segment 제어 회로 프로그램 코드 작성 화면

6.3 7-segment 제어 앱

6.3.1 앱 UI 디자인하기

7-segment를 블루투스 무선통신을 이용하여 원격으로 제어하기 위한 앱은 교재 3장에서 제공하는 bt_conn.aia를 활용하여 앱 인벤터로 제작한다. 본 절에서는 bt_conn.aia 파일을 이용하여 fnd_test_phone.aia로 파일명을 변경하고, 버튼 스위치 제어를 위해 UI 디자인을 변경한다. 그리고 스마트폰에 설치한 MIT AIT Companion을 실행한 다음 그림 6-5 ①과 같이 앱 인벤터 메뉴 "연결"을 클릭한다. 나타난 팝업 메뉴에서 ②와 같이 AI 컴패니언 메뉴를 클릭하면 ③④처럼 QR코드 또는 문자 코드가 나타난다. 스마트폰에 설치한 컴패니언 앱(⑤)을 실행하면 ⑥과 같은 "scan QR Code"와 ⑦과 같은 문자 코드 입력창이 나타난다. "scan QR code"를 클릭하여 QR코드를 찍거나 ⑦에 ④의 문자 코드를 입력하면 앱 인벤터와 스마트폰이 서로 연결된다.

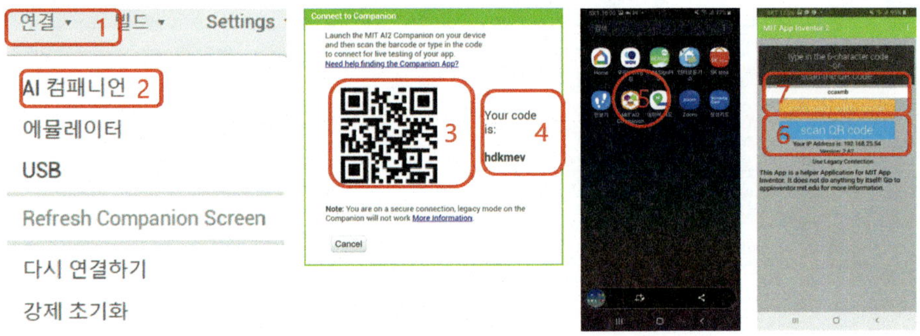

[그림 6-5] 앱 인벤터 MIT AI 컴패니언 연결

이제 앱 인벤터에서 설계하는 내용이 실시간으로 스마트폰에 나타나게 되므로 프로그램 설계가 수월해진다. 그림 6-6은 fnd_test_phone.aia의 디자인 화면이며 스마트폰 앱에서 숫자가 있는 버튼을 누르면 해당 버튼과 일치하는 숫자가 스마트폰에서 블루투스를 통해 아두이노로 전달된다. 아두이노에서는 블루투스 직렬통신 버퍼를 읽어서 그 값에 일치하는 함수를 실행시켜 아두이노에 연결된 7-segment에 숫자를 표시한다. 그림 6-6의 컴포넌트를 살펴보면 총 12개의 버튼이 있으며 블루투스 하드웨어 어드레스를 표현하기 위해 ①'레이블_블루투스리스트'라는 레이블을 추가하였다.

[그림 6-6] 앱 인벤터 fnd_test_phone.aia의 디자인 화면

6.3.2 앱 블록 코딩하기

앱 디자인을 완료한 후 앱 인벤터의 오른쪽 위 블록 메뉴를 클릭하면 그림 6-7과 같은 블록이 나타난다.

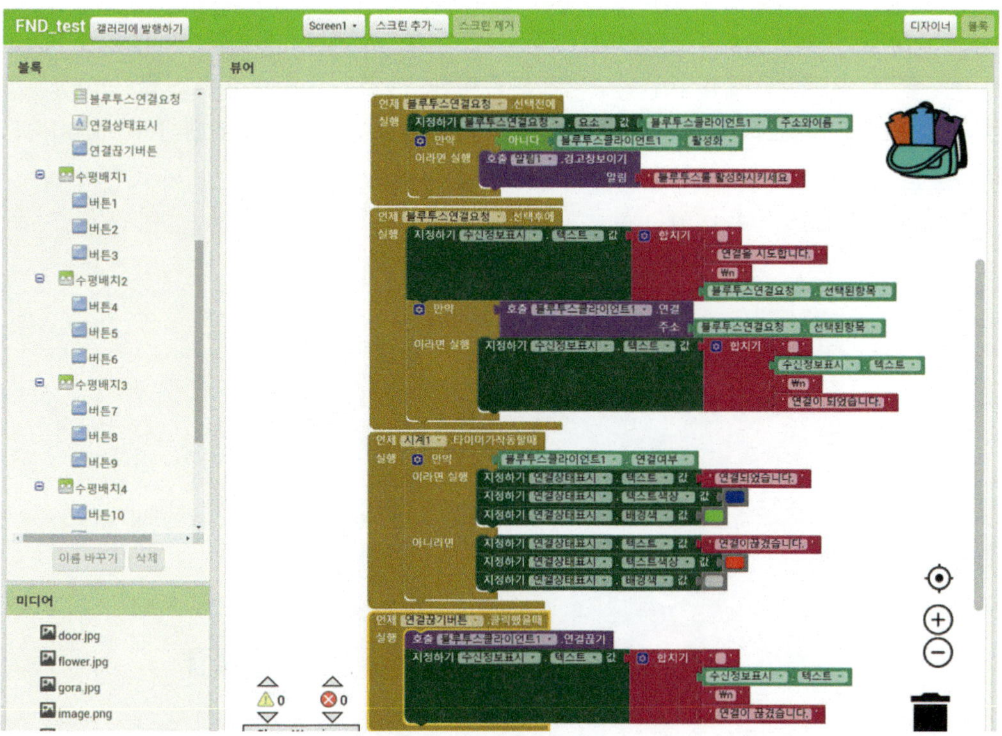

[그림 6-7] 앱 인벤터 fnd_test_phone.aia의 기본 블록도

그림 6-7의 왼쪽 위에 있는 블록을 살펴보면 총 12개의 버튼이 4개의 수평배치에 각각 3개씩 나누어져 있는 것을 확인할 수 있다. 그림 6-8은 fnd_test_phone.aia의 ①추가 블록이며, 버튼 1부터 9까지의 내용을 포함한 블록이다. 버튼 0에 대한 세부블록은 그림 6-9에 나타내었다. 각각의 블록은 ②"블록접기" 또는 "블록 펼치기"팝업 메뉴에 의해 접었다 펼쳤다 할 수 있는데 제한된 스크린 사이즈 때문에 제공하는 기능이다.

[그림 6-8] 앱 인벤터 fnd_test_phone.aia의 추가 블록도

그림 6-9의 동작 원리는 다음과 같다. ①은 버튼 0을 클릭했을 때 ②를 실행하는데 스마트폰의 화면에서 버튼 0을 클릭하기 전에 배경색이 검정색이면 클릭한 후 연두색으로 바꾸고 글자 색상은 노란색으로 바꾸고 블루투스를 통해 문자 "a"를 전송한다. 만약 스마트폰의 화면에서 버튼 0을 클릭하기 전에 배경색이 연두색이면 클릭한 후 검은색으로 바꾸고 글자 색상은 노란색으로 바꾸고 블루투스를 통해 숫자 "0"을 전송한다. 이것은 스마트폰의 앱에서 버튼의 색상을 기본적으로 연두색으로 한 다음 버튼을 누르면 다른 색으로 바뀌게 함으로써 버튼이 눌러졌음을 색상으로 확인하기 위한 것이다.

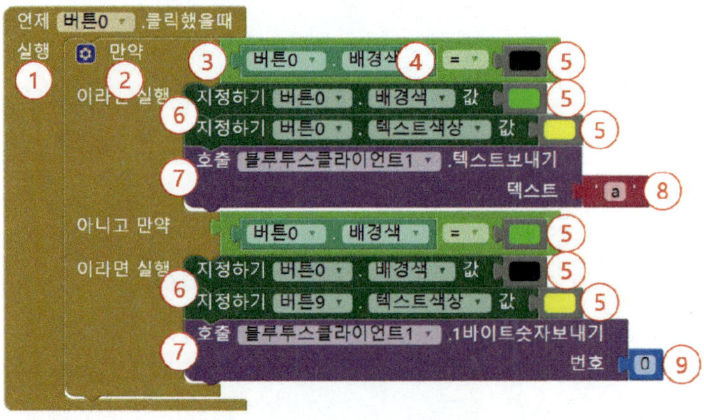

[그림 6-9] 앱 인벤터 fnd_test_phone의 버튼 0~9까지의 세부 블록도

표 6-1은 그림 6-9를 설계하기 위해 사용한 블록 이름과 블록 이미지를 나타낸 것이다.

[표 6-1] 그림 6-9를 설계하기 위한 블록 이름과 블록 이미지

번호	블록의 이름	블록의 이미지
1	버튼0	
2	제어	
3	논리	
4	수학	
5	색상	
6	버튼0	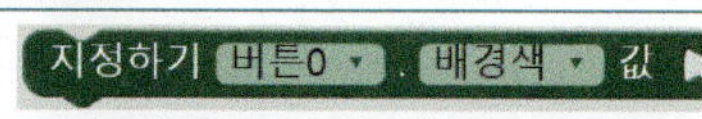
7	블루투스클라이언트1	
8	텍스트	
9	수학	

6.3.3 앱으로 7-segment 원격 제어하기

7-segment 제어 회로를 구성하였고 아두이노 프로그램을 완성하였다. 그리고 스마트폰 앱도 모두 완성하였다면 7-segment 제어 실험을 해보자. 그림 6-10의 순서에 따라 실험하면서 결과를 확인해 보자.

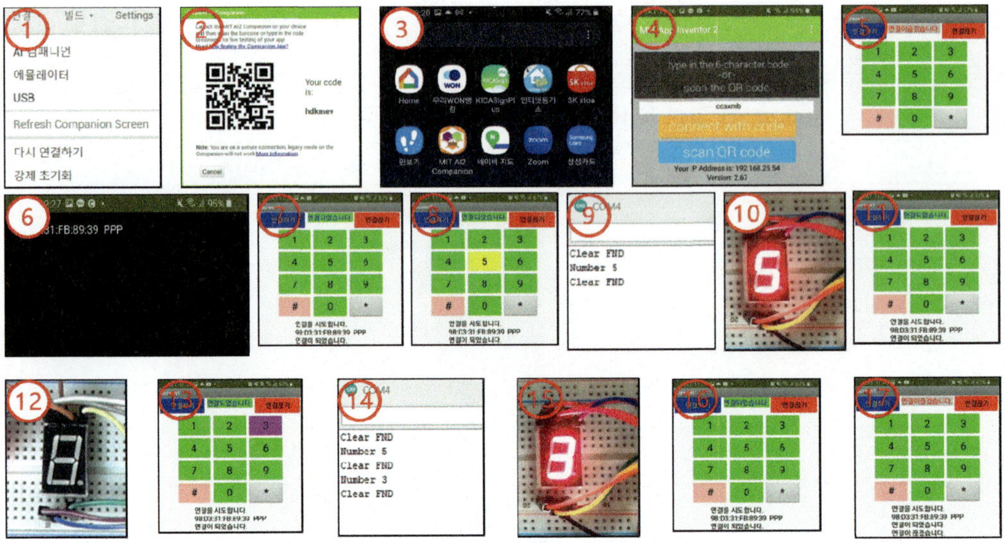

[그림 6-10] 공통 캐소드형 7-segment 원격 제어 과정

① 앱 인벤터의 연결 메뉴에 있는 AI 컴패니언을 클릭한다.

② "scan QR code" 또는 "Your code is ???"이 앱 인벤터 화면에 나타난다.

③ 스마트폰에 설치한 MIT AI2 Companion을 클릭하여 실행한다.

④ "scan QR code"를 클릭하여 ②의 QR코드를 찍거나 Six Character Code 입력란에 ②의 "Your code is"에 있는 6개의 코드를 입력한다.

⑤ 이제 스마트폰 화면에는 앱 인벤터로 설계한 Screen1 화면이 나타날 것이다. 여기서 유의할 것은 블루투스 끊김 메시지를 확인한다. 이 화면에는 "연결이 끊겼습니다"라는 메시지가 윗면 가운데에 표시된다. 다음으로 스마트폰의 화면에 나타나 있는 앱에서 왼쪽의 "BT연결하기" 버튼을 클릭한다.

⑥ 스마트폰에 미리 등록한 블루투스가 나타날 것이다. 3.2.2절의 AT 명령어를 이용하여 이름을 변경한 블루투스 장치를 클릭한다. 그림 6-10의 블루투스 장치 이름은 PPP이다.

⑦ 스마트폰의 앱 윗면 가운데에 "연결되었습니다"라는 메시지가 나타나는 것을 확인한다. 그리고 "연결을 시도합니다."와 블루투스 하드웨어 어드레스 그리고 블루투스 이름 PPP가 나타나면서 "연결이 되었습니다." 메시지가 나타난다. 그리고 모든 숫자 버튼은 연두색 바탕을 유지한다.

⑧ 이제 스마트폰에 있는 앱에서 버튼 5를 눌러보자. 버튼 5번의 버튼을 누르면 버튼의 바탕색이 노란색으로 바뀌고 앱에서는 숫자 5를 블루투스를 통해 아두이노로 보낸다. 아두이노는 5의 숫자를 확인한다.

⑨ 이제 아두이노에 연결된 시리얼 모니터를 활성화하자. 아두이노 프로그램에서 숫자 5가 입력되면 "Number 5"라는 메시지가 출력된다.

⑩ 아두이노의 7개 핀에 연결된 7-segment에 숫자 5가 나타난다.

⑪ 스마트폰의 버튼 5를 한 번 더 누르면 노란색 바탕이 다시 연두색으로 바뀌며 시리얼 모니터에는 ⑨와 같이 "Clear FND"라는 메시지가 출력된다.

⑫ 그리고 아두이노에 연결된 7-segment는 꺼진다.

⑬ 이제 스마트폰에 있는 앱에서 버튼 3을 눌러보자. 버튼 3을 누르면 버튼의 바탕색이 주황색으로 바뀌고 앱에서는 숫자 3을 블루투스를 통해 아두이노로 보낸다. 아두이노는 3의 숫자를 확인한다.

⑭ 이제 아두이노에 연결된 시리얼 모니터를 활성화하자. 아두이노 프로그램에서 숫자 3이 입력되면 "Number 3"이라는 메시지가 출력된다.

⑮ 아두이노의 7개 핀에 연결된 7-segment에 숫자 3이 나타난다.

⑯ 스마트폰의 버튼 3을 한 번 더 누르면 주황색 바탕이 다시 연두색으로 바뀌며 시리얼 모니터에는 ⑭와 같이 "Clear FND"라는 메시지가 출력된다. 그리고 ⑫와 같이 7-segment가 꺼진다.

⑰ 실험이 정상적으로 이루어졌으면 블루투스 연결을 끊기 위해 스마트폰 화면의 "연결끊기" 버튼을 클릭한다. 스마트폰 화면의 중앙에 "연결이 끊겼습니다."라는 메시지와 앱 하단에 역시 "연결이 끊겼습니다." 메시지가 출력된다. 이제 7-segment 제어 실험을 종료한다.

6.3.4 7-segment 원격 제어 과제 구현하기

지금까지 아두이노에 연결된 7-segment에 스마트폰에서 보내는 숫자 정보와 일치하는 숫자를 표시하는 프로그램을 실험하였다. 앱의 버튼 중 좌측 버튼 *을 누르면 7-segment의 각 세그먼트가 하나씩 켜지고 #버튼을 누르면 세그먼트가 하나씩 꺼지는 프로그램을 개발하고 실험을 통해 결과를 확인해 보자.

07 CHAPTER I2C LCD

학습목표

- 앱 인벤터와 아두이노를 이용하여 I2C LCD에 문자열을 출력할 수 있다.

7.1 회로 구성

7.1.1 I2C LCD 제어 회로 구성하기

그림 7-1의 ①은 일반형 LCD(Liquid Crystal Display)이며 한 줄에 16개의 문자 및 숫자를 표시할 수 있는 LCD이다. 사용하는 입출력 핀은 8개의 데이터 핀을 포함하여 총 16개의 핀이 있다. 전원 핀을 제외하면 12개의 핀을 사용해야 하는데 아두이노 우노의 입출력 핀이 14개인 점을 고려하면 아두이노에 일반형 LCD를 사용할 경우 가용 가능한 여분의 입출력 핀이 4개로 여유가 없다.

[그림 7-1] 일반 LCD와 I2C LCD

그림 7-1의 ②는 I2C LCD인데 기존의 LCD에 별도의 모듈을 추가하여 총 4개의 핀만을 사용한다. 물론 4개 중 2개의 핀은 전원으로 분류하면 실제로는 2개의 핀만을 사용하므로 I2C LCD를 사용할 경우 가용 가능한 아두이노의 핀에 여유가 생긴다.

그림 7-2는 아두이노와 I2C LCD를 연결하는 방법을 나타낸 것이다. I2C LCD는 SDA와 SCL핀이 입출력 핀인데 그림 7-2의 ①과 같이 아두이노 우노 보드의 오른쪽 위 "AREF"핀 바로 위의 핀이 "SDA"이고 맨 위의 핀이 "SCL"이므로 I2C LCD의 "SDA"와 "SCL"을 연결하는 방법과 그림 7-2의 ②와 같이 "A4"에 "SDA", "A5"에 "SCL"을 연결하는 방법이 있다.

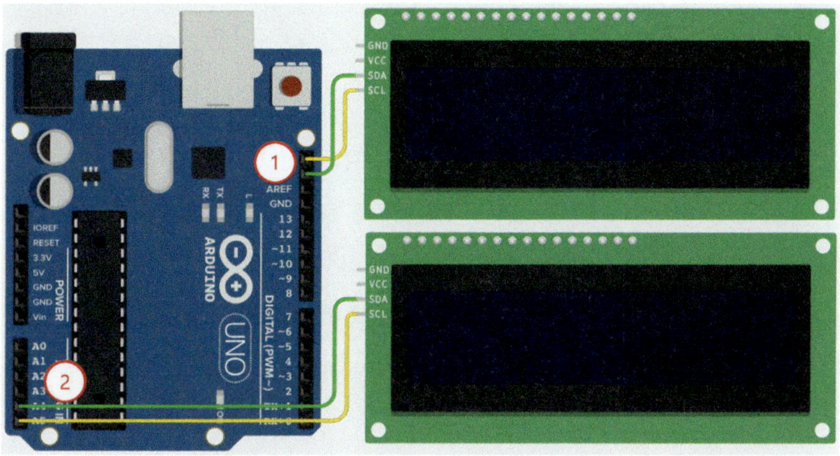

[그림 7-2] 아두이노와 I2C LCD 연결 방법

그림 7-3은 아두이노와 I2C LCD 그리고 블루투스를 이용한 I2C LCD 제어 회로를 나타낸 것이다.

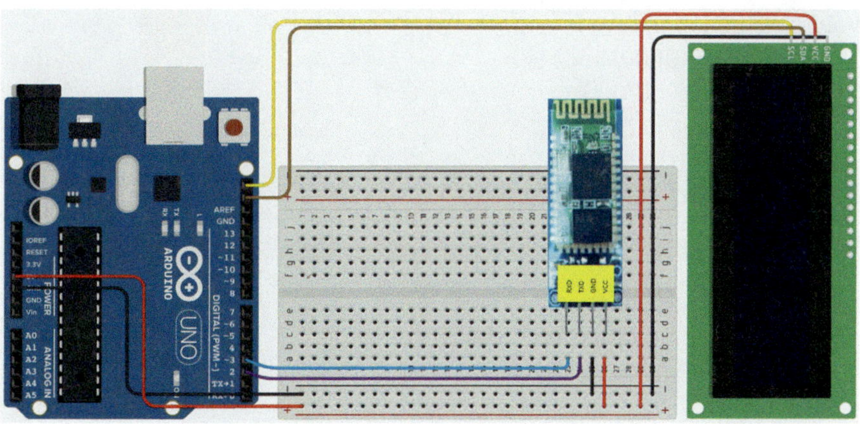

[그림 7-3] I2C LCD 제어 회로

아두이노의 SCL(17번 핀)과 SDA(16번 핀)를 I2C LCD의 SCL과 SDA에 연결하고 I2C LCD의 VCC와 GND를 아두이노의 5V와 GND에 연결한다. 블루투스는 안드로이드 스마트 폰과 아두이노를 연결하기 위한 장치이며 아두이노의 3번 핀(TxD)과 블루투스의 1번 핀(RxD)을 연결하고 아두이노의 2번 핀(RxD)과 블루투스의 2번 핀(TxD)을 연결한다. 이 회로와 프로그램은 스마트폰에서 문자열을 전송하면 I2C LCD의 2번째 줄에 표시하고 시리얼 모니터에 출력한다. 그리고 컴퓨터의 시리얼 모니터에서 문자열을 전송하면 I2C LCD의 첫 번째 줄에 표시하는 프로그램이다.

7.2 아두이노 프로그램

7.2.1 I2C LCD 제어 회로 프로그램 작성하기

I2C LCD 제어 프로그램은 스마트폰에서 문자열을 보내면 I2C LCD의 두 번째 줄과 시리얼 모니터에 출력하고, 컴퓨터의 시리얼 모니터에서 문자열을 전송하면 I2C LCD의 첫 번째 줄과 스마트폰 그리고 시리얼 모니터에 출력한다. I2C LCD 제어 프로그램을 아두이노 IDE로 작성하고 컴파일한 후 아두이노 보드에 다운로드하여 실험 결과를 확인한다.

```
#include <LiquidCrystal_I2C.h>
#include <SoftwareSerial.h>
#include <Wire.h>
LiquidCrystal_I2C lcd(0x27, 16, 2);
SoftwareSerial mySerial(2,3);
String s0,s1;

void setup(){
  Serial.begin(9600);
  mySerial.begin(9600);
  lcd.init();
  lcd.backlight();
  lcd.print("I2C LCD TESTING");
}
void loop(){
  if(Serial.available()){
   s0 = Serial.readString();
   lcd.setCursor(0,0);
   lcd.print("                ");
   lcd.setCursor(0,0);
   lcd.print(s0);
```

```
22      Serial.println(s0);
23      mySerial.print(s0);
24      delay(1000);
25    }
26    if(mySerial.available()){
27      s1 = mySerial.readString();
28      lcd.setCursor(0,1);
29      lcd.print("                ");
30      lcd.setCursor(0,1);
31      lcd.print(s1);
32      Serial.println(s1);
33      delay(1000);
34    }
35  }
```

I2C LCD 원격 제어 프로그램을 상세히 설명하면 다음과 같다.

[1] : "#include 〈LiquidCrystal_I2C.h〉"는 LCD 제어 관련 객체를 지원하는 라이브러리이며 아두이노에서 기본으로 제공하는 라이브러리인 LiquidCrystal은 I2C LCD용이 아닌 일반 LCD용 라이브러리이므로 그림 7-4와 같은 방법으로 I2C LCD용 라이브러리를 설치해야 한다.

[2, 5] : "#include SoftwareSerial.h, SoftwareSerial mySerial(2,3)"는 아두이노 우노가 직렬통신 포트를 하나만 가지고 있으므로 블루투스로 스마트폰과 통신하려면 소프트웨어 직렬통신 포트를 추가해야 한다. 아두이노 우노의 모든 핀을 직렬통신에 사용할 수 있지만 여기서는 아두이노 2번 핀과 3번 핀을 직렬통신 포트로 사용하였다. "SoftwareSerial.h" 파일을 사용할 것이며 블루투스용 통신 포트 모듈 명은 mySerial이다.

[3] : "#include 〈Wire.h〉"라이브러리는 아두이노가 I2C 디바이스와 통신이 가능하게 하는 라이브러리이다.

[4] : "LiquidCrystal_I2C lcd(0x27, 16, 2)"는 LiquidCrystal 라이브러리를 이용하여 "lcd"라는 이름의 객체를 만든 것이며 lcd(0x27, 16, 2)에서"0x27"은 I2C LCD의 주소, "16"은 한 줄에 표시할 수 있는 문자의 수(Column), "2"는 2줄(Row)을 의미한다.

[6] : "String s0, s1"은 직렬 통신으로 전송되는 문자들을 저장하기 위한 것이며 문자열을 선언한다.

[9] :"Serial.begin(9600)"은 아두이노와 컴퓨터 간의 직렬 통신을 활성화하고 통신속도를 9600 Baud로 설정한다.

[10] :"mySerial.begin(9600)"은 아두이노와 스마트폰 간의 직렬 통신을 활성화하고 통신속도

를 9600 Baud로 설정한다.

[11] :"lcd.init()"은 I2C LCD를 초기화하는 명령어 객체이다. LCD의 전원을 껐다 켜는 것과 동일한 결과를 갖는다.

[12] :"lcd.backlight()"는 LCD에 빛을 공급하기 위한 램프를 켜는 것이다.

[13] :"lcd.print("I2C LCD TESTING")"는 "setup"에 있으므로 한 번만 실행되며 첫 번째 줄의 첫 번째 칸부터 "I2C LCD TESTING" 문자열이 LCD에 표시된다.

[16] :"if(Serial.available())"은 컴퓨터에서 아두이노로 보낸 데이터가 있는지를 확인한다. 데이터가 있으면 조건문의 결과는 참이다.

[17] :"s0 = Serial.readString()"은 컴퓨터에서 보낸 아두이노의 직렬버퍼에 있는 문자열을 읽어서 s0 문자열에 저장한다.

[18, 20] :"lcd.setCursor(0,0)"는 LCD의 커서 위치를 첫 번째 칸, 첫 번째 줄에 배치하라는 명령어 객체이다.

[19] :"lcd.print("   ")"는 LCD의 첫 번째 줄에 16개의 space를 보내어 기존에 있던 내용을 지우기 위한 것이다.

[21] :"lcd.print(s0)"는 현재 커서의 위치에 문자열 s0의 내용을 출력하라는 명령어 객체이다.

[22] : "Serial.println(s0)"는 시리얼 모니터에 문자열 s0 내용을 출력하라는 명령어 객체이다.

[23] :"mySerial.print(s0)"는 스마트폰에 문자열 s0 내용을 전송하는 명령어 객체이다.

[24,33] : "delay(1000)"은 1초간 지연시키기 위한 것이다.

[26] :"if(mySerial.available())"은 스마트폰에서 아두이노로 보낸 데이터가 있는지를 확인한다. 데이터가 있으면 결과는 참이다.

[27] :"s1 = mySerial.readString()"은 스마트폰에서 보낸 아두이노의 직렬버퍼에 있는 문자열을 읽어서 s1 문자열에 저장한다.

[28, 30] :"lcd.setCursor(0,1)"는 LCD의 커서 위치를 첫 번째 칸, 두 번째 줄에 배치하라는 명령어 객체이다.

[29] :"lcd.print("   ")"는 LCD의 두 번째 줄에 16개의 space를 보내어 기존에 있던 내용을 지우기 위한 것이다.

[31] :"lcd.print(s1)"는 현재 커서의 위치에 문자열 s1의 내용을 출력하라는 명령어 객체이다.

[32] :"Serial.println(s1)"는 시리얼 모니터에 문자열 s1의 내용을 출력하라는 명령어 객체이다.

그림 7-4는 I2C LCD 라이브러리 설치과정이다.

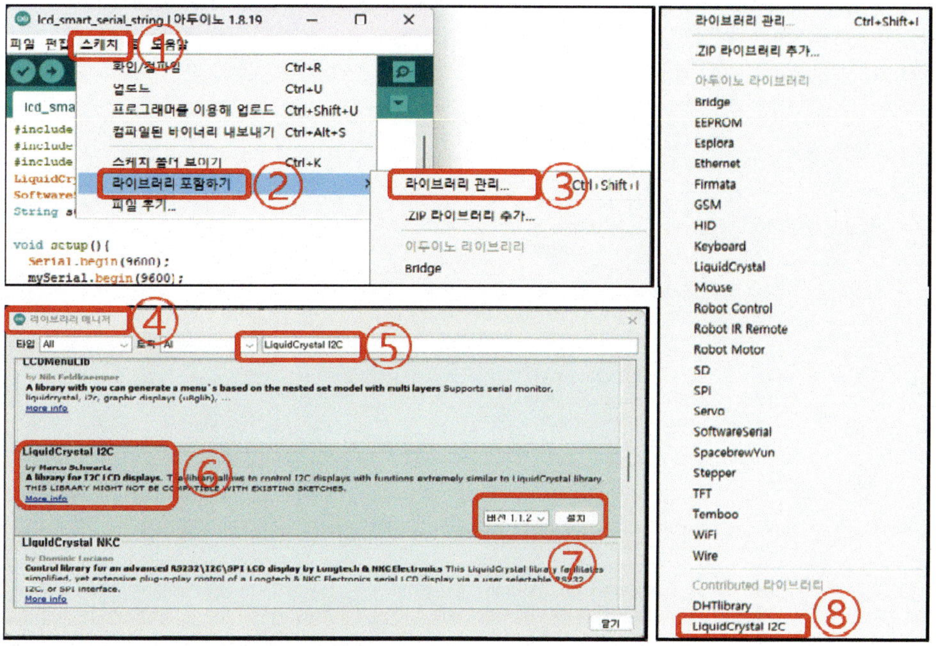

[그림 7-4] I2C LCD 라이브러리 설치 과정

① 아두이노 IDE의 “스케치”를 클릭한다.
② “라이브러리 포함하기”를 클릭한다.
③ 나타나는 팝업 창에서 “라이브러리 관리...”를 클릭한다.
④ 라이브러리 매니저 창에서
⑤ “LiquidCrystal I2C”를 입력하고 엔터키를 친다.
⑥ 화면을 스크롤하여 “Macro Schwartz”이 만든 “LiquidCrystal I2C”를 선택한다.
⑦ 버전 “xxx”옆에 있는 “설치” 버튼을 클릭하여 라이브러리를 설치한다.
⑧ 메뉴 “스케치”, “라이브러리 포함하기”에서 아래쪽 “LiquidCrystal_I2C”를 확인한다.

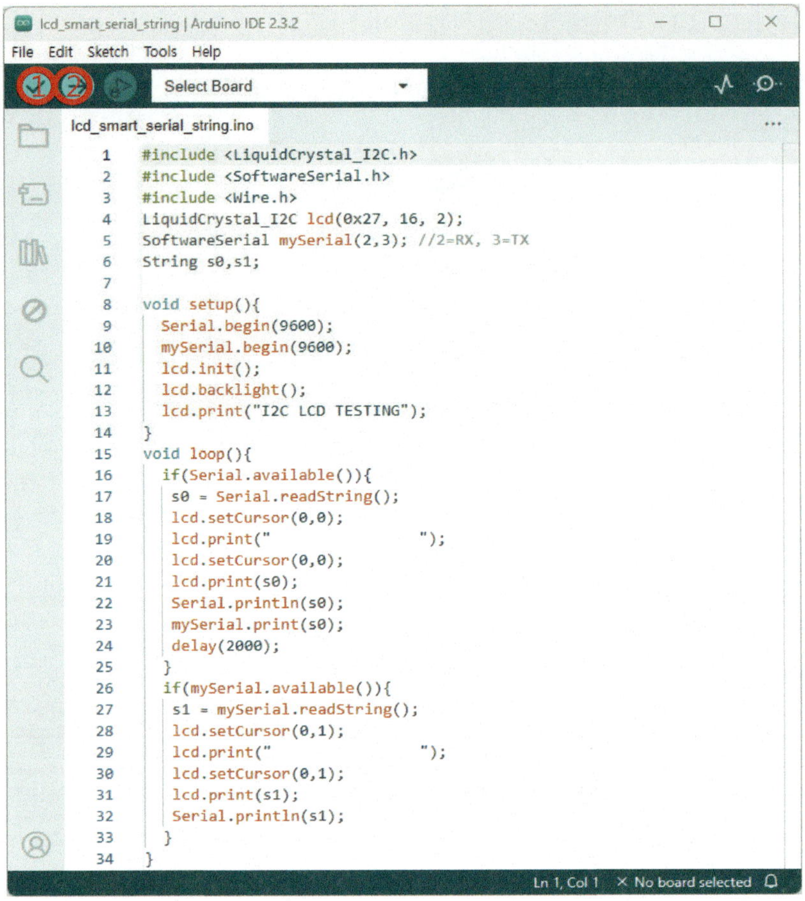

[그림 7-5] 아두이노 IDE I2C LCD 제어 프로그램 코드 작성 화면

7.3 I2C LCD 제어 앱

7.3.1 앱 UI 디자인하기

I2C LCD를 블루투스 무선통신을 이용하여 원격으로 제어하기 위한 앱은 교재 3장에서 제공하는 bt_conn.aia를 활용하여 앱 인벤터로 제작한다. 본 절에서는 bt_conn.aia 파일을 이용하여 lcd_smart_string_book.aia로 파일명을 변경하고, I2C LCD 제어를 위해 UI 디자인을 변경한다. 먼저 스마트폰에 설치한 MIT AIT Companion을 실행한 다음 그림 7-6 ①과 같이 앱 인벤터 메뉴 "연결"을 클릭한다. 나타난 팝업 메뉴에서 ②와 같이 AI 컴패니언 메뉴를 클릭하면 ③④처럼 QR코드 또는 문자 코드가 나타난다. 스마트폰에 설치한 컴패니언 앱(⑤)을 실행하면 ⑥과 같은 "scan QR Code"와 ⑦과 같은 문자 코드 입력창이 나타난다. "scan QR code"를 클릭하여 QR코드를 찍거나 ⑦에 ④의 문자 코드를 입력하면 앱 인벤터와 스마트폰이 서로 연결된다.

이제 앱 인벤터에서 설계하는 내용이 실시간으로 스마트폰에 나타나게 되므로 프로그램 설계가 수월해진다.

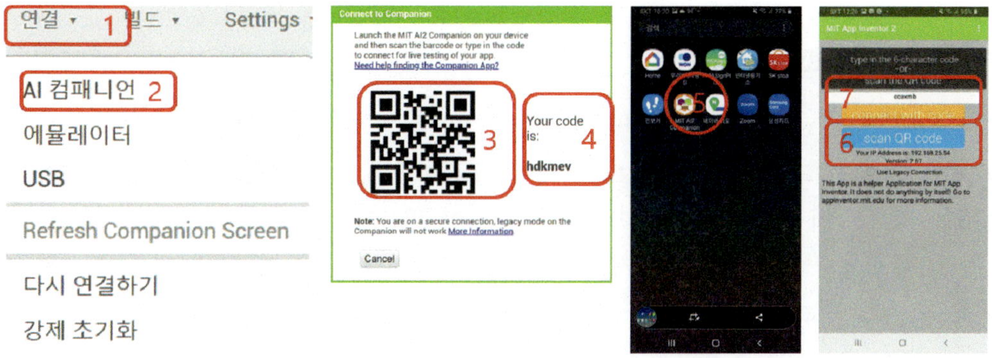

[그림 7-6] 앱 인벤터 MIT AI 컴패니언 연결

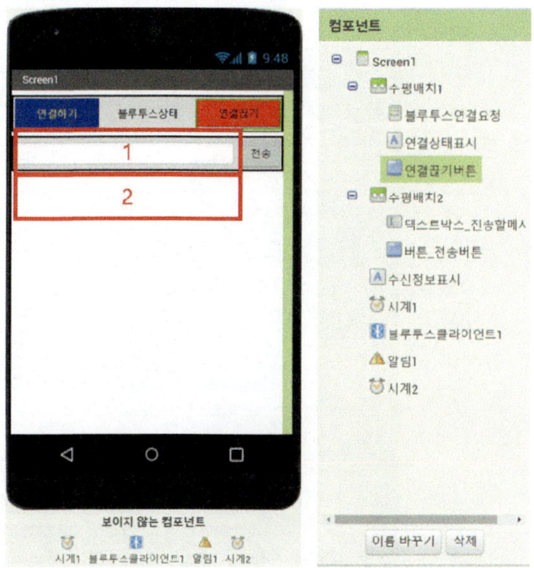

[그림 7-7] 앱 인벤터 lcd_smart_string_book.aia의 화면 디자인

그림 7-7은 lcd_smart_string_book.aia의 디자인 화면이며 컴포넌트를 살펴보면 수평배치1은 블루투스 연결을 위해 사용하는 것이고 수평배치2에 있는 컴포넌트들이 새로 추가된 것들이다. "텍스트박스_전송할메시지"는 스마트폰에서 아두이노에 보낼 문자열을 표시하는 곳이고 "버튼_전송버튼"은 스마트폰에서 아두이노로 보낼 문자열을 전송하기 위한 버튼이다. "수신정보표시"에는 블루투스 연결 여부를 알리는 메시지와 하드웨어 어드레스 그리고 블루투스 이름이 출력되고 컴퓨터의 시리얼 모니터에서 입력한 문자열이 출력된다. 스마트폰 앱 ①의 위치에서 아두이노에 연결된 LCD에 출력하기를 원하는 문자열을 입력하고 "전송" 버튼을 누르면 아두이노에 연결된

I2C LCD의 두 번째 줄에 해당 문자열이 출력된다. 그리고 시리얼 모니터에도 같은 문자열이 출력된다. 또한, 컴퓨터의 시리얼 모니터에서 문자열을 입력하면 아두이노에 연결된 LCD와 컴퓨터의 시리얼 모니터 그리고 스마트폰의 ②의 위치에 해당 문자열이 출력된다.

7.3.2 앱 블록 코딩하기

앱 디자인을 완료한 후 앱 인벤터의 오른쪽 위 블록 메뉴를 클릭하면 그림 7-8과 같은 블록이 나타난다. 그림 7-8은 I2C LCD 제어 프로그램의 시작 블록을 나타낸 것이다. 해당 블록에는 디자인 화면에서 사용하였던 컴포넌트들이 표시되어 있다. 그림 7-8의 블록은 블루투스 연결, 연결상태 그리고 연결끊기의 기본 블록인 bt_conn.aia와 같은 것이며 그림 7-8의 블록을 이용하여 그림 7-9의 추가 블록을 설계한다.

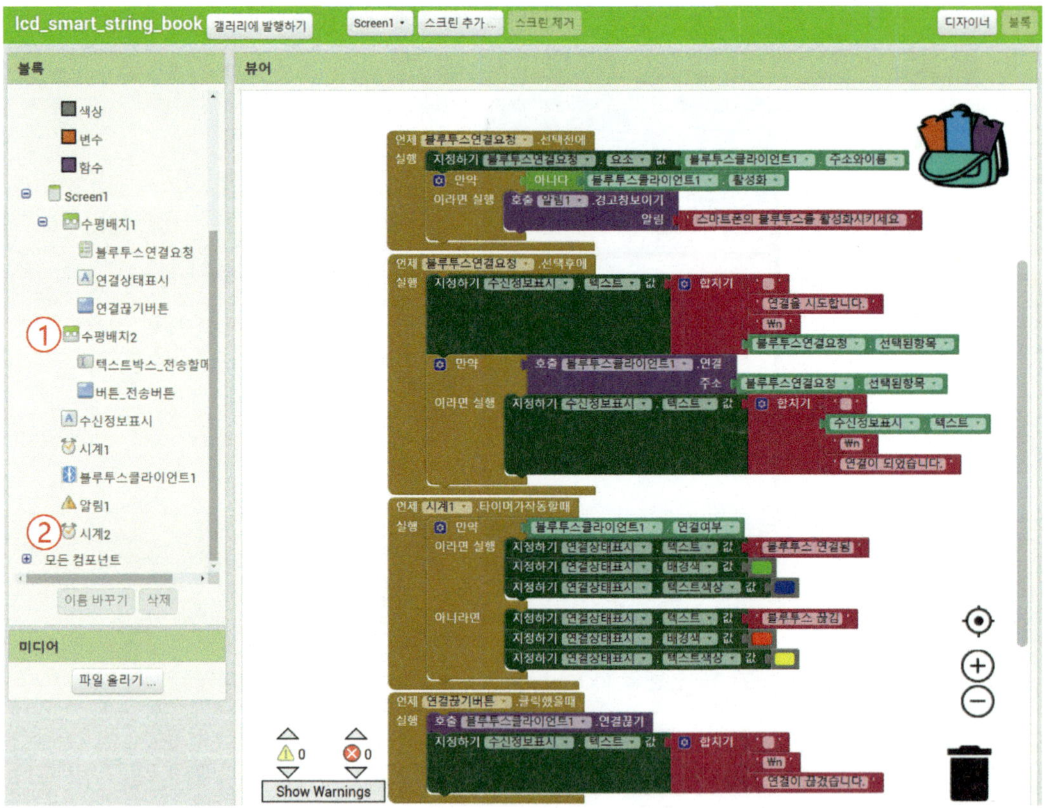

[그림 7-8] 앱 인벤터 i2c_lcd_smart_book.aia의 기본 블록도

i2c_lcd_smart_book.aia 블록 설계에서는 함수 만들기를 소개한다. 일반적인 프로그래밍 언어에서와 마찬가지로 프로그래밍할 때 함수를 만들어 놓으면 필요할 때 해당 함수를 가져다 적용하면 되므로 함수를 많이 만들어 놓을수록 프로그램 설계가 쉬워진다. 그림 7-9의 ①은 스마트폰의 화면에 있는 문자열을 전송하는 함수이며 이 함수는 ②에서 "전송버튼"을 누르면

함수가 호출되어 블루투스를 통해 아두이노로 문자열을 보낸다. 그림 7-9의 ③은 스마트폰 화면에 문자열을 표시하기 위한 “화면출력”함수이며 ④는 블루투스를 통해 스마트폰으로 들어오는 문자열을 읽어서 “화면출력”함수에 전달하는 블록이다. 이 블록의 동작은 다음과 같다. 스마트폰에 입력한 문자열은 “전송할메시지”에 저장되고 “전송버튼”을 누르면 블루투스를 통해 아두이노로 전달된다. 컴퓨터의 시리얼 모니터에서 입력한 문자열은 블루투스를 통해 스마트폰으로 전달되고 “수신정보표시”로 나타난다. 표 7-1과 7-2는 그림 7-9의 블록도에 사용한 블록 이름과 블록 이미지를 나타낸 것이다.

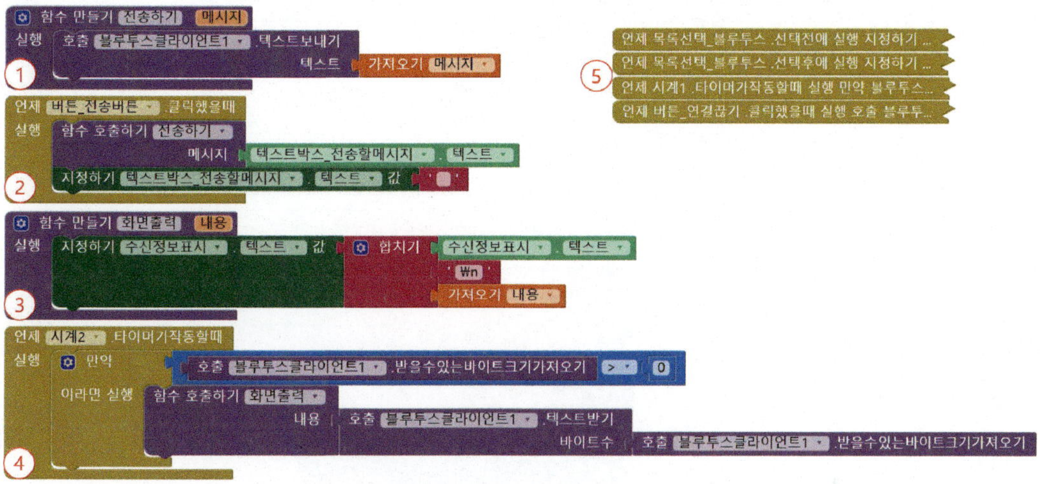

[그림 7-9] 앱 인벤터 i2c_lcd_smart_book.aia의 추가 블록도

[표 7-1] 그림 7-9의 ①과 ②를 설계하기 위한 블록과 블록의 이미지

번호	블록 이름	블록 이미지
1	함수	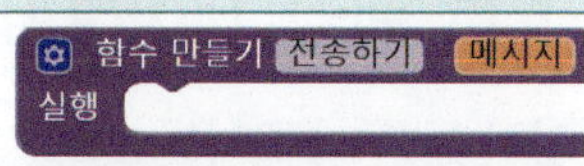
2	블루투스클라이언트1	
3	변수	
4	수학	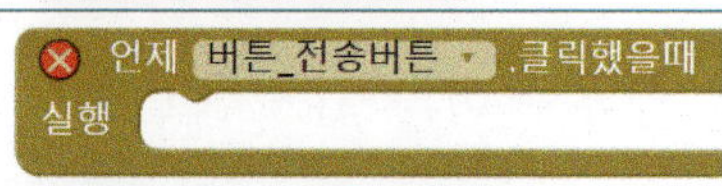
5	함수	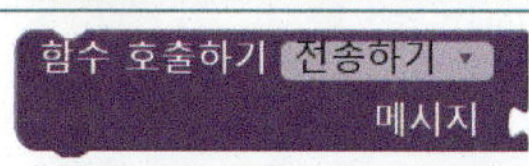
6	텍스트박스_전송할메시지	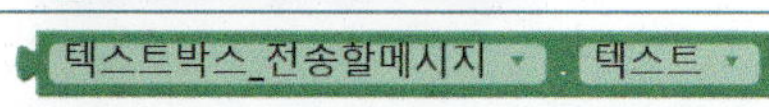
7	텍스트박스_전송할메시지	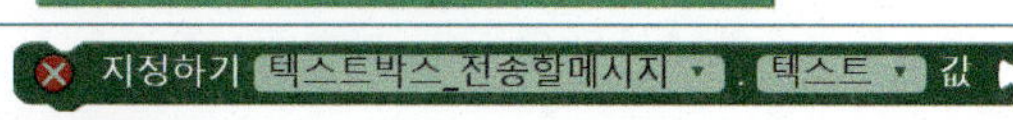
8	텍스트	

[표 7-2] 그림 7-9의 ③과 ④를 설계하기 위한 블록과 블록의 이미지

번호	블록 이름	블록 이미지
1	함수	함수 만들기 화면출력 내용 / 실행
2	수신정보표시	지정하기 수신정보표시 . 텍스트 값
3	텍스트	합치기
4	수신정보표시	수신정보표시 . 텍스트
5	텍스트	' Wn '
6	변수	가져오기 내용
7	시계1	언제 시계2 .타이머가작동할때 / 실행
8	제어	만약 / 이라면 실행
9	수학	=
10	블루투스클라이언트1	호출 블루투스클라이언트1 .받을수있는바이트크기가져오기
11	수학	0
12	블루투스클라이언트1	함수 만들기 화면출력 내용 / 실행
13	블루투스클라이언트1	호출 블루투스클라이언트1 .텍스트받기 / 바이트수
14	블루투스클라이언트1	호출 블루투스클라이언트1 .받을수있는바이트크기가져오기

7.3.3 앱으로 I2C LCD 원격 제어하기

I2C LCD 제어 회로를 구성하였고 아두이노 프로그램을 완성하였다. 그리고 스마트폰 앱도 모두 완성하였다면 I2C LCD 제어 실험을 해보자. 그림 7-10의 순서에 따라 실험하면서 결과를 확인해 보자.

① 앱 인벤터의 연결 메뉴에 있는 AI 컴패니언을 클릭한다.
② "scan QR code" 또는 "Your code is ???"이 앱 인벤터 화면에 나타난다.
③ 스마트폰에 설치한 MIT AI2 Companion을 클릭하여 실행한다.
④ "scan QR code"를 클릭하여 ②의 QR코드를 찍거나 Six Character Code 입력란에 ②의 "Your code is"에 있는 6개의 코드를 입력한다.

[그림 7-10] I2C LCD 제어 실험과정

⑤ 이제 스마트폰 화면에는 앱 인벤터로 설계한 Screen1 화면이 나타날 것이다. 여기서 유의할 것은 블루투스 끊김 메시지를 확인한다. 이 화면에는 "블루투스 끊김"이라는 메시지가 상단 가운데에 표시되고 있다. 다음으로 스마트폰의 화면에 나타나 있는 앱에서 좌측의 "연결하기" 버튼을 클릭한다.

⑥ 스마트폰에 미리 등록한 블루투스가 나타날 것이다. 3.2.2절의 AT 명령어를 이용하여 이름을 변경한 블루투스 장치를 클릭한다. 그림 7-10의 블루투스 장치 이름은 PPP이다.

⑦ 스마트폰의 앱 상단 중앙에 "블루투스연결됨"이라는 메시지가 나타나는 것을 확인한다. 그리고 "연결을 시도합니다."와 블루투스 하드웨어 주소 그리고 블루투스 이름 PPP가 나타나면서 "연결이 되었습니다." 메시지가 나타난다.

⑧ 이제 아두이노에 연결된 LCD의 첫 번째 줄에 "I2C LCD TESTING"이라는 문자열이 출력되는 것을 확인한다. 아두이노 명령어로 LCD에 출력하는 문자열이다.

⑨ 스마트폰에서 전송한 문자열이 아두이노 그리고 컴퓨터에 전송되는 것을 확인하기 위해 스마트폰의 문자열 상자에 "I am student"라고 입력하고 "전송" 버튼을 클릭해 보자.

⑩ 아두이노에 연결된 LCD의 두 번째 줄에 "I am student"라는 문자열이 출력되는 것을 확인한다.

⑪ 이제 아두이노에 연결된 시리얼 모니터를 활성화하자. 시리얼 모니터에도 "I am student"라는 문자열이 출력되는 것을 확인한다.

⑫ 컴퓨터에서 전송한 문자열이 시리얼 모니터 그리고 스마트폰에 전송되는 것을 확인하기 위해 "This is smart class"라는 문자열을 입력해보자. 그리고 컴퓨터의 시리얼 모니터에

같은 문자열이 출력되는 것을 확인한다.

⑬ 아두이노에 연결된 LCD의 첫 번째 줄 내용이 지워지고 "This is smart class"라는 문자열이 첫 번째 줄에 출력되는 것을 확인한다. 물론 위의 문자열이 16개를 초과하기 때문에 스페이스를 포함한 16개의 문자열 "This is smart cl"이 출력되는 것을 확인한다.

⑭ 스마트폰에 "This is smart class"라는 문자열이 출력되는 것을 확인한다.

⑮ 실험이 정상적으로 이루어졌으면 블루투스 연결을 끊기 위해 스마트폰 화면의 "연결끊기" 버튼을 클릭한다. 스마트폰 화면의 중앙에 "블루투스 끊김"이라는 메시지와 스마트폰 화면 하단에 "연결이 끊겼습니다."라는 메시지가 출력된다. 이제 I2C LCD 제어 실험을 종료한다.

7.3.4 I2C LCD 원격 제어 과제 구현하기

지금까지 아두이노에 연결된 LCD에 문자열을 출력하는 프로그램을 개발하였다. 이번에는 컴퓨터의 시리얼 모니터에서 문자열을 전송하면 LCD의 두 번째 줄과 스마트폰에 출력하고 스마트폰에서 문자열을 전송하면 LCD의 첫 번째 줄에 표시하는 프로그램을 설계하고 실험 결과를 확인해 보자.

08 CHAPTER

DC 모터

학습목표

- DC 모터 원격 제어 회로를 구성하고, 아두이노 프로그램을 작성할 수 있다.
- 앱 인벤터를 이용하여 DC 모터 원격 제어를 위한 앱을 개발할 수 있다.

8.1 회로 구성

8.1.1 DC 모터 제어 회로 구성하기

그림 8-1은 아두이노, 브레드보드, DC 모터, 모터 제어를 위한 소자, DC 모터에 걸리는 전압을 측정하기 위한 멀티미터로 구성된 DC 모터 제어 회로 구성을 보여준다. DC 모터의 회전속도는 전압에 비례하며, 정격전압이 높은 제품은 건전지 또는 전원 공급장치를 사용해야 한다. 하지만 정격전압이 5V인 소형 DC 모터는 아두이노 보드의 5V 단자를 통해 전원을 공급할 수 있다.

DC 모터에 전원을 공급하기 위해 모터의 단자 1에 아두이노 보드의 5V 핀을 연결한다. DC 모터의 두 단자에 연결된 다이오드는 모터의 회전이 멈출 때 발생할 수 있는 전압 스파이크에 의한 회로 손상을 방지하기 위한 용도이다. DC 모터의 동작 및 속도 제어를 위해 NPN BJT(Bipolar Junction Transistor) 트랜지스터를 사용한다. 이미터, 베이스, 컬렉터 단자로 구성되는 트랜지스터는 스위치 역할을 할 수 있으며, 베이스 단자에 전류가 흐르면 컬렉터 단자에서 이미터 단자로 전류가 흐르게 되는 현상을 이용한다. 트랜지스터의 이미터는 회로 접지와 연결하고, 컬렉터는 DC 모터의 단자 2에 연결한다. 트랜지스터의 베이스 단자는 1KΩ 저항을 이용하여 아두이노 보드의 5번 핀과 연결한다. 5번 핀은 PWM(Pulse Width Modulation) 신호를 출력하게 되며, PWM 신호를 이용하여 모터의 회전 속도를 제어할 수 있다.

[그림 8-1] DC 모터 제어 회로

8.1.2 DC 모터 원격 제어 회로 구성하기

그림 8-2는 블루투스 모듈을 활용한 DC 모터 원격 제어 회로 구성을 보여준다. DC 모터 ON/OFF 제어를 위한 PWM 핀은 5번 핀을 사용하였고, 블루투스 모듈 연결부를 제외하고는 그림 8-1의 회로와 동일하다. DC 모터를 원격으로 제어하기 위한 블루투스 모듈의 RXD 핀은 아두이노 보드의 3번 핀과 연결하고, 블루투스 모듈의 TXD 핀은 아두이노 보드의 2번 핀과 연결한다. 이렇게 구성하면 블루투스 모듈이 송신하는 데이터는 아두이노 보드의 2번 핀으로 수신되고, 아두이노 보드의 3번 핀으로 송신하는 데이터는 블루투스 모듈의 RXD 핀으로 수신되게 된다.

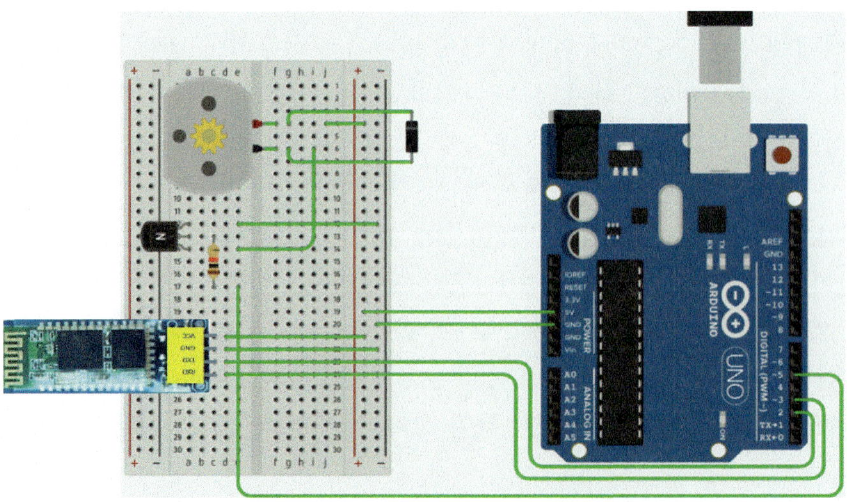

[그림 8-2] DC 모터 원격 제어 회로

8.2 아두이노 프로그램

8.2.1 DC 모터 제어 프로그램 작성하기

아래 프로그램은 DC 모터를 3초 간격으로 회전과 정지를 반복하도록 하기 위한 소스 코드이다. setup 함수에서 DC 모터의 동작을 제어하기 위한 PWM 핀을 출력으로 설정하고, loop 함수에서 DC 모터의 동작 제어를 위한 코드를 작성한다.

```
1  int PWM=255;
2  int Pin_motor=5;
3  
4  void setup()
5  {
6    pinMode(Pin_motor, OUTPUT);
7  }
8  
9  void loop()
10 {
11   analogWrite(Pin_motor, PWM);
12   delay(3000);
13   analogWrite(Pin_motor, 0);
14   delay(3000);
15 }
```

DC 모터 제어 프로그램을 상세히 설명하면 다음과 같다.

[1] : PWM 값을 나타내는 변수를 선언하고, 초기값을 설정한다.
[2] : PWM 핀을 나타내는 변수를 선언한다.
[6] : pinMode 함수를 이용하여 5번 핀을 출력으로 설정한다.
[11] : analogWrite 함수를 이용하여 5번 핀의 출력을 255로 설정한다.
[12] : delay 함수의 매개 변수 단위는 ms이며, 3000을 입력하면 3초 지연이 발생하게 된다. 따라서 DC 모터는 3초 동안 회전하게 된다.
[13] : analogWrite 함수를 이용하여 5번 핀의 출력을 0으로 설정한다.
[14] : delay 함수를 이용하여 3초 지연을 발생시킨다. 따라서 DC 모터는 3초 동안 정지 상태를 유지하게 된다.

실제 아두이노 보드를 프로그래밍하기 위해서는 아두이노 IDE(통합개발환경)를 실행하고, LED 제어 프로그램을 작성한다. 그림 8-3은 아두이노 IDE를 실행한 화면이다. 컴파일하기 위한 사전 작업으로 'Tools' 메뉴에서 'Board'는 사용하는 아두이노 모델로 선택하고, 'Port'는 보드를 연결한 시리얼 포트를 선택한다. 다음으로 'Sketch' 메뉴의 'Verify/Compile'을 선택하여 컴파일하고, 에러가 없으면 'Upload'를 선택하여 보드를 프로그래밍한다.

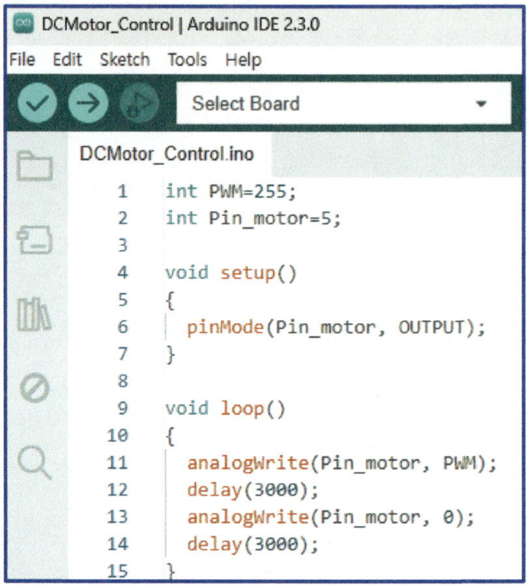

[그림 8-3] DC 모터 제어 프로그램을 작성한 아두이노 IDE 화면

8.2.2 DC 모터 원격 제어 프로그램 작성하기

아래 프로그램은 DC 모터를 원격으로 제어하기 위한 소스 코드이다. 우선 블루투스 모듈과 신호를 송수신하기 위한 핀을 설정하기 위한 라이브러리인 SoftwareSerial 헤더 파일을 포함시켜야 한다. 아두이노는 보드에는 시리얼 통신을 위한 핀이 배정되어 있다. 예를 들어 아두이노 우노 보드는 1번 핀을 송신, 0번 핀을 수신 용도로 사용한다. 여러 개의 시리얼 통신이 필요한 경우, 일반 디지털 핀을 시리얼 통신 용도로 사용해야 한다. SoftwareSerial 라이브러리를 사용하면 일반 디지털 핀을 시리얼 통신을 위한 송신, 수신 핀으로 동작시킬 수 있다. 하지만 수신 핀은 보드의 종류에 따라서 사용할 수 있는 핀이 정해져 있다. setup 함수에서 핀 할당과 입·출력을 설정하고, 시리얼 통신속도를 설정한다. loop 함수에서 블루투스 통신으로 수신한 정보를 기반으로 DC 모터의 동작 제어를 위한 코드를 작성한다.

```
1   #include 〈SoftwareSerial.h〉
2   
3   SoftwareSerial mySerial(2,3);
4   
5   int PWM=255;
6   int Pin_motor=5;
7   
8   void setup()
9   {
10    pinMode(Pin_motor, OUTPUT);
11    Serial.begin(9600);
12    mySerial.begin(9600);
13  }
14  
15  void loop()
16  {
17    if(mySerial.available())
18    {
19      char RxData = mySerial.read();
20      Serial.Write(RxData);
21  
22      if(RxData ==  ‘1’ )
23        analogWrite(Pin_motor, PWM);
24      else
25        analogWrite(Pin_motor, 0);
26    }
27  }
```

DC 모터 원격 제어 프로그램을 상세히 설명하면 다음과 같다.

[1] : SoftwareSerial 헤더 파일이 포함된다.

[3] : SoftwareSerial 클래스 객체를 선언한다. 매개 변수인 Rx, Tx 핀은 각각 2, 3으로 지정한다.

[5] : PWM 값을 나타내는 변수를 선언하고, 초기값을 설정한다.

[6] : PWM 핀을 나타내는 변수를 선언한다.

[10] : pinMode 함수를 이용하여 5번 핀을 출력으로 설정한다.

[11] : 아두이노 보드의 시리얼 통신속도를 9600bps로 설정한다.

[12] : SoftwareSerial을 이용하여 만든 시리얼 포트 (Tx : 3번 핀, Rx : 2번 핀)의 통신속도를 9600bps로 설정한다.

[17] : 블루투스 모듈과 연결된 시리얼 통신 수신 핀이 수신 대기 상태에 있는지를 확인한다. 수신 대기 상태에 있지 않거나 버퍼가 비어 있는 경우에는 0을 반환하므로 0이 아닌 경우

조건문을 만족하여 내부 소스 코드가 실행된다.

[19] : 문자 변수 RxData에 블루투스 모듈을 통해 수신한 데이터를 읽어서 저장한다.

[20] : 아두이노 보드의 시리얼 통신 송신 핀으로 RxData를 출력한다.

[22~23] : RxData의 값이 문자 '1'과 같으면 analogWrite 함수를 이용하여 5번 핀의 출력을 255로 설정한다. DC 모터가 최대 속도로 회전하게 된다.

[24~25] : RxData의 값이 문자 '1' 이외의 다른 값이면 analogWrite 함수를 이용하여 5번 핀의 출력을 0으로 설정한다. DC 모터가 회전을 멈추게 된다.

DCMotor_RemoteControl | Arduino IDE 2.3.0

File Edit Sketch Tools Help

Select Board Verify

DCMotor_RemoteControl.ino

```
1  #include <SoftwareSerial.h>
2
3  SoftwareSerial mySerial(2,3);
4
5  int PWM=255;
6  int Pin_motor=5;
7
8  void setup()
9  {
10   pinMode(Pin_motor, OUTPUT);
11   Serial.begin(9600);
12   mySerial.begin(9600);
13 }
14
15 void loop()
16 {
17   if(mySerial.available())
18   {
19     char RxData = mySerial.read();
20     Serial.write(RxData);
21
22     if(RxData == ‘1’)
23       analogWrite(Pin_motor, PWM);
24     else
25       analogWrite(Pin_motor, 0);
26   }
27 }
```

[그림 8-4] DC 모터 원격 제어 프로그램을 작성한 아두이노 IDE 화면

실제 아두이노 보드를 프로그래밍하기 위해서는 아두이노 IDE(통합개발환경)를 실행하고, DC 모터 원격 제어 프로그램을 작성한다. 그림 8-4는 아두이노 IDE를 실행한 화면이다.

8.3 DC 모터 제어 앱

8.3.1 앱 UI 디자인하기

DC 모터를 블루투스 무선통신을 이용하여 원격으로 제어하기 위한 앱은 교재 3장에서 제공하는 bt_conn.aia를 활용하여 앱 인벤터로 제작한다. 본 절에서는 bt_conn.aia 파일을 이용하여 bt_conn_DCMotor.aia로 파일명을 변경하고, DC 모터 제어를 위해 UI 디자인을 변경한다.

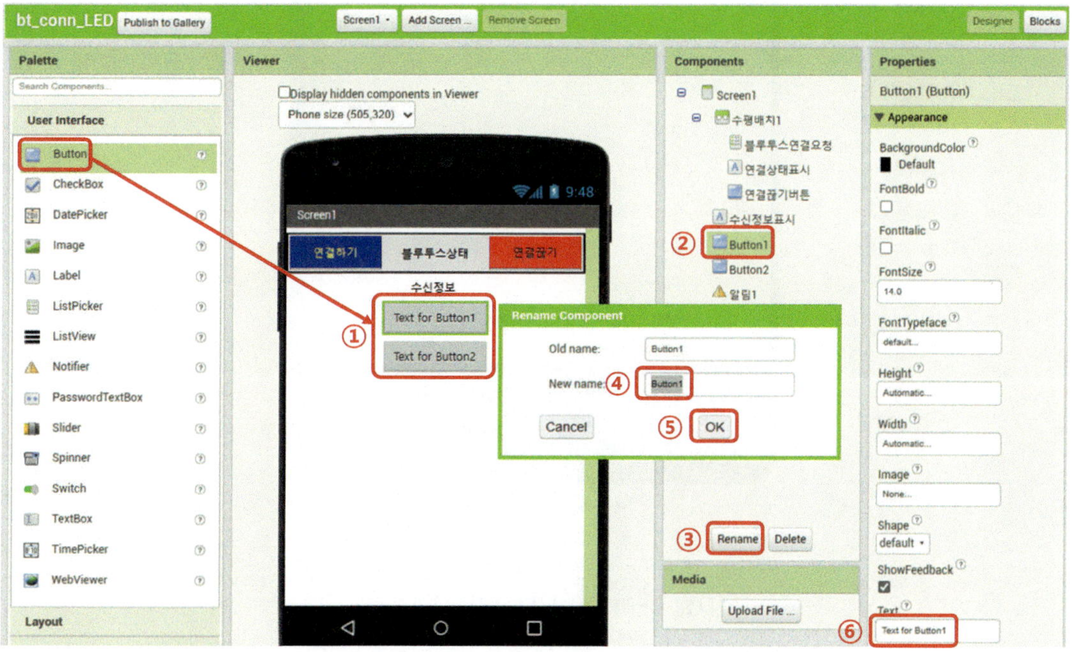

[그림 8-5] DC 모터 제어 앱 UI 화면 디자인 과정

우선 앱 인벤터를 실행하고 내 프로젝트에서 bt_conn_DCMotor.aia 파일을 선택하여 불러온다. 스마트 기기에 설치한 MIT AI2 Companion 앱을 실행하고, 앱 인벤터의 Connect 메뉴의 'AI Companion'을 선택하여 스마트 기기와 앱 인벤터를 연결한다. 이렇게 하면 앱 인벤터에서 변경한 디자인을 스마트 기기에서 확인할 수 있다. 기본 디자인에서 DC 모터를 원격으로 제어하기 위해 그림 8-5에 나타낸 순서대로 User Interface에서 버튼을 두 개 추가하고, 명칭을 각각 'Rotate', 'Stop'으로 수정한다. 버튼은 선택하여 drag & drop 하면 Viewer에 추가되고, 명칭은 Components와 Properties 모두 변경해야 한다. 완성한 앱 UI 화면은 그림 8-6과 같다.

[그림 8-6] DC 모터 제어 앱 UI 화면

8.3.2 앱 블록 코딩하기

DC 모터 원격 제어 앱을 개발하기 위해 블록 코딩을 진행한다. 앱 인벤터의 Blocks 버튼을 클릭하면 그림 8-7의 블록 코딩을 편집할 수 있는 화면으로 바뀌게 된다. 앱 UI 화면에 추가한 'Rotate', 'Stop' 버튼을 눌렀을 때 아두이노 보드에 연결된 DC 모터를 제어하기 위한 정보를 송신하는 동작을 구현하기 위해 그림 8-8에서와 같이 블록을 추가한다. Screen1에 있는 Rotate, Stop, 블루투스클라이언트1, Built-in에 있는 Text의 동작을 위한 블록이며, 표 8-1에서 상세한 내용을 확인할 수 있다. 그림 8-8의 블록에 의해서 'Rotate' 버튼을 클릭하면 블루투스 클라이언트가 아두이노로 문자 1을 전송하고, 'Stop'을 클릭하면 아두이노로 문자 0을 전송하게 된다.

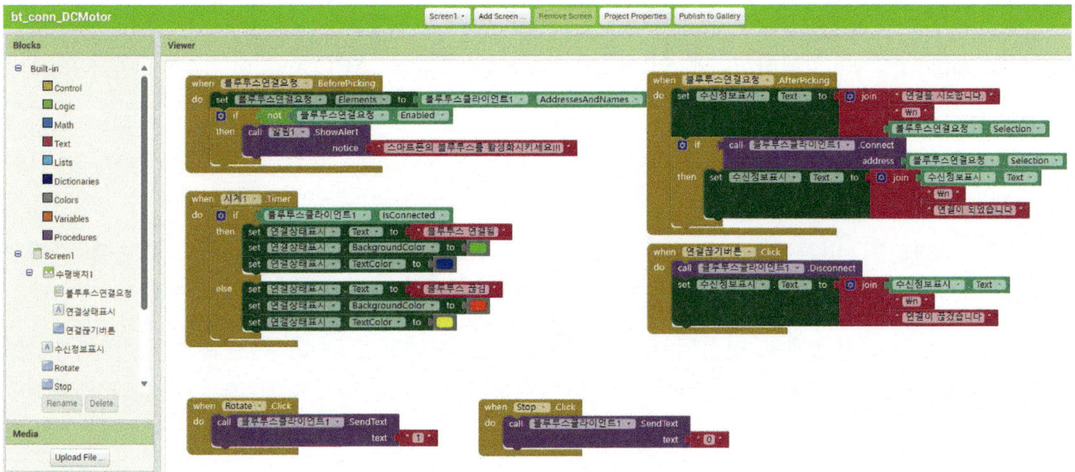

[그림 8-7] DC 모터 원격 제어 앱 블록 코딩 편집 화면

[표 8-1] DC 모터 원격 제어를 위한 앱 인벤터 블록

번호	위치	블록	기능
1	Screen1 〉 Rotate	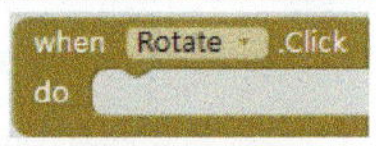	Rotate 버튼을 클릭했을 때의 동작 구현
2	Screen1 〉 Stop		Stop 버튼을 클릭했을 때의 동작 구현
3	Screen1 〉 블루투스 클라이언트1		블루투스 클라이언트가 문자를 전송
4	Built-in 〉 Text		문자 입력

[그림 8-8] DC 모터 Rotate, Stop 버튼 동작을 위한 블록

8.3.3 앱으로 DC 모터 원격 제어하기

앱 인벤터로 개발한 DC 모터 원격 제어 앱을 이용하여 아두이노 보드에 연결한 DC 모터를 제어한다. 동작 확인을 위한 절차는 아래와 같으며, 8.2.2와 8.3.2에서 설명한 아두이노 프로그램과 앱 블록 코딩대로 DC 모터가 동작하는지 확인한다.

① 8.1.2의 DC 모터 원격 제어 회로를 구성한다.

② 8.2.2의 아두이노 프로그램을 아두이노 보드에 업로드한다.

③ 8.3.2에서 개발한 bt_conn_DCMotor.aia 불러와서 스마트 기기에 설치한 MIT AI2 Companion 앱을 실행하고, 앱 인벤터의 Connect 메뉴의 'AI Companion'을 선택하여 스마트 기기와 앱 인벤터를 연결한다. 한편 앱을 스마트 기기에 직접 설치하여 동작을 확인할 수도 있으며, 이를 위해서 프로젝트를 빌드하고, 생성한 apk 파일을 스마트 기기로 복사하여 설치한다.

④ 앱의 '연결하기' 버튼을 클릭하고, 등록된 블루투스 기기 중에서 아두이노 보드에 연결된 블루투스 모듈을 선택한다.

⑤ 앱 화면의 수신정보에서 연결되었다는 메시지를 확인하고, 'Rotate' 버튼을 클릭하여 아두이노 보드에 연결된 DC 모터가 회전하는지 확인한다. 그리고 'Stop' 버튼을 클릭하여 아두이노 보드에 연결된 DC 모터가 회전을 멈추는지 확인한다.

8.3.4 DC 모터 원격 제어 과제 구현하기

8.3.2에서 구현한 DC 모터 원격 제어 앱은 버튼을 이용하여 제어하는 방식이다. 'Rotate'와 'Stop' 버튼을 클릭하면 각각 1과 0이 전송되도록 하였고, 아두이노 프로그램에서는 블루투스 통신으로 수신한 데이터를 확인해서 DC 모터 동작을 제어한다. 8장의 과제는 TextBox를 이용하여 문자를 입력하고, 'Send' 버튼을 누르면 DC 모터를 제어하기 위한 PWM 정보가 전송되도록 앱을 만들고 동작을 확인하는 것이다. 이를 위해서 앱 인벤터의 Designer에서 User Interface의 TextBox와 Button 그리고 수평 배치를 위한 Layout의 HorizontalArrangement를 추가한다. 그리고 추가한 TextBox와 Button을 HorizontalArrangement 안으로 넣어서 같은 수평 라인이 배치되도록 한다. 구성요소의 폭과 높이는 Properties에서 변경할 수 있으며, 과제를 구현하기 위한 블록은 표 8-2를 참조한다.

DC 모터 원격 제어 아두이노 프로그램은 블루투스 통신으로 수신한 0 ~ 255 범위의 PWM 값을 문자열 변수에 저장한다. readStringUntil 함수를 사용하면 앱에서 입력한 PWM 값을 추가한 문자열 변수에 저장할 수 있다. readStringUntil 함수는 특정 문자가 나올 때까지 수신한 데이터를 읽어야 할 때 사용한다. 따라서 앱에서 PWM 값을 입력하고 'Send' 버튼을 누르면 입력한 값을 전송한 다음에 줄바꿈 문자'\n'을 전송하도록 해야 한다. 그리고 수신한 PWM 값은 문자열 자료형이므로 정수로 변환해야 한다. toInt 함수를 사용하면 문자열을 정수로 변환할 수 있다.

readStringUntil 함수와 toInt 함수의 사용법은 아래 소스코드 예시를 참고한다.

```
String RxData;
int RxPWM;
SoftwareSerial mySerial(2,3);

~

RxData = mySerial.readStringUntil('₩n');
RxPWM = RxData.toInt();

~
```

그리고 analogWrite 함수를 이용하여 5번 핀의 출력을 블루투스 통신으로 수신한 PWM 값으로 설정하도록 변경한다. 아두이노 보드에 프로그램을 업로드하고, 앱 화면의 TextBox에 PWM 값을 입력하여 'Send' 버튼을 눌러서 PWM 값에 따른 DC 모터의 회전 속도를 확인한다.

[표 8-2] DC 모터 원격 제어 과제를 위한 앱 인벤터 블록

번호	위치	블록	기능
1	HorizontalArrangement1 〉 Send		Send 버튼을 클릭했을 때의 동작 구현
2	Screen1 〉 블루투스 클라이언트1		블루투스 클라이언트가 문자를 전송
3	HorizontalArrangement1 〉 TextBox1		문자 상자에 입력한 문자를 읽음
4	Built-in 〉 Text		문자 입력

09 CHAPTER 서보(Servo) 모터

학습목표

- 서보 모터 원격 제어 회로를 구성하고, 아두이노 프로그램을 작성할 수 있다.
- 앱 인벤터를 이용하여 서보 모터 원격 제어를 위한 앱을 개발할 수 있다.

9.1 회로 구성

9.1.1 서보 모터 제어 회로 구성하기

그림 9-1은 아두이노, 브레드보드, 서보 모터(Servo Motor)로 구성된 서보 모터 제어 회로 구성을 보여준다. 서보 모터는 서보메커니즘의 전기적인 제어신호를 회전 토크(torque)로 변환하여 부하의 회전 또는 변위를 일으키는데 사용하는 전동기이다. 보통 2상(two phase) 모터라고 부르며, 두 개의 위상으로 회전 토크와 방향 및 속도를 제어한다. 내부적으로 기어와 위치 센서, 제어 회로가 포함되어 있다. 입력 신호에 따라 특정 위치로 회전하며, 일반적으로 0도에서 180도까지의 범위에서 작동한다. 서보 모터는 주로 위치 제어가 필요한 로봇, RC카 등의 제어 시스템에서 많이 사용한다.

서보 모터에 전원을 공급하기 위해 모터의 전원 단자에 아두이노 보드의 5V 핀을 연결하고, 접지 단자는 아두이노 보드의 GND 핀과 연결한다. 서보 모터의 회전 단자는 회전 각도를 제어하기 위한 PWM 신호가 입력되어야 한다. 이를 위해 아두이노 보드의 PWM 출력 핀 중에서 9번 핀과 연결한다. PWM 핀은 3, 5, 6, 9, 10, 11번 핀 중에서 선택할 수 있다.

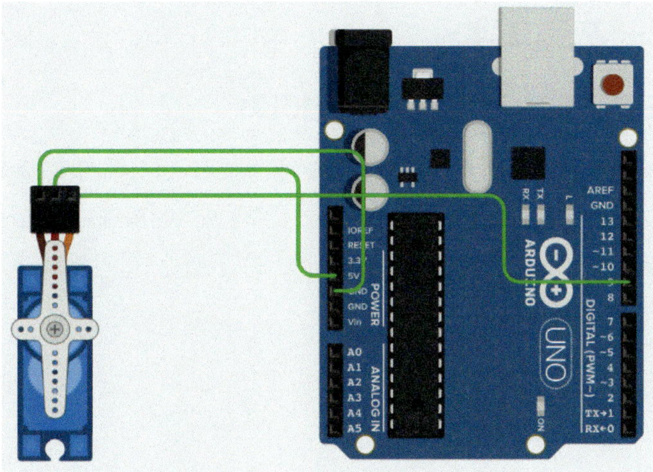

[그림 9-1] 서보 모터 제어 회로

9.1.2 서보 모터 원격 제어 회로 구성하기

그림 9-2는 블루투스 모듈을 활용한 서보 모터 원격 제어 회로 구성을 보여준다. 서보 모터의 회전 각도를 제어하기 위한 PWM 핀은 9번 핀을 사용하였고, 블루투스 모듈 연결부를 제외하고는 그림 9-1의 회로와 동일하다. 서보 모터를 원격으로 제어하기 위한 블루투스 모듈의 RXD 핀은 아두이노 보드의 3번 핀과 연결하고, 블루투스 모듈의 TXD 핀은 아두이노 보드의 2번 핀과 연결한다. 이렇게 구성하면 블루투스 모듈이 송신하는 데이터는 아두이노 보드의 2번 핀으로 수신되고, 아두이노 보드의 3번 핀으로 송신하는 데이터는 블루투스 모듈의 RXD 핀으로 수신되게 된다.

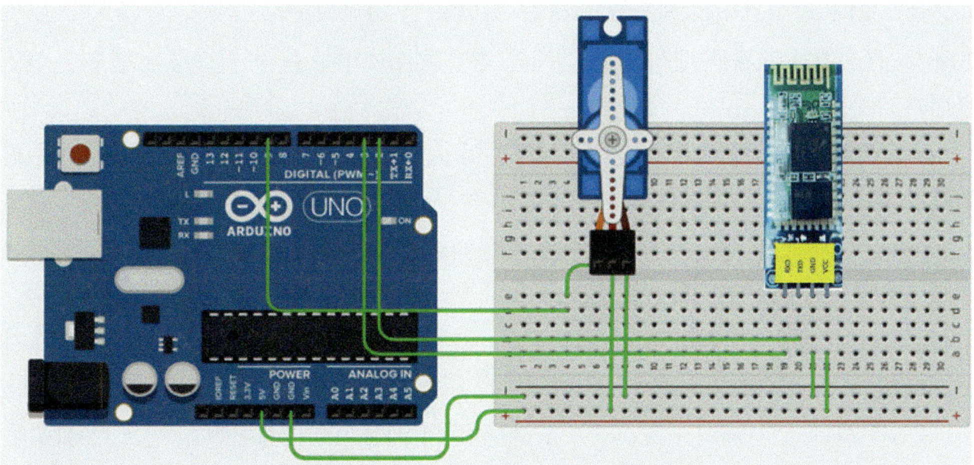

[그림 9-2] 서보 모터 원격 제어 회로

9.2 아두이노 프로그램

9.2.1 서보 모터 제어 프로그램 작성하기

아래 프로그램은 서보 모터의 회전 각도가 0도와 90도를 반복해서 되풀이되도록 하기 위한 소스 코드이다. 먼저 서보 라이브러리를 사용하기 위해 Servo.h 헤더 파일을 포함한다. setup 함수에서 서보 모터의 동작을 제어하기 위한 신호 연결 핀을 설정하고, loop 함수에서 서보 모터의 동작 제어를 위한 코드를 작성한다.

```
1  #include <Servo.h>
2
3  Servo sm;
4
5  void setup()
6  {
7    sm.attach(9);
8  }
9
10 void loop()
11 {
12   sm.write(0);
13   delay(1000);
14   sm.write(90);
15   delay(1000);
16 }
```

서보 모터 제어 프로그램을 상세히 설명하면 다음과 같다.

[1] : 서보 모터 라이브러리 Servo.h 헤더 파일을 포함한다.

[3] : Servo 클래스의 객체를 생성한다. 객체의 명칭은 sm 이며, 특정 자료형의 변수를 선언하는 문법과 유사하다.

[7] : Servo 클래스 객체의 attach 함수를 이용하여 9번 핀을 서보 모터의 제어신호 연결 핀으로 설정한다.

[12] : Servo 클래스 객체의 write 함수를 이용하여 서보 모터 제어신호 핀으로 설정한 9번 핀의 PWM 출력이 0이 되도록 한다.

[13] : 1초 지연을 발생시킨다. delay 함수의 매개 변수값을 1000으로 입력하면 1초 지연이 발생하게 된다.

[14] : Servo 클래스 객체의 write 함수를 이용하여 서보 모터 제어신호 핀으로 설정한 9번 핀의 PWM 출력이 90이 되도록 한다. 서보 모터가 대략 90도 회전하게 된다.

[15] : 1초 지연을 발생시킨다. delay 함수의 매개 변수값을 1000으로 입력하면 1초 지연이 발생하게 된다.

실제 아두이노 보드를 프로그래밍하기 위해서는 아두이노 IDE(통합개발환경)를 실행하고, 서보 모터 제어 프로그램을 작성한다. 우선 그림 9-3에서와 같이 아두이노 IDE를 실행하고, Servo 라이브러리가 설치되어 있는지 확인한다. 아두이노 IDE에 설치된 라이브러리는 'Sketch' 메뉴에서 'Include Library'를 선택하면 확인할 수 있다. 만약 필요한 라이브러리가 설치되어 있지 않으면 'Manage Libraries'를 선택하여 추가한다. 그림 9-4에서와 같이 입력창에 라이브러리 명칭을 입력하면 필요한 라이브러리를 검색할 수 있고, 'INSTALL' 버튼을 눌러서 설치할 수 있다.

다음으로 서보 모터 제어 프로그램을 입력하고, 컴파일하기 위한 사전 작업으로 'Tools' 메뉴에서 'Board'는 사용하는 아두이노 모델로 선택하고, 'Port'는 보드를 연결한 시리얼 포트를 선택한다. 다음으로 'Sketch' 메뉴의 'Verify/Compile'을 선택하여 컴파일하고, 에러가 없으면 'Upload'를 선택하여 보드를 프로그래밍한다.

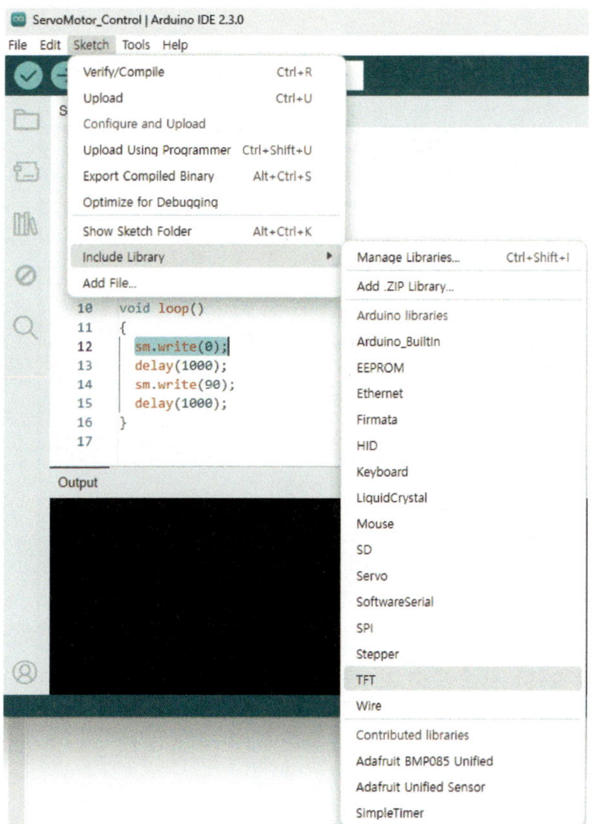

[그림 9-3] 아두이노 IDE의 라이브러리 메뉴 화면

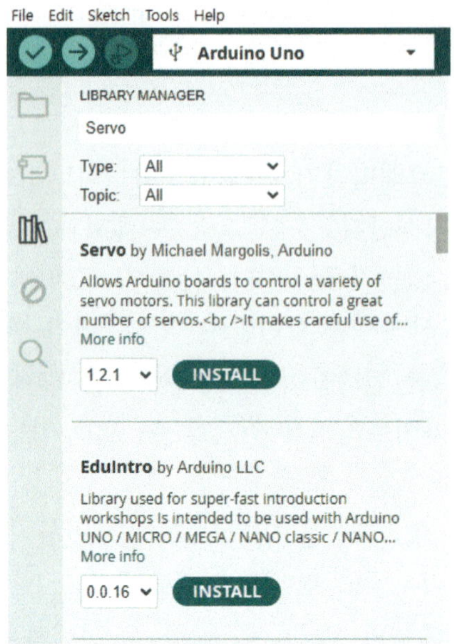

[그림 9-4] 아두이노 IDE의 라이브러리 메뉴 화면

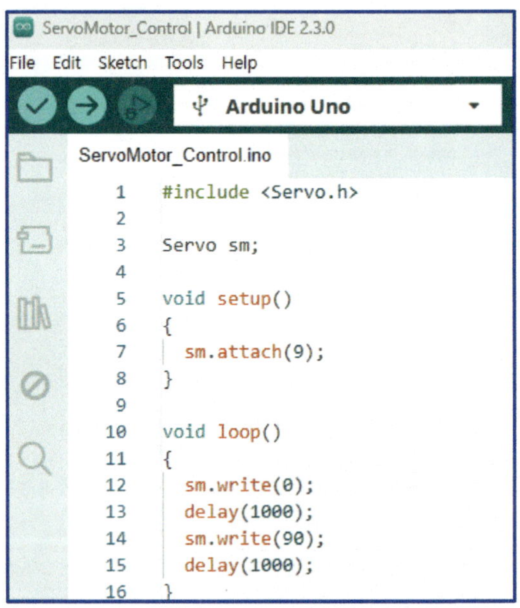

[그림 9-5] 서보 모터 제어 프로그램을 작성한 아두이노 IDE 화면

9.2.2 서보 모터 원격 제어 프로그램 작성하기

아래 프로그램은 서보 모터를 원격으로 제어하기 위한 소스 코드이다. 우선 블루투스 모듈과 신호를 송수신하기 위한 핀을 설정하기 위한 라이브러리인 SoftwareSerial 헤더 파일과 서보 모터 라이브러리인 Servo.h 헤더 파일이 필요하다. setup 함수에서 핀 할당과 입·출력을 설정하고, 시리얼 통신속도를 설정한다. loop 함수에서 블루투스 통신으로 수신한 정보를 기반으로 서보 모터의 동작 제어를 위한 코드를 작성한다.

```
1   #include <Servo.h>
2   #include <SoftwareSerial.h>
3
4   Servo sm;
5   SoftwareSerial mySerial(2,3);
6
7   void setup()
8   {
9     sm.attach(9);
10    Serial.begin(9600);
11    mySerial.begin(9600);
12  }
13
14  void loop()
15  {
16    if(mySerial.available())
17    {
18      char RxData = mySerial.read();
19      Serial.write(RxData);
20
21      if(RxData == '1')
22        sm.write(90);
23      else
24        sm.write(0);
25    }
26  }
```

서보 모터 원격 제어 프로그램을 상세히 설명하면 다음과 같다.

[1] : Servo 헤더 파일이 포함된다.

[2] : SoftwareSerial 헤더 파일이 포함된다.

[4] : Servo 클래스 객체를 선언한다. 객체의 명칭은 sm 이며, 원하는 명칭으로 변경할 수

있다.

[5] : SoftwareSerial 클래스 객체를 선언한다. 객체의 명칭은 mySerial 이며, 원하는 명칭으로 변경할 수 있다. 매개 변수인 Rx, Tx 핀은 각각 2, 3으로 지정한다.

[9] : Servo 클래스 객체의 attach 함수를 이용하여 9번 핀을 서보 모터의 제어신호 연결 핀으로 설정한다.

[10] : 아두이노 보드의 시리얼 통신속도를 9600bps 설정한다.

[11] : SoftwareSerial을 이용하여 만든 시리얼 포트 (Tx : 3번 핀, Rx : 2번 핀)의 통신속도를 9600bps 설정한다.

[16] : 블루투스 모듈과 연결된 시리얼 통신 수신 핀이 수신 대기 상태에 있는지를 확인한다. 수신 대기 상태에 있지 않거나 버퍼가 비어 있는 경우에는 0을 반환하므로 0이 아닌 경우 조건문을 만족하여 내부 소스 코드가 실행된다.

[18] : 문자 변수 RxData에 블루투스 모듈을 통해 수신한 데이터를 읽어서 저장한다.

[19] : 아두이노 보드의 시리얼 통신 송신 핀으로 RxData를 출력한다.

[21~22] : RxData의 값이 문자 '1'과 같으면 Servo 클래스 객체의 write 함수를 이용하여 서보 모터 제어신호 핀으로 설정한 9번 핀의 PWM 출력이 90이 되도록 한다.

[24~25] : RxData의 값이 문자 '1' 이외의 다른 값이면 Servo 클래스 객체의 write 함수를 이용하여 서보 모터 제어신호 핀으로 설정한 9번 핀의 PWM 출력이 0이 되도록 한다.

실제 아두이노 보드를 프로그래밍하기 위해서는 아두이노 IDE(통합개발환경)를 실행하고, 서보 모터 원격 제어 프로그램을 작성한다. 그림 9-6은 아두이노 IDE를 실행하여 서보 모터 원격 제어 프로그램을 작성한 화면이다.

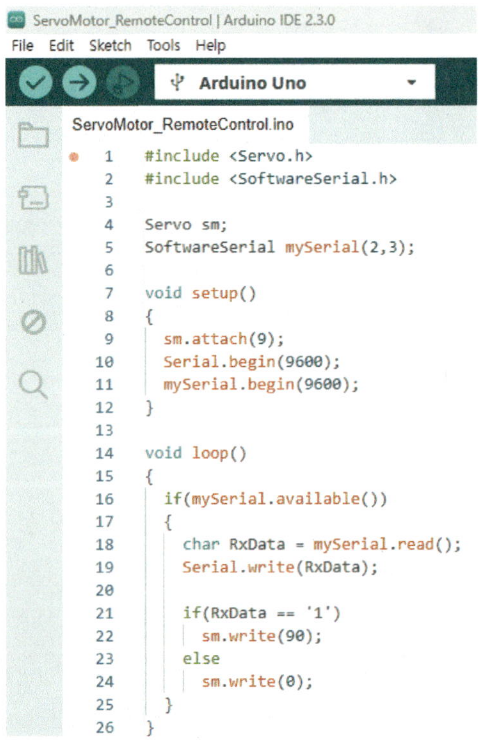

[그림 9-6] 서보 모터 원격 제어 프로그램을 작성한 아두이노 IDE 화면

9.3 서보 모터 제어 앱

9.3.1 앱 UI 디자인하기

서보 모터를 블루투스 무선통신을 이용하여 원격으로 제어하기 위한 앱은 교재 3장에서 제공하는 bt_conn.aia를 활용하여 앱 인벤터로 제작한다. 본 절에서는 bt_conn.aia 파일을 이용하여 bt_conn_ServoMotor.aia로 파일명을 변경하고, 서보 모터 제어를 위해 UI 디자인을 변경한다.

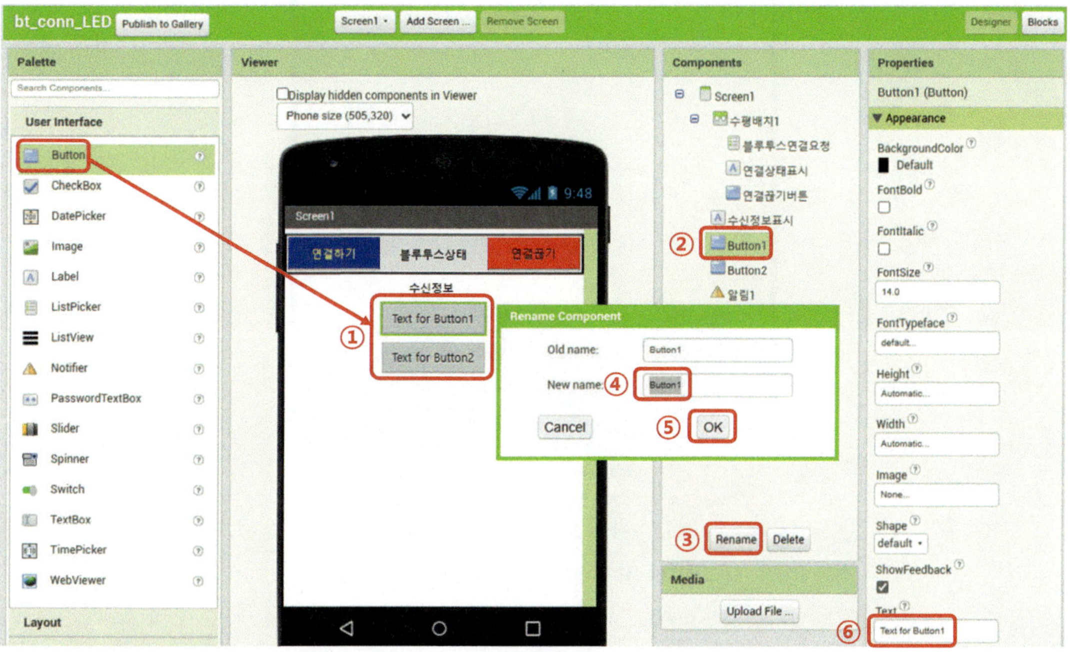

[그림 9-7] 서보 모터 제어 앱 UI 화면 디자인 과정

우선 앱 인벤터를 실행하고 내 프로젝트에서 bt_conn_ServoMotor.aia 파일을 선택하여 불러온다. 스마트 기기에 설치한 MIT AI2 Companion 앱을 실행하고, 앱 인벤터의 Connect 메뉴의 'AI Companion'을 선택하여 스마트 기기와 앱 인벤터를 연결한다. 이렇게 하면 앱 인벤터에서 변경한 디자인을 스마트 기기에서 확인할 수 있다. 기본 디자인에서 서보 모터를 원격으로 제어하기 위해 그림 9-7에 나타낸 순서대로 User Interface에서 버튼을 두 개 추가하고, 명칭을 각각 '90도 회전', '0도 회전'으로 수정한다. 버튼은 선택하여 drag & drop 하면 Viewer에 추가되고, 명칭은 Components와 Properties 모두 변경해야 한다. Components의 명칭은 영문으로 작성해야 하며, 각각 'Ninety_degree'와 'Zero_degree'로 수정한다. Properties의 명칭은 각각 '90도 회전'과 '0도 회전'으로 수정한다. 완성한 앱 UI 화면은 그림 9-8과 같다.

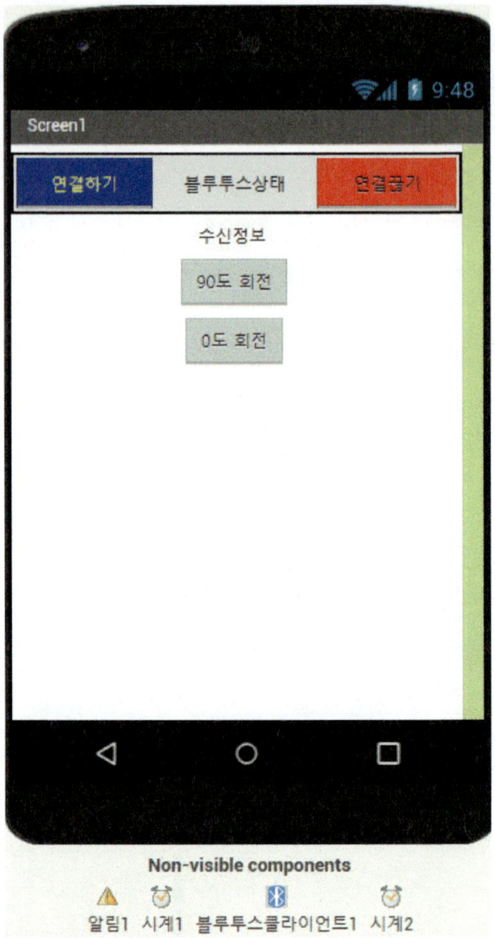

[그림 9-8] 서보 모터 제어 앱 UI 화면

9.3.2 앱 블록 코딩하기

서보 모터 원격 제어 앱을 개발하기 위해 블록 코딩을 진행한다. 앱 인벤터의 Blocks 버튼을 클릭하면 그림 9-9의 블록 코딩을 편집할 수 있는 화면으로 바뀌게 된다. 앱 UI 화면에 추가한 '90도 회전', '0도 회전' 버튼을 눌렀을 때 아두이노 보드에 연결된 서보 모터를 제어하기 위한 정보를 송신하는 동작을 구현하기 위해 그림 9-9에서와 같이 블록을 추가한다. Screen1에 있는 Ninety_degree, Zero_degree, 블루투스클라이언트1, Built-in에 있는 Text의 동작을 위한 블록이며, 표 9-1에 상세한 내용을 확인할 수 있다. 그림 9-10의 블록에 의해서 '90도 회전' 버튼을 클릭하면 블루투스 클라이언트가 아두이노로 문자 1을 전송하고, '0도 회전'을 클릭하면 아두이노로 문자 0을 전송하게 된다.

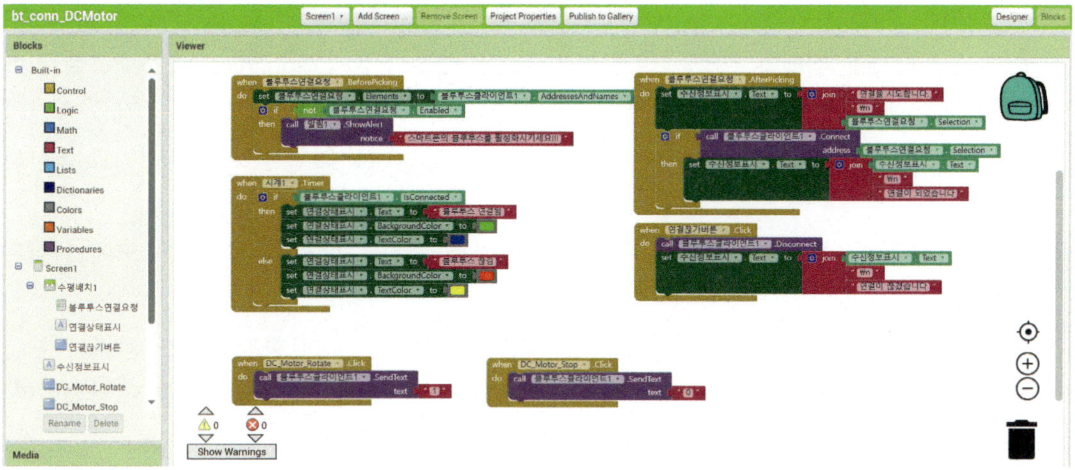

[그림 9-9] 서보 모터 원격 제어 앱 블록 코딩 편집 화면

[표 9-1] 서보 모터 원격 제어를 위한 앱 인벤터 블록

번호	위치	블록	기능
1	Screen1 〉 Ninety_degree	when Ninety_degree .Click do	90도 회전 버튼을 클릭했을 때의 동작 구현
2	Screen1 〉 Zero_degree	when Zero_degree .Click do	0도 회전 버튼을 클릭했을 때의 동작 구현
3	Screen1 〉 블루투스 클라이언트1	call 블루투스클라이언트1 .SendText text	블루투스 클라이언트가 문자를 전송
4	Built-in 〉 Text	" "	문자 입력

[그림 9-10] 서보 모터 90도 회전, 0도 회전 버튼 동작을 위한 블록

9.3.3 앱으로 서보 모터 원격 제어하기

앱 인벤터로 개발한 서보 모터 원격 제어 앱을 이용하여 아두이노 보드에 연결한 서보 모터를 제어한다. 동작 확인을 위한 절차는 아래와 같으며, 9.2.2와 9.3.2에서 설명한 아두이노 프로그램과 앱 블록 코딩대로 서보 모터가 동작하는지 확인한다.

① 9.1.2의 서보 모터 원격 제어 회로를 구성한다.
② 9.2.2의 아두이노 프로그램을 아두이노 보드에 업로드한다.

③ 9.3.2에서 개발한 bt_conn_ServoMotor.aia 불러와서 스마트 기기에 설치한 MIT AI2 Companion 앱을 실행하고, 앱 인벤터의 Connect 메뉴의 'AI Companion'을 선택하여 스마트 기기와 앱 인벤터를 연결한다. 한편 앱을 스마트 기기에 직접 설치하여 동작을 확인할 수도 있으며, 이를 위해서 프로젝트를 빌드하고, 생성한 apk 파일을 스마트 기기로 복사하여 설치한다.

④ 앱의 '연결하기' 버튼을 클릭하고, 등록된 블루투스 기기 중에서 아두이노 보드에 연결된 블루투스 모듈을 선택한다.

⑤ 앱 화면의 수신정보에서 연결되었다는 메시지를 확인하고, '90도 회전'과 '0도 회전' 버튼을 클릭하여 아두이노 보드에 연결된 서보 모터가 제어 정보에 맞게 동작하는지 확인한다.

9.3.4 서보 모터 원격 제어 과제 구현하기

9.3.2에서 구현한 서보 모터 원격 제어 앱은 버튼을 이용하여 제어하는 방식이다. '90도 회전'과 '0도 회전' 버튼을 클릭하면 각각 1과 0이 전송되도록 하였고, 아두이노 프로그램에서는 블루투스 통신으로 수신한 데이터를 확인해서 서보 모터 동작을 제어한다. 9장의 과제는 TextBox를 이용하여 문자를 입력하고, 'Send' 버튼을 누르면 서보 모터를 제어하기 위한 PWM 정보가 전송되도록 앱을 만들고 동작을 확인하는 것이다. 이를 위해서 앱 인벤터의 Designer에서 User Interface의 TextBox와 Button 그리고 수평 배치를 위한 Layout의 Horizontal-Arrangement를 추가한다. 그리고 추가한 TextBox와 Button을 HorizontalArrangement 안으로 넣어서 같은 수평 라인이 배치되도록 한다. 구성요소의 폭과 높이는 Properties에서 변경할 수 있으며, 과제를 구현하기 위한 블록은 표 9-2를 참조한다.

서보 모터 원격 제어 아두이노 프로그램은 블루투스 통신으로 수신한 0~180 범위의 PWM 값을 문자열 변수에 저장한다. readStringUntil 함수를 사용하면 앱에서 입력한 PWM 값을 추가한 문자열 변수에 저장할 수 있다. readStringUntil 함수는 특정 문자가 나올 때까지 수신한 데이터를 읽어야 할 때 사용한다. 따라서 앱에서 PWM 값을 입력하고 'Send' 버튼을 누르면 입력한 값을 전송한 다음에 줄바꿈 문자 '\n'을 전송하도록 해야 한다. 그리고 수신한 PWM 값은 문자열 자료형이므로 정수로 변환해야 한다. toInt 함수를 사용하면 문자열을 정수로 변환할 수 있다.

readStringUntil 함수와 toInt 함수의 사용법은 아래 소스코드 예시를 참고한다.

```
String RxData;
int RxPWM;
SoftwareSerial mySerial(2,3);

~

RxData = mySerial.readStringUntil('₩n');
RxPWM = RxData.toInt();

~
```

그리고 Servo 클래스 객체의 write 함수를 이용하여 9번 핀의 출력을 블루투스 통신으로 수신한 PWM 값으로 설정하도록 변경한다. 아두이노 보드에 프로그램을 업로드하고, 앱 화면의 TextBox에 PWM 값을 입력하여 'Send' 버튼을 눌러서 PWM 값에 따른 서보 모터의 회전 각도를 확인한다.

[표 9-2] 서보 모터 원격 제어 과제를 위한 앱 인벤터 블록

번호	위치	블록	기능
1	HorizontalArrangement1 〉 Send		Send 버튼을 클릭했을 때의 동작 구현
2	Screen1 〉 블루투스 클라이언트1		블루투스 클라이언트가 문자를 전송
3	HorizontalArrangement1 〉 TextBox1		문자 상자에 입력한 문자를 읽음
4	Built-in 〉 Text		문자 입력

PART 3

블루투스를 이용한 센서 활용

ARDUINO

10
CHAPTER

온습도 센서

학습목표

- 앱 인벤터와 아두이노 그리고 온습도 센서 DHT11을 이용하여 스마트 폰과 I2C LCD에 온습도 데이터를 출력할 수 있다.

10.1 회로 구성

10.1.1 온습도 센서 제어 회로 구성하기

그림 10-1은 온습도 센서 DHT11의 외형 및 핀 이름 그리고 신호 흐름을 나타낸 것이다. DHT11의 핀은 정면에서 바라볼 때 왼쪽 핀은 VCC, 가운데 핀은 입출력 신호 그리고 좌측 핀은 접지 핀이다. 입출력 신호 DATA(I/O)는 아두이노의 디지털입출력 핀이나 아날로그 핀에 연결하여 사용한다.

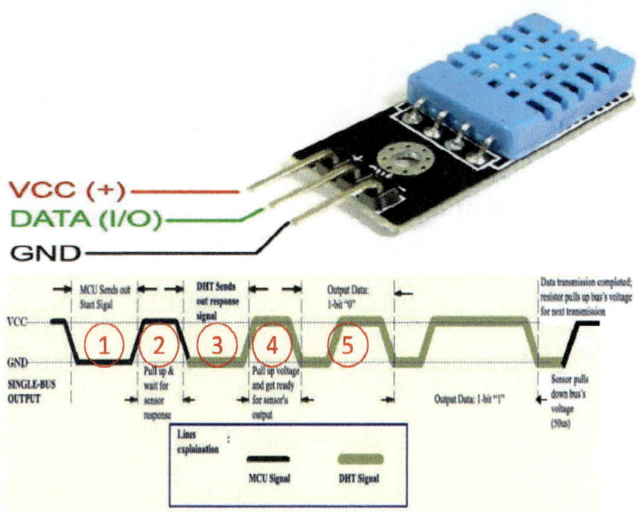

[그림 10-1] DHT11 외형, 핀 그리고 신호 흐름

그림 10-1에 있는 DHT11 온습도 센서 데이터 흐름은 다음과 같다.

① Arduino Uno 보드의 MCU에서 온습도 센서 DHT11로 Start Signal을 보내고, 최소 18ms 동안 전압을 pull down(LOW) 한다.
② MCU는 전압을 pull up(HIGH) 하고, 20~40㎲ 동안 DHT11의 Response Signal(LOW)을 기다린다.
③ DHT11은 MCU로 Response Signal(LOW)을 보내고, 80ns 동안 유지한다.
④ DHT11은 전압을 pull up(HIGH)하고, 80㎲ 동안 유지한다.
⑤ DHT11은 데이터 전송을 시작한다. 아두이노는 데이터를 "0" 또는 "1"로 읽는데 LOW폭이 30us보다 길면 "0", LOW폭이 30us보다 짧으면 "1"로 읽는다.

그림 10-2는 아두이노와 I2C LCD, DHT11 그리고 블루투스를 이용한 온습도 센서 DHT11 제어 회로이다.

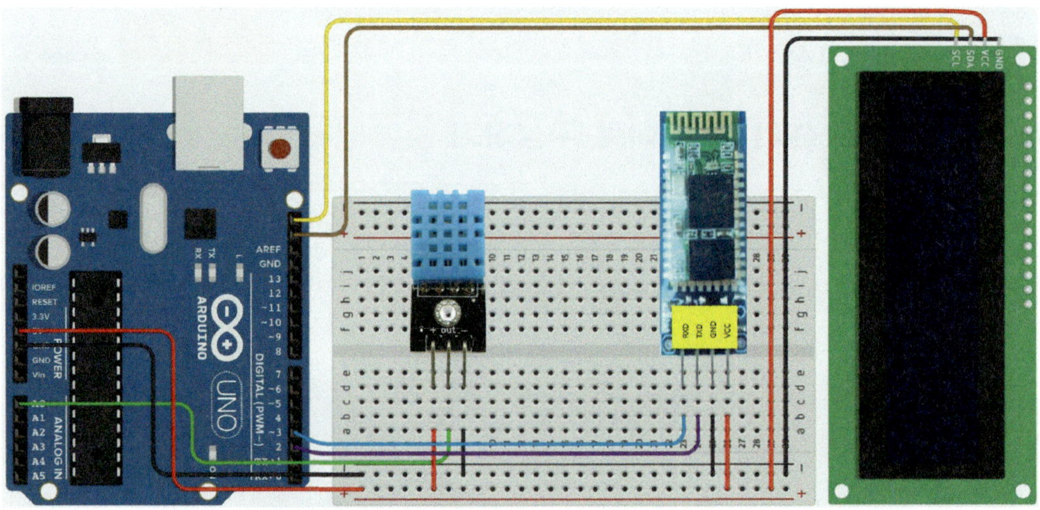

[그림 10-2] 온습도 센서 DHT11 제어 회로

아두이노의 아날로그 입력 핀 A0와 DHT11의 "out"핀을 연결하고 아두이노의 5V를 DHT11의 "+"에, 아두이노의 GND를 DHT11의 "-"에 연결한다. 아두이노의 SCL(17번 핀)과 SDA(16번 핀)를 I2C LCD의 SCL과 SDA에 연결하고 I2C LCD의 VCC와 GND를 아두이노에서 출력된 5V와 GND에 연결한다. 블루투스는 안드로이드 스마트폰과 아두이노를 연결하기 위한 장치이며 아두이노의 3번 핀(TxD)과 블루투스의 1번 핀(RxD)을 연결하고 아두이노의 2번 핀(RxD)과 블루투스의 2번 핀(TxD)을 연결한다. 이 회로와 프로그램은 스마트폰에서 문자 "A"를 전송하면 아두이노는 온습도 센서 DHT11을 구동시켜 온도와 습도 데이터를 스마트폰으로 전송하고 I2C LCD의 첫 번째 줄에는 온도, 두 번째 줄에는 습도를 표시하고 시리얼 모니터에도 출력한다. 스마트폰에는 온도와 습도 데이터를 동시에 표시한다.

10.2 아두이노 프로그램

10.2.1 온습도 센서 제어 프로그램 작성하기

온습도 센서 DHT11 제어 프로그램은 스마트 폰에서 문자 "A"를 전송하면 아두이노는 아날로그 입력신호 "A0"에 연결된 온습도 센서 DHT11을 구동시켜 측정한 온도와 습도 데이터를 변수에 저장한다. 저장된 데이터는 스마트 폰으로 전송하고 스마트 폰 앱에서는 해당 데이터를 스마트 폰 화면에 출력한다. 또한, I2C LCD의 첫 번째 줄에는 온도를, 두 번째 줄에는 습도를 표시하고 컴퓨터의 시리얼 모니터에도 출력한다. 온습도 센서 원격 제어 프로그램을 아두이노 IDE로 작성한 다음 아두이노 보드에 다운로드하여 실험 결과를 확인한다.

```
#include <DHT11.h>
#include <SoftwareSerial.h>
#include <LiquidCrystal_I2C.h>
#include <Wire.h>
int dhtpin = A0;
byte phoneData;
float humi, temp;
DHT11 dht11(dhtpin);
LiquidCrystal_I2C lcd(0x27, 16, 2);
SoftwareSerial mySerial(2,3);
void setup(){
  Serial.begin(9600);
  mySerial.begin(9600);
  lcd.init();
  lcd.backlight();
}
void loop(){
  if(mySerial.available() > 0){
    phoneData = mySerial.read();
    if(phoneData == 'A'){
      dht11.read(humi, temp);
      Serial.print("Temperature : ");
      Serial.println(temp);
      Serial.print(" humidity:");
```

```
25          Serial.println(humi);
26          mySerial.print("현재온도 : " );
27          mySerial.print(temp,0);
28          mySerial.print(" C ");
29          mySerial.print("현재습도 : " );
30          mySerial.print(humi,0);
31          mySerial.print(" %");
32        }
33      }
34      lcd.setCursor(0,0);
35      lcd.print("TEMP : ");
36      lcd.print(temp);
37      lcd.print("C");
38      lcd.setCursor(0,1);
39      lcd.print("HUMI : ");
40      lcd.print(humi);
41      lcd.print("%");
42      delay(1000);
43    }
```

온습도 센서 제어 프로그램을 상세히 설명하면 다음과 같다.

[1] :"#include 〈DHT11.h〉"는 DHT11 제어 관련 객체를 지원하는 라이브러리이며 그림 11-1-3과 같은 방법으로 DHT11 라이브러리를 설치해야 한다.

[2, 12] : "#include SoftwareSerial.h, SoftwareSerial mySerial(2,3)"는 아두이노 우노가 직렬통신 포트를 하나만 가지고 있으므로 블루투스로 스마트 폰과 통신하려면 소프트웨어 직렬통신 포트를 추가해야 한다. 아두이노 우노의 모든 핀이 직렬통신에 사용할 수 있지만 여기서는 아두이노 2번 핀과 3번 핀을 직렬통신 포트로 사용하였다. "SoftwareSerial.h"파일을 사용할 것이며 블루투스용 통신 포트 모듈 명은 mySerial이다.

[3, 9] :"#include 〈LiquidCrystal_I2C.h〉, LiquidCrystal_I2C lcd(0x27, 16, 2)"는 I2C LCD 제어를 위한 라이브러리를 추가하는 것이다. 이 라이브러리를 이용하여 "lcd"라는 이름의 객체를 만든 것이다. lcd(0x27, 16, 2)에서"0x27"은 I2C LCD의 주소, "16"은 한 줄에 표시할 수 있는 문자의 수(Column), "2"는 2줄(Row)을 의미한다.

[4] :"#include 〈Wire.h〉"라이브러리는 아두이노가 I2C 디바이스와 통신이 가능하게 하는 라이브러리이다.

[5] :"int dhtpin = A0"는 온습도 센서 DHT11의 출력핀을 아두이노의 A0에 연결하여 사용한다.

[6] :"byte phoneData"는 직렬통신으로 전송되는 문자를 저장하기 위한 것이며 문자변수를

선언한 것이다.

[7] :"float humi, temp"는 dht11함수의 실행 결과값을 저장하기 위한 부동 소수점형 변수이며 humi는 습도 데이터, temp는 온도 데이터이다.

[8] :"DHT11 dht11(dhtpin)"은 라이브러리 DHT11을 이용하여 만든 객체 "dht11"이다.

[12] :"Serial.begin(9600)"은 아두이노와 컴퓨터 간의 직렬 통신을 활성화하고 통신속도를 9600 Baud로 설정한다.

[13] :"mySerial.begin(9600)"은 아두이노와 스마트폰 간의 직렬 통신을 활성화하고 통신속도를 9600 Baud로 설정한다.

[14] :"lcd.init()"은 I2C LCD를 초기화하는 명령어 객체이다. LCD의 전원을 껐다 켜는 것과 동일한 결과를 갖는다.

[15] :"lcd.backlight()"는 LCD에 빛을 공급하기 위한 램프를 켠다.

[18] :"if(mySerial.available() 〉 0)"은 스마트 폰에서 아두이노로 보낸 데이터가 있는지를 확인한다. 데이터가 있으면 조건문의 결과는 참이다.

[19] :"phoneData = mySerial.read()"은 스마트 폰에서 보낸 아두이노의 직렬버퍼에 있는 문자를 읽어서 phoneData 변수에 저장한다.

[20] :"if(phoneData == 'A')"는 스마트 폰에서 보낸 데이터가 문자 "A"인지를 확인하는 명령어이다.

[21] :"dht11.read(humi, temp)"는 [20]이 참이면 dht11 객체를 이용하여 "humi" 변수에 습도 데이터를, "temp" 변수에 온도 데이터를 저장한다.

[22~25] : [20]이 참이면 컴퓨터 시리얼 모니터에 온도와 습도 정보를 출력한다.

[26~31] : [20]이 참이면 스마트 폰으로 온도 데이터와 습도 데이터를 전송한다.

[34~37] : LCD의 첫 번째 줄에 온도 데이터 "temp : xxxx"를 출력한다.

[38~41] : LCD의 두 번째 줄에 습도 데이터 "humi : yyyy"를 출력한다.

[42] :"delay(1000)"은 1초간 지연시키기 위한 것이다.

☞ 그림 10-3은 DHT11 라이브러리 설치과정(xxx.zip 파일을 라이브러리로 설정하는 방법)이다.

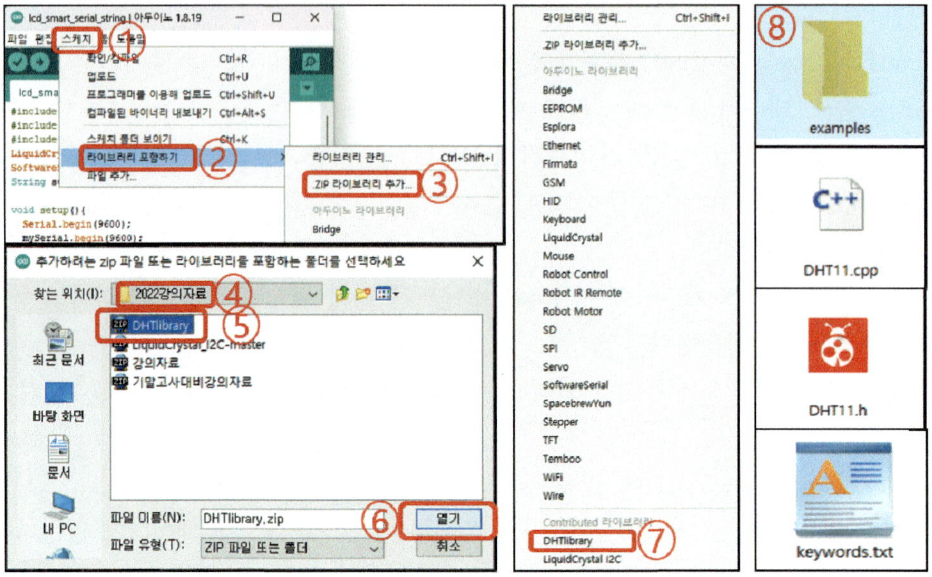

[그림 10-3] 온습도 센서 DHT11 라이브러리 설치과정

① 아두이노 IDE의 "스케치"를 클릭한다. 이 과정을 진행하기 전에 인터넷에서 DHTlibrary.zip 파일을 다운로드하여 특정 폴더에 저장해 두어야 한다. 그림 10-3의 ⑧은 DHTlibrary.zip의 개별 파일들이다.
② "라이브러리 포함하기"를 클릭한다.
③ 나타나는 팝업창에서 ".zip 라이브러리 추가..."을 클릭한다.
④ 윈도우 탐색기에서 "DHTLibrary.zip" 파일이 저장된 위치를 지정한다.
⑤ "DHTlibrary.zip" 파일을 선택한 다음
⑥ "열기" 버튼을 클릭한다.
⑦ 아두이노 IDE 메뉴 "스케치"를 클릭하여 "라이브러리 포함하기"를 클릭하면 "DHTlibrary"를 확인할 수 있다.

온습도 센서 DHT11의 원격 제어 프로그램을 완성하였으면 프로그램 파일명을 "tem_hum_dht11_lib_lcd_smart"라고 저장한 다음 그림 10-4의 메뉴 ①을 클릭하여 컴파일한다. 컴파일 결과 문법 오류가 없으면 그림 10-4의 메뉴 ②를 클릭하여 프로그램 코드를 아두이노 우노 보드에 다운로드한다.

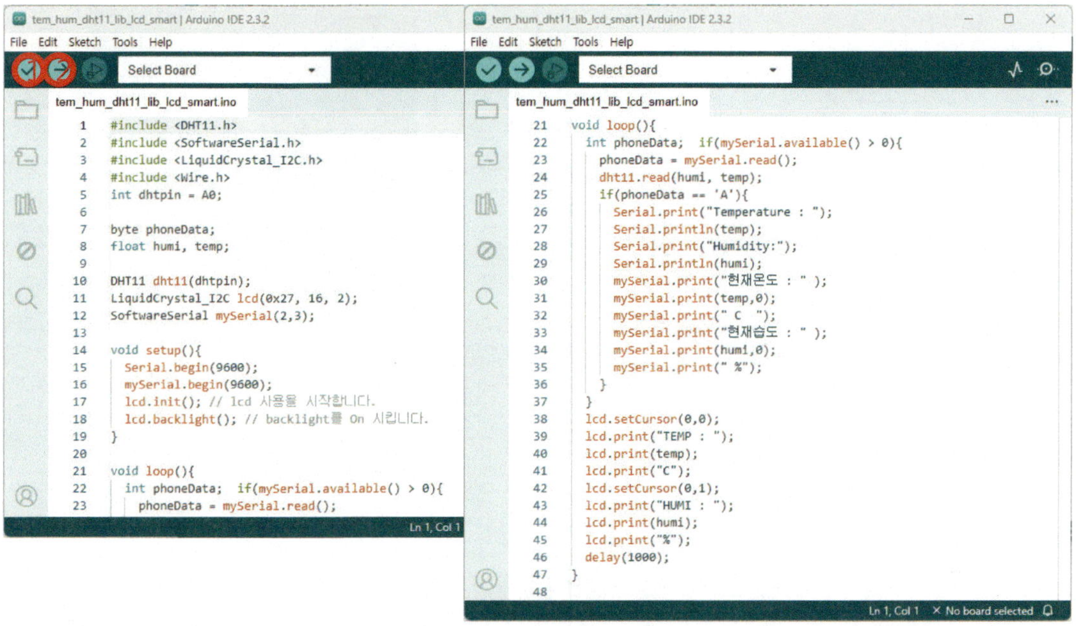

[그림 10-4] 아두이노 IDE 온습도 센서 DHT11 제어 프로그램 코드 작성 화면

10.3 온습도 센서 제어 앱

10.3.1 앱 UI 디자인하기

온습도 센서 DHT11을 블루투스 무선통신을 이용하여 원격으로 제어하기 위한 앱은 교재 3장에서 제공하는 bt_conn.aia를 활용하여 앱 인벤터로 제작한다. 본 절에서는 bt_conn.aia 파일을 이용하여 temp_humi_test.aia로 파일명을 변경하고, 온습도 센서 제어를 위해 UI 디자인을 변경한다. 그리고 스마트폰에 설치한 MIT AI Companion을 실행한 다음 그림 10-5의 ①과 같이 앱 인벤터 메뉴 "연결"을 클릭한다. 나타난 팝업 메뉴에서 ②와 같이 AI 컴패니언 메뉴를 클릭하면 ③, ④처럼 QR코드 또는 문자 코드가 나타난다. 스마트폰에 설치한 컴패니언 앱(⑤)을 실행하면 ⑥과 같은 "scan QR Code"와 ⑦과 같은 문자 코드 입력창이 나타난다. "scan QR code"를 클릭하여 QR코드를 찍거나 ⑦에 ④의 문자 코드를 입력하면 앱 인벤터와 스마트폰이 서로 연결된다. 이제 앱 인벤터에서 설계하는 내용이 실시간으로 스마트폰에 나타나게 되므로 프로그램 설계가 수월해진다.

[그림 10-5] 앱 인벤터 MIT AI 컴패니언 연결

그림 10-6은 temp_humi_test.aia의 디자인 화면이며 컴포넌트를 살펴보면 수평배치1은 블루투스 연결을 위해 사용하는 것이고 수평배치2에 있는 컴포넌트들이 새로 추가된 것들이다. ③ "온습도버튼"은 스마트폰이 아두이노에 현재의 온습도 데이터를 보내라는 명령을 위한 버튼이며 ③ "온습도데이터"는 레이블이며 아두이노가 보낸 온습도 데이터를 표시하기 위한 것이다. ④ "수신정보표시"에는 블루투스 연결 여부를 알리는 메시지와 하드웨어 어드레스가 출력된다. 앱 ①에서 노란색의 "온습도" 버튼을 클릭하면 컴퓨터의 시리얼 모니터에 온도와 습도 데이터가 표시되고 LCD의 첫 번째 줄에 온도 데이터가 그리고 두 번째 줄에 습도 데이터를 표시한다. 그리고 스마트폰에 ② 온도 및 습도 데이터가 표시된다.

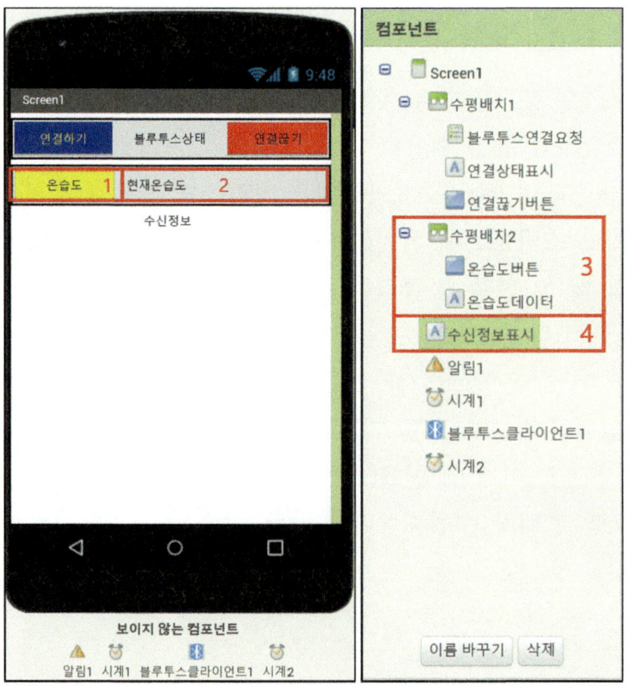

[그림 10-6] 앱 인벤터 temp_humi_test.aia의 화면 디자인

10.3.2 앱 블록 코딩하기

앱 디자인을 완료한 후 앱 인벤터의 오른쪽 위 블록 메뉴를 클릭하면 그림 10-7과 같은 블록이 나타난다. 그림 10-7은 온습도 센서 DHT11 제어 프로그램의 시작 블록을 나타낸 것이다. 해당 블록에는 디자인 화면에서 사용하였던 컴포넌트들이 표시되어 있다. 그림 10-7의 블록은 블루투스 연결, 연결상태 그리고 연결 끊기의 기본 블록인 bt_conn.aia와 같은 것이며 그림 10-7의 블록에 그림 10-8과 같은 블록을 추가하여 설계한다. 그림 10-8의 ①은 스마트폰이 아두이노에 온습도 정보를 요청하기 위한 것이며 "온습도" 버튼을 클릭할 경우 문자 "A"를 전송하도록 설계한 것이다. 그림 10-8의 ②는 아두이노에서 스마트폰으로 보낸 온습도 정보를 스마트폰이 받아서 "온습도데이터"라는 레이블에 저장하도록 설계한 것이다. 표 10-1은 그림 10-8의 ①과 ②에서 사용한 컴포넌트를 소개한 것이다.

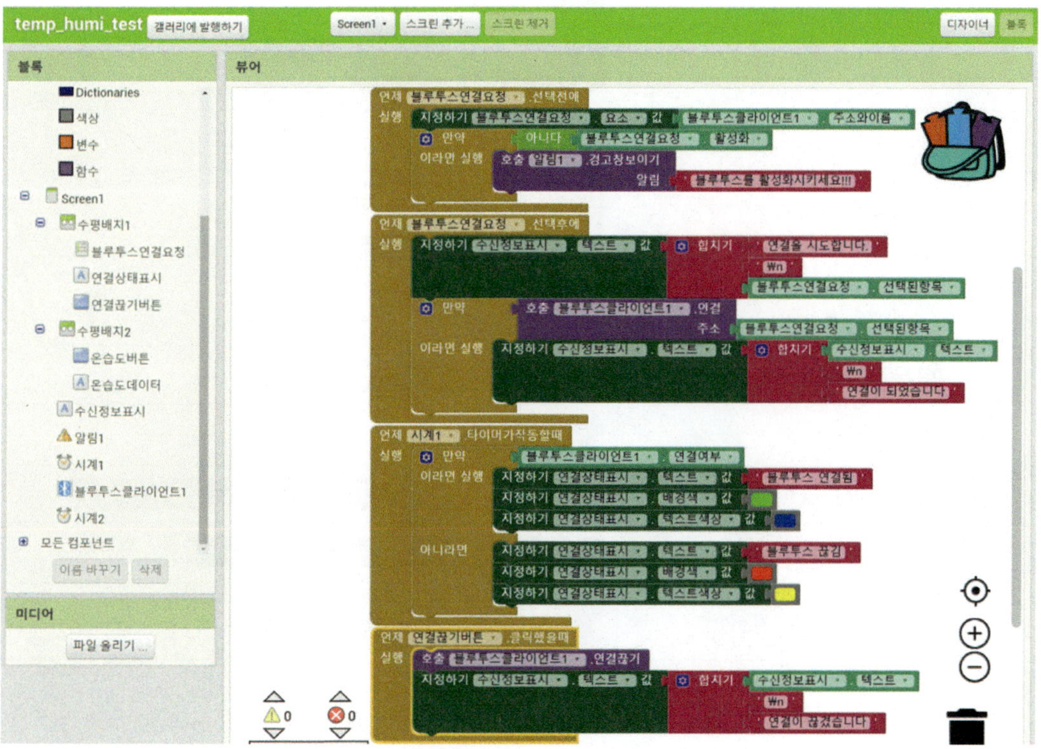

[그림 10-7] 앱 인벤터 temp_humi_test.aia의 기본 블록도

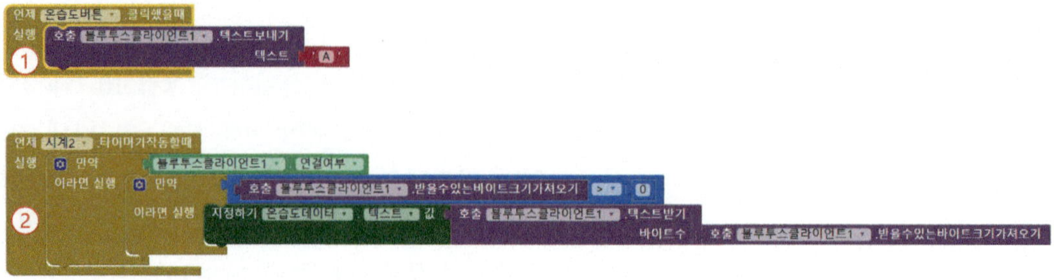

[그림 10-8] 앱 인벤터 temp_humi_test.aia의 추가 블록도

[표 10-1] 그림 10-8을 설계하기 위한 블록과 블록의 이미지

번호	블록 이름	블록 이미지
1	온습도버튼	
2	블루투스클라이언트1	
3	텍스트	
4	시계2	
5	제어	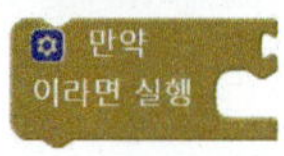
6	블루투스클라이언트1	
7	수학	
8	블루투스클라이언트1	
9	온습도버튼	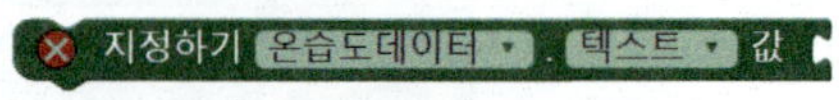
10	블루투스클라이언트1	

10.3.3 앱으로 온습도 센서 원격 제어하기

온습도 센서 DHT11 제어 회로를 구성하고, 아두이노 프로그램을 완성하였다. 그리고 스마트폰 앱도 모두 완성하였다면 그림 10-9의 순서에 따라 온습도 센서 DHT11 제어 실험을 해보자.

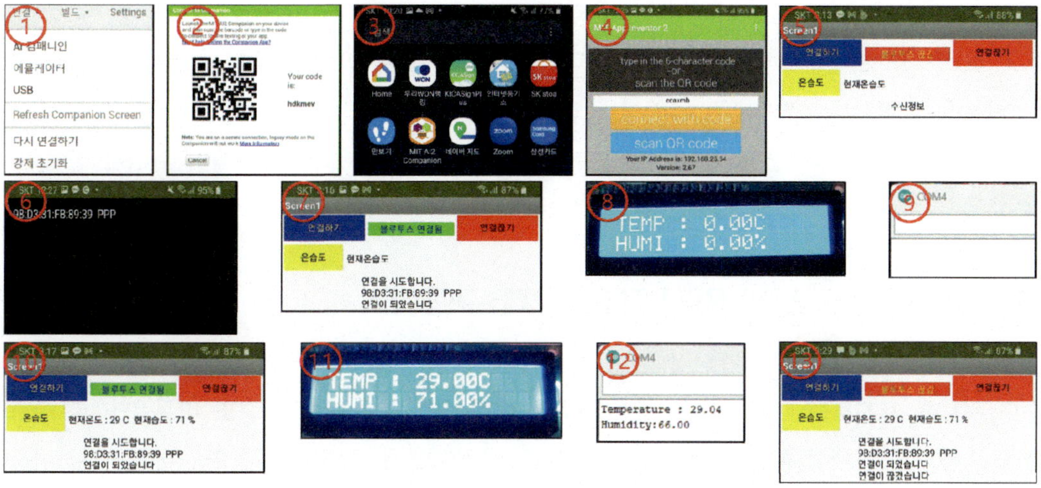

[그림 10-9] 온습도 센서 DHT11 제어 실험과정

① 앱 인벤터의 연결 메뉴에 있는 AI 컴패니언을 클릭한다.

② "scan QR code" 또는 "Your code is ???"이 앱 인벤터 화면에 나타난다.

③ 스마트폰에 설치한 MIT AI2 Companion을 클릭하여 실행한다.

④ "scan QR code"를 클릭하여 ②의 QR코드를 찍거나 Six Character Code 입력란에 ②의 "Your code is"에 있는 6개의 코드를 입력한다.

⑤ 이제 스마트폰 화면에는 앱 인벤터로 설계한 Screen1 화면이 나타날 것이다. 여기서 유의할 것은 블루투스 끊김 메시지를 확인한다. 이 화면에는 "블루투스 끊김"이라는 메시지가 윗면 가운데에 표시되고 있다. 다음으로 스마트폰의 화면에 나타나 있는 앱에서 좌측의 "연결하기" 버튼을 클릭한다.

⑥ 스마트폰에 미리 등록한 블루투스가 나타날 것이다. 3.2.2절의 AT 명령어를 이용하여 이름을 변경한 블루투스 장치를 클릭한다. 그림 10-9의 블루투스 장치 이름은 PPP이다.

⑦ 스마트폰의 앱 윗면 가운데에 "블루투스연결됨"이라는 메시지가 나타나는 것을 확인한다. 그리고 "연결을 시도합니다."와 블루투스 하드웨어 어드레스 그리고 블루투스 이름 PPP가 나타나면서 "연결이 되었습니다."라는 메시지가 나타난다.

⑧ 이제 아두이노에 연결된 LCD의 첫 번째 줄에 "TEMP : 0.00C"라는 문자열이 출력되고 두 번째 줄에는 "HUMI : 0.00%"라는 문자열이 출력된다.

⑨ 컴퓨터의 시리얼 모니터에는 아무런 정보도 출력되지 않는다.

⑩ 스마트폰 앱의 노란색 "온습도" 버튼을 클릭하고, 버튼 옆에 온도와 습도 정보가 나타나는 것을 확인한다.

⑪ 아두이노에 연결된 LCD에도 스마트폰에 나타난 것과 같은 온도 및 습도 정보가 나타나는 것을 확인한다.

⑫ 컴퓨터의 시리얼 모니터에 온도, 습도 정보가 나타나는 것을 확인한다.

⑬ 실험이 정상적으로 이루어졌으면 블루투스 연결을 끊기 위해 스마트폰 화면의 "연결끊기" 버튼을 클릭한다. 스마트폰 화면의 중앙에 "블루투스 끊김"이라는 메시지와 스마트폰 화면 하단에 "연결이 끊겼습니다."라는 메시지가 출력된다. 이제 I2C LCD 제어 실험을 종료한다.

10.3.4 온습도 센서 원격 제어 과제 구현하기

지금까지 아두이노에 연결된 온습도 센서 DHT11을 이용하여 스마트폰과 LCD에 온도 및 습도 정보를 표시하는 프로그램을 개발하였다. 이번에는 온도 버튼과 습도 버튼을 따로 추가한 다음 스마트폰 앱에서 온도 버튼을 클릭하면 스마트폰 앱에 온도 정보를 표시하고 습도 버튼을 클릭하면 스마트폰 앱에 습도 정보가 표시되도록 프로그램을 설계하고 실험 결과를 확인해 보자.

11
CHAPTER

CdS 조도 센서

학습목표

- 앱 인벤터와 아두이노 그리고 조도 센서를 이용하여 스마트 폰과 I2C LCD에 조도 데이터를 출력할 수 있다.

11.1 회로 구성

11.1.1 CdS 조도 센서 제어 회로 구성하기

그림 11-1은 황화카드뮴(CdS)의 특성을 이용하여 제작된 CdS 센서와 모듈을 나타낸 것이다. CdS 조도 센서는 주위의 조도가 높아지면 저항값이 작아지고, 조도가 낮아지면 저항값이 커지게 된다. 일반적으로 어두운 곳에서는 저항값이 100KΩ이고, 밝은 곳에서는 10KΩ 정도이다. CdS 조도 센서는 낮에는 꺼지고 밤에는 켜지는 가로등, 아침이면 열리는 커튼, 카메라의 노출계 등 주변 조도량에 따라 전자기기를 제어하는 분야에 주로 활용된다.

[그림 11-1] CdS 조도 센서 외형, 핀 그리고 모듈

그림 11-2는 아두이노와 I2C LCD, CdS 조도 센서, LED 그리고 블루투스를 이용한 CdS 조도 센서 제어 회로이다. 아두이노의 아날로그 입력 핀 A0와 CdS 조도 센서의 "S" 핀을

연결하고 아두이노의 5V를 CdS 조도 센서의 가운데 핀에, 아두이노의 GND를 CdS 조도 센서의 "-"에 연결한다. CdS 조도 센서의 결과값에 따라 빨간색 LED를 제어하기 위해 아두이노의 디지털 핀 4를 LED의 애노드에 직렬 연결한 220Ω 저항에 연결하고 LED의 캐소드는 아두이노의 접지와 연결한다. 아두이노의 SCL(17번 핀)과 SDA(16번 핀)를 I2C LCD의 SCL과 SDA에 연결하고 I2C LCD의 VCC와 GND를 아두이노에서 출력된 5V와 GND에 연결한다. 블루투스는 안드로이드 스마트폰과 아두이노를 연결하기 위한 장치이며 아두이노의 3번 핀(TxD)과 블루투스의 1번 핀(RxD)을 연결하고 아두이노의 2번 핀(RxD)과 블루투스의 2번 핀(TxD)을 연결한다. 이 회로와 프로그램은 스마트폰에서 문자 "A"를 전송하면 아두이노는 CdS 조도 센서를 구동시켜 측정한 조도 양을 스마트폰으로 전송하고 I2C LCD의 두 번째 줄에 조도 양을 표시하고 시리얼 모니터에 출력한다. 스마트폰에도 조도 양을 표시한다.

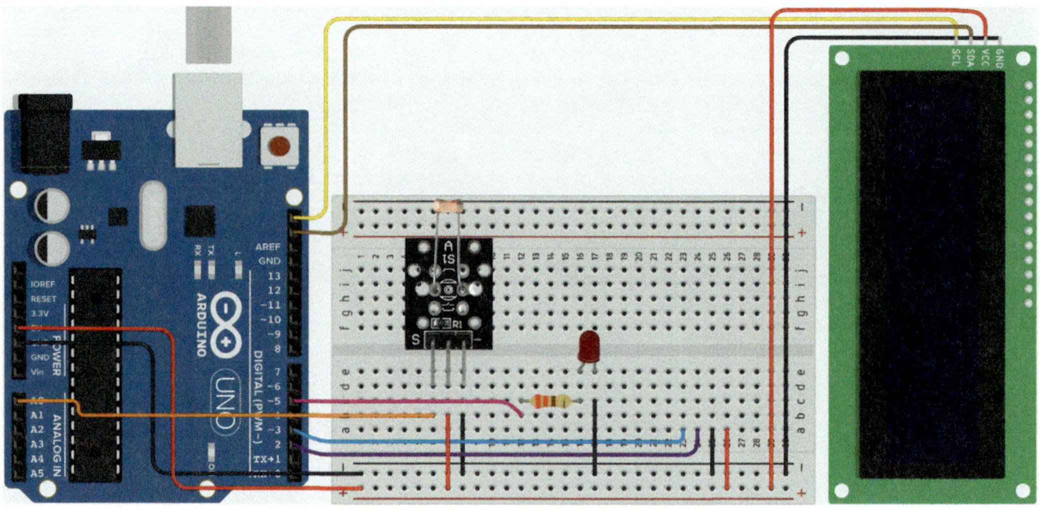

[그림 11-2] CdS 조도 센서 제어 회로

11.2 아두이노 프로그램

11.2.1 CdS 조도 센서 제어 프로그램 작성하기

CdS 조도 센서 제어 프로그램은 스마트 폰에서 문자 "A"를 전송하면 아두이노는 아날로그 입력신호 "A0"에 연결된 CdS 조도 센서를 구동시켜 측정한 조도 데이터를 변수에 저장한다. 저장된 데이터는 스마트 폰으로 전송하고 스마트 폰 앱에서는 해당 데이터를 스마트 폰 화면에 출력한다. 또한, I2C LCD의 두 번째 줄에 조도 데이터를 표시하고 컴퓨터의 시리얼 모니터에도 출력한다. CdS 조도 센서 제어 프로그램을 아두이노 IDE로 작성하고 컴파일한 다음 아두이노 보드에 다운로드하여 실험 결과를 확인한다.

```
#include <SoftwareSerial.h>
#include <LiquidCrystal_I2C.h>
#include <Wire.h>
int cdspin = A0;
int led = 5;
int phoneData;
int cds_value;
LiquidCrystal_I2C lcd(0x27, 16, 2);
SoftwareSerial mySerial(2,3);
void setup(){
  Serial.begin(9600);
  mySerial.begin(9600);
  pinMode(led, OUTPUT);
  lcd.init(); // lcd 사용을 시작합니다.
  lcd.backlight(); // backlight를 On 시킵니다.
  lcd.print("Illuminance Test");
}
void loop(){
  cds_value = analogRead(cdspin);
  Serial.print("Illuminance Value : ");
  Serial.println(cds_value);
  lcd.setCursor(0,1);
  lcd.print("Value : ");
  lcd.print(cds_value);
  if(cds_value < 350)
    digitalWrite(led, LOW);
  else
    digitalWrite(led, HIGH);
  if(mySerial.available() > 0){
    phoneData = mySerial.read();
    if(phoneData == 'A'){
      mySerial.print(cds_value);
  }
 }
 delay(1000);
}
```

CdS 조도 센서 제어 프로그램을 상세히 설명하면 다음과 같다.

[1,9] :"#include 〈SoftwareSerial.h〉, SoftwareSerial mySerial(2,3)"는 아두이노 우노가 직렬 통신 포트를 하나만 가지고 있으므로 블루투스로 스마트 폰과 통신하려면 소프트웨어 직렬 통신 포트를 추가해야 한다. 아두이노 우노의 모든 핀이 직렬 통신에 사용할 수 있지만 여기서는 아두이노 2번 핀과 3번 핀을 직렬 통신 포트로 사용하였다. "SoftwareSerial.h" 파일을 사용할 것이며 블루투스용 통신 포트 모듈 명은 mySerial이다.

[2,8] :"#include 〈LiquidCrystal_I2C.h〉, LiquidCrystal_I2C lcd(0x27, 16, 2)"는 I2C LCD 제어를 위한 라이브러리를 추가하는 것이다. 이 라이브러리를 이용하여 "lcd"라는 이름의 객체를 만든 것이다. lcd(0x27, 16, 2)에서"0x27"은 I2C LCD의 주소, "16"은 한 줄에 표시할 수 있는 문자의 수(Column), "2"는 2줄(Row)을 의미한다.

[3] :"#include 〈Wire.h〉"라이브러리는 아두이노가 I2C 디바이스와 통신이 가능하게 하는 라이브러리이다.

[4] : "int cdspin = A0"는 CdS 조도 센서의 출력 핀을 아두이노의 A0에 연결하여 사용한다.

[5] : "int led = 5"는 아두이노 우노의 5번 핀을 LED 제어를 위해 사용한다.

[6] : "int phoneData"는 스마트 폰에서 아두이노에 직렬통신으로 전송되는 문자를 저장하기 위한 것이며 문자변수를 선언한 것이다.

[7] : "int cds_value"는 CdS 조도 센서의 아날로그 출력을 디지털로 변환한 데이터를 저장하기 위한 변수이다.

[11] :"Serial.begin(9600)"은 아두이노와 컴퓨터간의 직렬 통신을 활성화하고 통신속도를 9600 Baud로 설정한다.

[12] :"mySerial.begin(9600)"은 아두이노와 스마트폰 간의 직렬 통신을 활성화하고 통신속도를 9600 Baud로 설정한다.

[13] : "pinMode(led, OUTPUT)"은 아두이노 5번 핀의 이름인 led를 출력(OUTPUT)으로 사용한다.

[14] : "lcd.init()"은 I2C LCD를 초기화하는 명령어 객체이다. LCD의 전원을 껐다 켜는 것과 동일한 결과를 갖는다.

[15] : "lcd.backlight()"는 LCD에 빛을 공급하기 위한 램프를 켜는 것이다.

[16] : "lcd.print("Illuminance Test");"는 lcd 첫 번째 줄(0) 첫 번째 칸(0)부터 괄호 안의 문자열을 출력한다.

[19] : "cds_value = analogRead(cdspin);"는 아두이노 A0 핀에 연결한 CdS 조도 센서 아날로그 출력을 디지털로 변환하여 변수 cds_value에 저장한다.

[20~21] : "Serial.print("Illuminance Value : "), Serial.println(cds_value)"는 시리얼 모니터에 해당 문자열을 출력하고, 아날로그 신호를 디지털로 변환한 결과 값을 시리얼 모니터에

출력한다.

[22] : "lcd.setCursor(0,1);"는 lcd 커서의 위치를 두 번째 줄(1) 첫 번째 칸(0)으로 이동한다.

[23~24] : "lcd.print("value : ");, lcd.print(cds_value);"는 해당 문자열을 출력하고 "cds_value"가 가지고 있는 값을 해당 문자열 다음에 출력한다.

[25~28] : 이 문장은 "cds_value" 값이 350보다 작으면 LED를 점멸하고, 350보다 크거나 같으면 LED를 점등한다.

[29] : "if(mySerial.available() 〉 0)"은 스마트 폰에서 아두이노로 보낸 데이터가 있는지를 확인한다. 데이터가 있으면 조건문의 결과는 참이다.

[30] : "phoneData = mySerial.read()"은 스마트 폰에서 보낸 아두이노의 직렬버퍼에 있는 문자를 읽어서 phoneData 변수에 저장한다.

[31] : "if(phoneData == 'A')"는 스마트 폰에서 보낸 데이터가 문자 "A"인지를 확인하는 명령어이다.

[32] : "mySerial.print(cds_value);"는 아두이노에서 스마트 폰으로 cds_value를 전송한다.

[35] : delay(1000)은 1초간 지연시키기 위한 것이다.

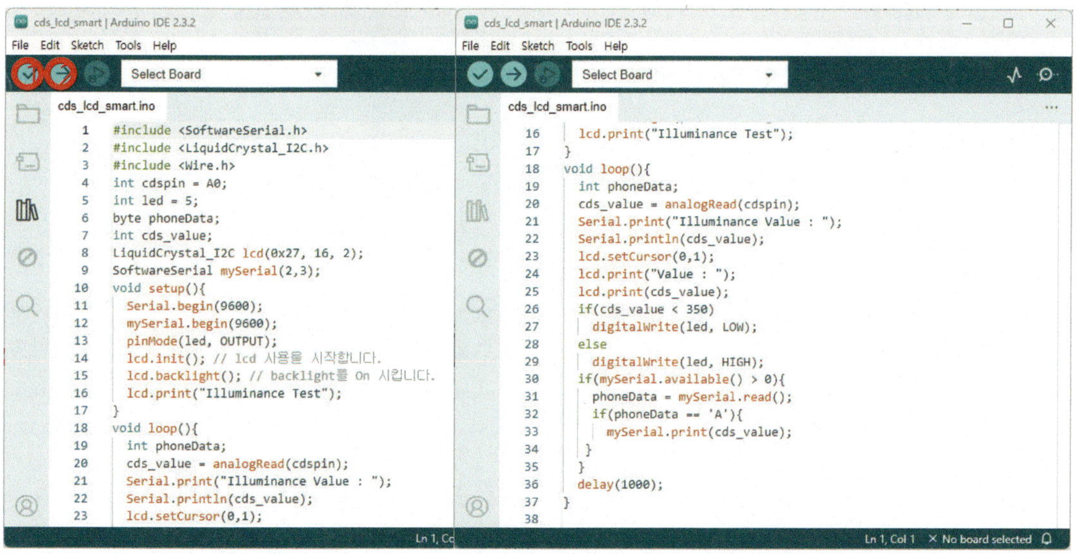

[그림 11-3] 아두이노 IDE CdS 조도 센서 제어 회로 프로그램 코드 작성 화면

11.3 CdS 조도 센서 제어 앱

11.3.1 앱 UI 디자인하기

CdS 조도 센서를 블루투스 무선통신을 이용하여 원격으로 제어하기 위한 앱은 교재 3장에서 제공하는 bt_conn.aia를 활용하여 앱 인벤터로 제작한다. 본 절에서는 bt_conn.aia 파일을 이용하여 cds_sensor.aia로 파일명을 변경하고, CdS 조도 센서 제어를 위해 UI 디자인을 변경한다.

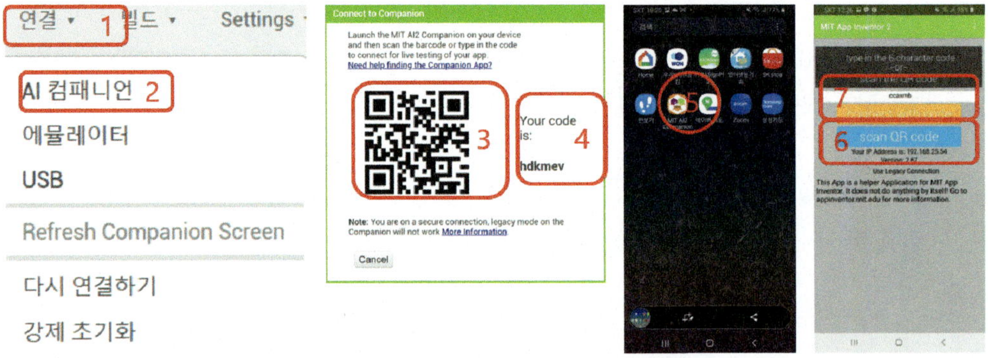

[그림 11-4] 앱 인벤터 MIT AI 컴패니언 연결

그리고 스마트폰에 설치한 MIT AIT Companion을 실행한 다음 그림 11-4의 ①과 같이 앱 인벤터 메뉴 "연결"을 클릭한다. 나타난 팝업 메뉴에서 ②와 같이 AI 컴패니언 메뉴를 클릭하면 ③, ④처럼 QR코드 또는 문자 코드가 나타난다. 스마트폰에 설치한 컴패니언 앱(⑤)을 실행하면 ⑥과 같은 "scan QR Code"와 ⑦과 같은 문자 코드 입력창이 나타난다. "scan QR code"를 클릭하여 QR코드를 찍거나 ⑦에 ④의 문자 코드를 입력하면 앱 인벤터와 스마트폰이 서로 연결된다. 이제 앱 인벤터에서 설계하는 내용이 실시간으로 스마트폰에 나타나게 되므로 프로그램 설계가 수월해진다.

그림 11-5는 cds_sensor.aia의 디자인 화면이며 컴포넌트를 살펴보면 수평배치1은 블루투스 연결을 위해 사용하는 것이고 ⑤ 수평배치2와 ⑥ 수평배치3에 있는 컴포넌트들이 새로 추가된 것들이다.

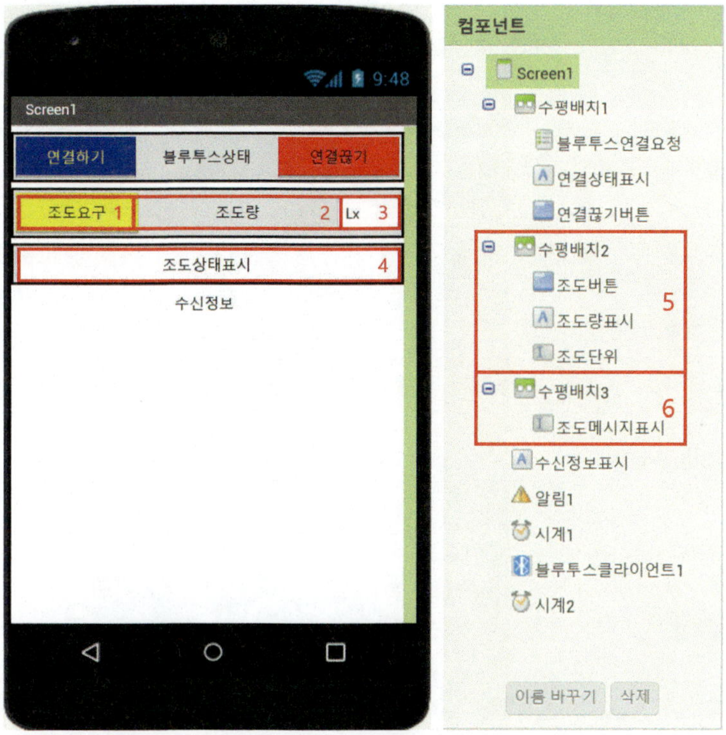

[그림 11-5] 앱 인벤터 cds_sensor.aia의 화면 디자인

① "조도요구"는 스마트폰이 아두이노에게 현재의 조도 양 데이터를 보내라는 명령을 전달하는 버튼이며 ② "조도량"은 레이블이며 아두이노가 보낸 조도량 데이터를 표시하기 위한 것이다. ③ "Lx"는 조도량 단위를 표현한 것이다. ④ "조도상태표시"에는 조도량의 크기에 따라 "실내조명이 밝습니다." 또는 "실내조명이 어둡습니다."라는 메시지를 출력한다. "수신정보"에는 블루투스 연결유무를 알리는 메시지와 하드웨어 어드레스가 출력된다. 앱 ①에서 노랑색의 "조도요구"버튼을 클릭하면 ② "조도량"에 현재의 조도 양이 표시된다. 그리고 ④ "조도상태표시"에 "실내조명이 밝습니다." 또는 "실내조명이 어둡습니다."라는 메시지를 출력한다.

11.3.2 앱 블록 코딩하기

앱 디자인을 완료한 후 앱 인벤터의 오른쪽 위 블록 메뉴를 클릭하면 그림 11-6과 같은 블록이 나타난다. 그림 11-6은 CdS 조도 센서 제어 프로그램의 기본 블록을 나타낸 것이다. 해당 블록에는 디자인 화면에서 사용하였던 컴포넌트 ① 수평배치2, ② 수평배치3 그리고 ③ 시계2 등이 표시되어 있다. 그림 11-6의 블록은 블루투스 연결, 연결상태 그리고 연결끊기의 기본 블록인 bt_conn.aia와 동일한 것이며, 그림 11-6의 블록에 그림 11-7과 같은 블록을 추가하여 설계한다.

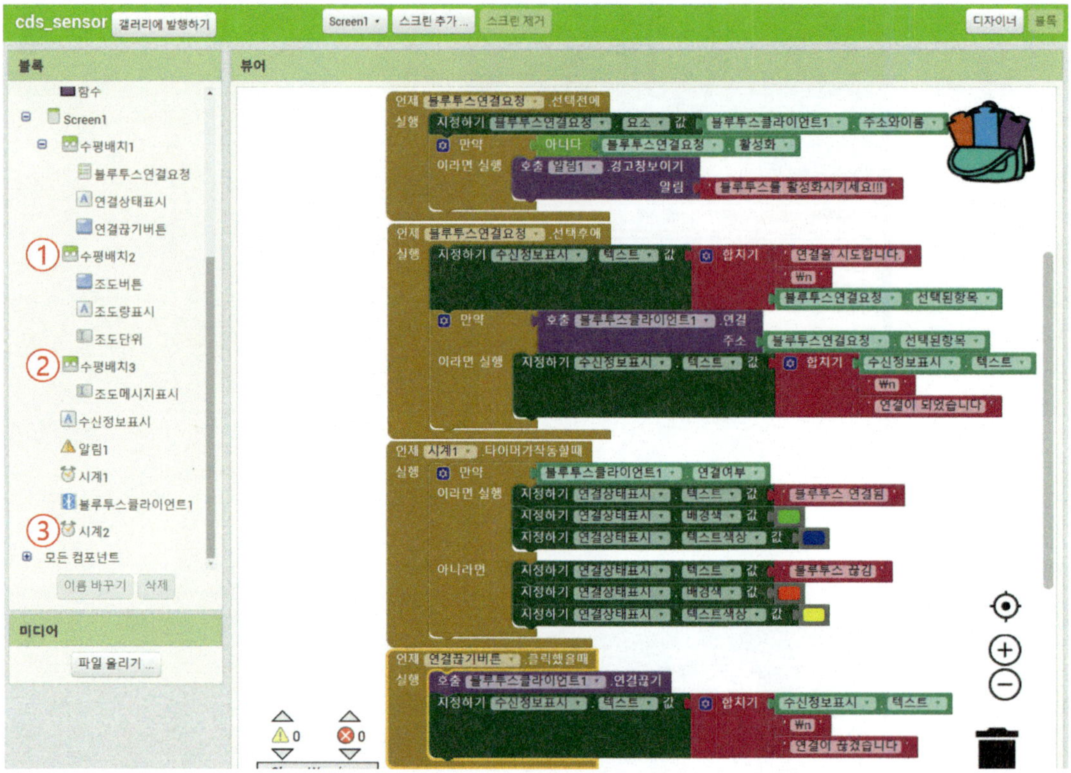

[그림 11-6] 앱 인벤터 cds_sensor.aia의 기본 블록도

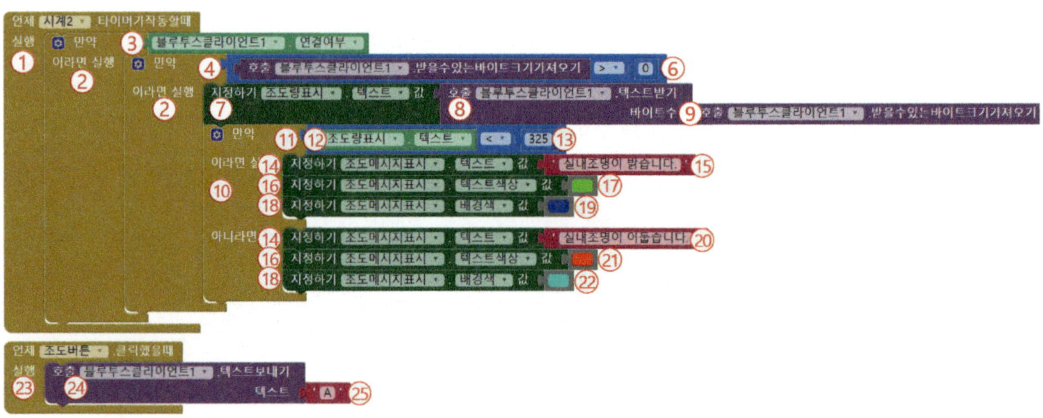

[그림 11-7] 앱 인벤터 cds_sensor.aia의 추가 블록도

그림 11-7의 23~25는 스마트폰에서 아두이노에 조도량 정보를 요청하기 위한 것이며 "조도버튼"을 클릭하면 문자 "A"가 전송되도록 설계한 것이다. 1~22는 아두이노가 스마트폰으로 보낸 조도량 정보를 받아서 "조도량표시"라는 레이블에 저장하도록 설계한 것이며 "실내조명이 밝습니다." 또는 "실내조명이 어둡습니다."라는 메시지를 조도량에 따라 선택하여 "조도메시지

표시"레이블에 나타내도록 설계한 것이다. 표 11-1은 그림 11-7의 Ⓐ 블럭에서 사용한 컴포넌트를 소개한 것이다.

[표 11-1] 그림 11-7의 Ⓐ를 설계하기 위한 블록과 블록 이미지

번호	블록의 이름	블록의 이미지
1	시계2	
2,10	제어	
3	블루투스클라이언트1	
4,11	수학	
5,9	블루투스클라이언트1	
6,13	수학	
7	조도량표시	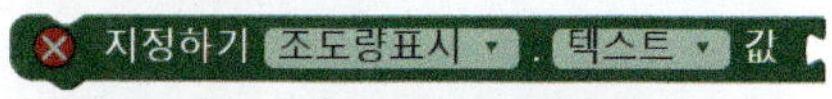
8	블루투스클라이언트1	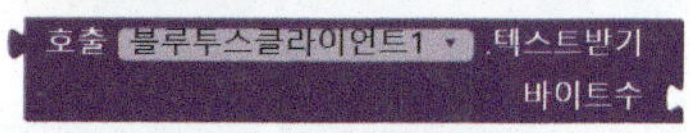
12	조도량표시	
14, 16, 18	조도메시지표시	
15, 20, 25	텍스트	
17, 19, 21, 22	색상	
23	조도버튼	
24	블루투스클라이언트1	

11.3.3 CdS 조도 센서 원격 제어하기

CdS 조도 센서 제어 회로를 구성하였고 아두이노 프로그램을 완성하였다. 그리고 스마트폰 앱도 모두 완성하였다면 CdS 조도 센서 제어 실험을 해보자. 그림 11-8의 순서에 따라 실험하면서 결과를 확인해 보자.

① 앱 인벤터의 연결 메뉴에 있는 AI 컴패니언을 클릭한다.
② "scan QR code" 또는 "Your code is ???"이 앱 인벤터 화면에 나타난다.
③ 스마트폰에 설치한 MIT AI2 Companion을 클릭하여 실행한다.
④ "scan QR code"를 클릭하여 ②의 QR코드를 찍거나 Six Character Code 입력란에 ②의 "Your code is"에 있는 6개의 코드를 입력한다.

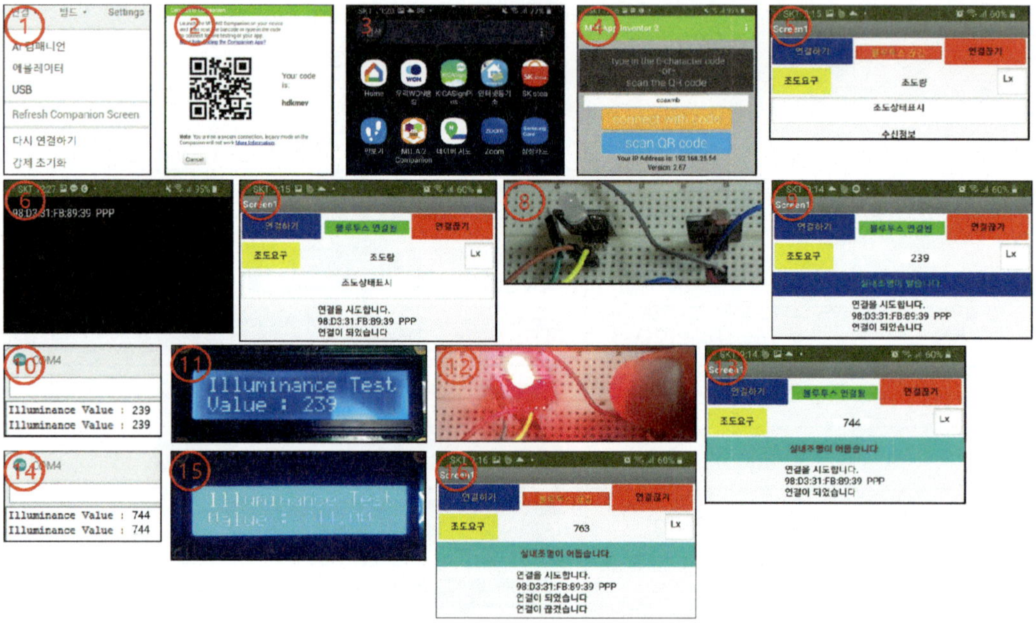

[그림 11-8] CdS 조도 센서 제어 실험과정

⑤ 이제 스마트폰 화면에는 앱 인벤터로 설계한 Screen1 화면이 나타날 것이다. 여기서 유의할 것은 블루투스 끊김 메시지를 확인한다. 이 화면에는 "블루투스 끊김"이라는 메시지가 상단 가운데에 표시되고 있다. 다음으로 스마트폰의 화면에 나타나 있는 앱에서 좌측의 "연결하기" 버튼을 클릭한다.
⑥ 스마트폰에 미리 등록한 블루투스가 나타날 것이다. 3.2.2절의 AT 명령어를 이용하여 이름을 변경한 블루투스 장치를 클릭한다. 그림 11-8의 블루투스 장치 이름은 PPP이다.
⑦ 스마트폰의 앱 상단 중앙에 "블루투스연결됨"이라는 메시지가 나타나는 것을 확인한다. 그리고 "연결을 시도합니다."와 블루투스 하드웨어 어드레스 그리고 블루투스 이름 PPP가 나타나면서 "연결이 되었습니다."라는 메시지가 나타난다.
⑧ 현재 CdS 조도 센서에는 전등 빛이 입력되고 있으며 조도량이 350보다 작기 때문에 LED가 꺼져 있는 것을 확인한다.
⑨ "조도요구"버튼을 클릭한다. 가운데 "조도량"이라는 라벨에 "239"라는 조도량이 나타난다.

단위는 "Lx"이다.

⑩ 컴퓨터의 시리얼 모니터에도 조도량 "239"가 나타나는 것을 확인한다.

⑪ 아두이노에 연결된 LCD의 첫 번째 줄에 "Illuminance Test"라는 문자열이 출력되고 두 번째 줄에는 "Value : 239"라는 문자열이 출력된다.

⑫ 다음으로 아두이노에 연결된 CdS 조도 센서의 상단을 손가락으로 막아 빛을 차단한다. 빛을 차단하는 순간 LED가 켜진다.

⑬ 손가락으로 빛을 차단한 상태에서 스마트폰의"조도요구"버튼을 클릭한다. 조도량이 "744"로 나타나는 것을 확인한다. 아두이노 프로그램의 조건 "350"보다 크게 나타나는 것을 확인한다.

⑭ 컴퓨터의 시리얼 모니터에도 조도량 "744"가 나타나는 것을 확인한다.

⑮ 아두이노에 연결된 LCD의 첫 번째 줄에 "Illuminance Test"라는 문자열이 출력되고 두 번째 줄에는 "Value : 744"라는 문자열이 출력된다.

⑯ 실험이 정상적으로 이루어졌으면 블루투스 연결을 끊기 위해 스마트폰 화면의 "연결끊기" 버튼을 클릭한다. 스마트폰 화면의 가운데에 "블루투스 끊김"이라는 메시지와 스마트폰 화면 하단에 "연결이 끊겼습니다."라는 메시지가 출력된다. 이제 CdS 조도 센서 제어 실험을 종료한다.

11.3.4 CdS 조도 센서 원격 제어 과제 구현하기

지금까지 아두이노에 연결된 CdS 조도 센서를 이용하여 스마트폰과 LCD에 조도량 정보를 표시하는 프로그램을 개발하였다. 이번에는 조도량에 따라 커튼을 열고 닫는 회로를 구성한 다음 스마트폰에서 조도량이 충분하면 커튼을 닫고 조도량이 충분하지 않으면 커튼을 여는 프로그램을 설계하고 실험 결과를 확인해 보자.

12 CHAPTER 감지 센서1

학습목표

- 기울기 센서를 이용한 원격 제어 회로를 구성하고, 아두이노 프로그램을 작성할 수 있다.
- 앱 인벤터를 이용하여 기울기 센서를 이용한 원격 제어를 위한 앱을 개발할 수 있다.
- 포토 인터럽터를 이용한 원격 제어 회로를 구성하고, 아두이노 프로그램을 작성할 수 있다.
- 앱 인벤터를 이용하여 포토 인터럽터를 이용한 원격 제어를 위한 앱을 개발할 수 있다.

12.1 기울기 센서

12.1.1 회로 구성

(1) 기울기 센서를 이용한 제어 회로 구성하기

기울기 센서는 기울어지면 센서와 연결된 회로의 전기 흐름이 변화하게 되는 것을 이용하여 기울어짐을 감지하는 센서이다. 기울기 센서의 종류는 그림 12-1과 같으며, 일반적으로 단자와 리드선만 있는 제품과 모듈 형태의 제품이 있다. 센서 내부에는 수은구와 같은 전도성 물체가 있고, 기울어지면 두 단자를 연결하는 전도성 물체가 떨어져서 개방회로가 된다. 따라서 전류가 흐르지 않게 되며, 이러한 전류의 흐름 변화로 기울어짐을 감지하게 된다.

[그림 12-1] 기울기 센서 종류

그림 12-2는 아두이노, 브레드보드, 저항, DIP 타입 LED, 기울기(tilt) 센서로 구성된 기울기 센서를 이용한 LED 제어 회로 구성을 보여준다. LED ON/OFF 제어를 위한 디지털 핀인 4번 핀은 저항, LED와 직렬로 연결된다. 저항은 LED에 걸리는 전압을 정격전압에 맞추기 위한 용도로 사용하며, LED의 Anode(+)는 전원의 양극과 연결하고 Cathode(-)는 접지와 연결한다. 기울기 센서는 모듈 형태의 제품이며, VCC, GND, D0 핀을 가지고 있다. 기울기 센서의 VCC 핀은 아두이노 보드의 5V 핀과 연결하고, 기울어짐에 따라서 0과 1의 디지털 신호를 출력하는 D0 핀은 아두이노 보드의 7번 디지털 핀과 연결한다.

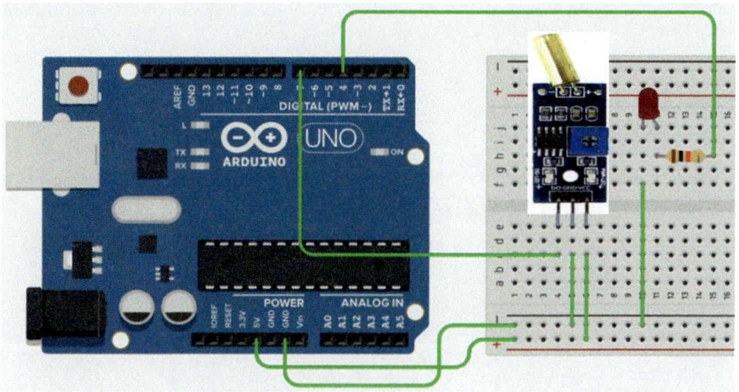

[그림 12-2] 기울기 센서를 이용한 LED 제어 회로

(2) 기울기 센서를 이용한 원격 제어 회로 구성하기

그림 12-3은 블루투스 모듈을 활용한 기울기 센서를 이용한 LED 원격 제어 회로 구성을 보여준다. 블루투스 모듈 연결부를 제외하고는 그림 12-2의 회로와 동일하다. 기울기 센서의 센싱 정보를 수신하고, 디바이스를 원격으로 제어하기 위해 블루투스 모듈을 사용한다. 블루투스 모듈의 RXD 핀은 아두이노 보드의 3번 핀과 연결하고, TXD 핀은 아두이노 보드의 2번 핀과 연결한다.

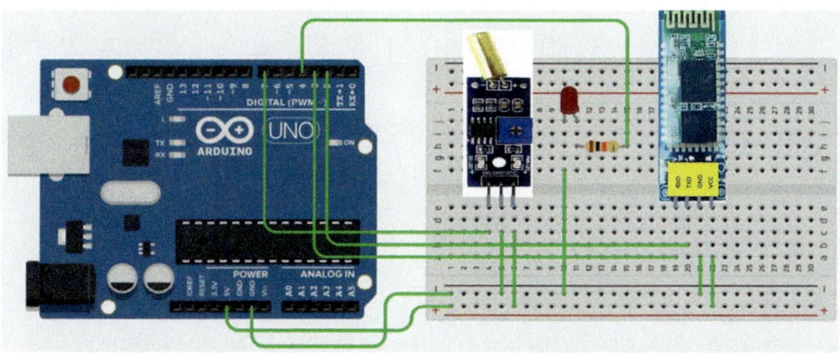

[그림 12-3] 기울기 센서를 이용한 LED 원격 제어 회로

12.1.2 아두이노 프로그램

(1) 기울기 센서를 이용한 제어 프로그램 작성하기

아래 프로그램은 기울기 센서를 이용하여 LED ON/OFF 동작을 제어하기 위한 소스 코드이다. setup 함수에서 핀 할당과 입·출력을 설정한다. loop 함수에서 기울기 센서의 출력을 읽어서 기울어지면 LED가 점등되는 동작을 구현하는 코드를 작성한다.

```
1   int pin_LED = 4;
2   int pin_tilt = 7;
3   int tilt;
4
5   void setup()
6   {
7     pinMode(pin_LED, OUTPUT);
8     pinMode(pin_tilt, INPUT);
9
10    digitalWrite(pin_LED, LOW);
11  }
12
13  void loop()
14  {
15    tilt = digitalRead(pin_tilt);
16
17    if(tilt == HIGH)
18      digitalWrite(pin_LED, HIGH);
19    else
20      digitalWrite(pin_LED, LOW);
21  }
```

기울기 센서를 이용한 LED 제어 프로그램을 상세히 설명하면 다음과 같다.

[1] : LED를 제어하기 위한 핀을 나타내는 pin_LED 변수를 정수형으로 선언하고, 값을 4로 설정한다.

[2] : 기울기 센서 출력을 확인하기 위한 핀을 나타내는 pin_tilt 변수를 정수형으로 선언하고, 값을 7로 설정한다.

[3] : 기울기 센서 출력을 저장하기 위한 tilt 변수를 정수형으로 선언한다.

[7] : pinMode 함수를 이용하여 4번 (pin_LED) 핀을 출력으로 설정한다.

[8] : pinMode 함수를 이용하여 7번 (pin_tilt) 핀을 입력으로 설정한다.

[10] : digitalWrite 함수를 이용하여 4번 핀의 출력을 LOW 레벨로 설정한다. LED의 초기

상태는 OFF이며, 점멸된 상태로 시작하게 된다.

[15] : digitalRead 함수를 이용하여 7번 핀의 입력 레벨을 읽어서 tilt 변수에 저장한다.

[17~18] : tilt 변수의 값이 HIGH이면 4번 핀으로 HIGH 레벨을 출력하여 LED를 점등시킨다.

[19~20] : tilt 변수의 값이 LOW이면 4번 핀으로 LOW 레벨을 출력하여 LED를 점멸시킨다.

실제 아두이노 보드를 프로그래밍하기 위해서는 아두이노 IDE(통합개발환경)를 실행하고, 기울기 센서를 이용한 LED 제어 프로그램을 작성한다. 컴파일하기 위한 사전 작업으로 'Tools' 메뉴에서 'Board'는 사용하는 아두이노 모델로 선택하고, 'Port'는 보드를 연결한 시리얼 포트를 선택한다. 다음으로 'Sketch' 메뉴의 'Verify/Compile'을 선택하여 컴파일하고, 에러가 없으면 'Upload'를 선택하여 보드를 프로그래밍한다.

TiltSensor.ino

```
1   int pin_LED = 4;
2   int pin_tilt = 7;
3   int tilt;
4
5   void setup()
6   {
7     pinMode(pin_LED, OUTPUT);
8     pinMode(pin_tilt, INPUT);
9
10    digitalWrite(pin_LED, LOW);
11  }
12
13  void loop()
14  {
15    tilt = digitalRead(pin_tilt);
16
17    if(tilt == HIGH)
18      digitalWrite(pin_LED, HIGH);
19    else
20      digitalWrite(pin_LED, LOW);
21  }
```

[그림 12-4] 기울기 센서를 이용한 LED 제어 프로그램을 작성한 아두이노 IDE 화면

(2) 기울기 센서를 이용한 원격 제어 프로그램 작성하기

아래 프로그램은 기울기 센서를 이용하여 원격으로 디바이스를 제어하기 위한 소스 코드이다. 우선 블루투스 모듈과 신호를 송수신하기 위한 핀을 설정하기 위한 라이브러리인 SoftwareSerial 헤더 파일을 포함한다. setup 함수에서 사용하는 아두이노 핀의 입·출력을 설정하고, 시리얼 통신속도를 설정한다. loop 함수에서는 기울기 센서의 출력을 읽어서 블루투스 통신으로 송신하고, 앱에서 수신한 정보를 기반으로 디바이스의 동작 제어를 위한 코드를 작성한다. 아래의 예제 프로그램은 LED를 디바이스로 선택한 경우이다.

```
#include <SoftwareSerial.h>

SoftwareSerial mySerial(2,3);

int pin_LED = 4;
int pin_tilt = 7;
int tilt;

void setup()
{
  mySerial.begin(9600);

  pinMode(pin_LED, OUTPUT);
  pinMode(pin_tilt, INPUT);

  digitalWrite(pin_LED, LOW);
}

void loop()
{
  tilt = digitalRead(pin_tilt);

  if(mySerial.available())
  {
    char RxData = mySerial.read();

    if(RxData == '1')
      digitalWrite(pin_LED, HIGH);
    else if(RxData == '0')
      digitalWrite(pin_LED, LOW);
    else
    {
      if(tilt == HIGH)
        mySerial.print("기울어짐!");
      else
        mySerial.print("정상");
    }
  }
}
```

기울기 센서를 이용한 디바이스 원격 제어 프로그램을 상세히 설명하면 다음과 같다.

[1] : SoftwareSerial 헤더 파일을 포함한다.

[3] : SoftwareSerial 클래스 객체를 선언한다. 객체의 명칭은 mySerial이며, 원하는 명칭으로 변경할 수 있다. 매개 변수인 Rx, Tx 핀은 각각 2, 3으로 지정한다.

[5] : LED를 제어하기 위한 핀을 나타내는 pin_LED 변수를 정수형으로 선언하고, 값을 4로 설정한다.

[6] : 기울기 센서 출력을 확인하기 위한 핀을 나타내는 pin_tilt 변수를 정수형으로 선언하고, 값을 7로 설정한다.

[7] : 기울기 센서 출력을 저장하기 위한 tilt 변수를 정수형으로 선언한다.

[11] : SoftwareSerial을 이용하여 만든 시리얼 포트 (Tx : 3번 핀, Rx : 2번 핀)의 통신속도를 9600bps 설정한다.

[13] : pinMode 함수를 이용하여 4번 (pin_LED) 핀을 출력으로 설정한다.

[14] : pinMode 함수를 이용하여 7번 (pin_tilt) 핀을 입력으로 설정한다.

[16] : digitalWrite 함수를 이용하여 4번 핀의 출력을 LOW 레벨로 설정한다. LED의 초기 상태는 OFF이며, 점멸된 상태로 시작하게 된다.

[21] : digitalRead 함수를 이용하여 7번 핀의 입력 레벨을 읽어서 tilt 변수에 저장한다.

[23] : 블루투스 모듈과 연결된 시리얼 통신 수신 핀이 수신 대기 상태에 있는지를 확인한다. 수신 대기 상태에 있지 않거나 버퍼가 비어 있는 경우에는 0을 반환하므로 0이 아닌 경우 조건문을 만족하여 내부 소스 코드가 실행된다.

[25] : 문자 변수 RxData에 블루투스 모듈을 통해 수신한 데이터를 읽어서 저장한다.

[27~28] : RxData의 값이 문자 '1'과 같으면 4번 핀으로 HIGH 레벨을 출력하여 LED를 점등시킨다.

[29~30] : RxData의 값이 문자 '0'과 같으면 4번 핀으로 LOW 레벨을 출력하여 LED를 점등시킨다.

[31~37] : RxData의 값이 문자 '0', '1' 이외의 다른 값, 즉 '2'와 같으면 기울기 센서의 센싱 정보를 아래와 같이 전송한다.

- tilt 변수의 값이 HIGH이면 mySerial의 print 함수를 이용하여 문자열 '기울어짐!'을 전송한다.
- tilt 변수의 값이 LOW이면 mySerial의 print 함수를 이용하여 문자열 '정상'을 전송한다.

실제 아두이노 보드를 프로그래밍하기 위해서는 아두이노 IDE(통합개발환경)를 실행하고, 기울기 센서를 이용한 디바이스 원격 제어 프로그램을 작성한다. 그림 12-5는 아두이노 IDE를 실행하여 기울기 센서를 이용한 디바이스 원격 제어 프로그램을 작성한 화면이다.

TiltSensor_Remote2.ino

```
#include <SoftwareSerial.h>

SoftwareSerial mySerial(2,3);

int pin_LED = 4;
int pin_tilt = 7;
int tilt;

void setup()
{
  mySerial.begin(9600);

  pinMode(pin_LED, OUTPUT);
  pinMode(pin_tilt, INPUT);

  digitalWrite(pin_LED, LOW);
}

void loop()
{
  tilt = digitalRead(pin_tilt);

  if(mySerial.available())
  {
    char RxData = mySerial.read();

    if(RxData == '1')
      digitalWrite(pin_LED, HIGH);
    else if(RxData == '0')
      digitalWrite(pin_LED, LOW);
    else
    {
      if(tilt == HIGH)
        mySerial.print("기울어짐!");
      else
        mySerial.print("정상");
    }
  }
}
```

[그림 12-5] 기울기 센서를 이용한 디바이스 원격 제어 프로그램을 작성한 아두이노 IDE 화면

12.1.3 기울기 센서 제어 앱

(1) 앱 UI 디자인하기

블루투스 무선통신을 이용하여 기울기 센서의 센싱 정보를 표시하고, 디바이스를 원격으로 제어하기 위한 앱은 교재 3장에서 제공하는 bt_conn.aia를 활용하여 앱 인벤터로 제작한다. 본 절에서는 bt_conn.aia 파일을 이용하여 bt_conn_TiltSensor.aia로 파일명을 변경하고, 센싱 정보 표시 및 디바이스 제어를 위해 UI 디자인을 변경한다.

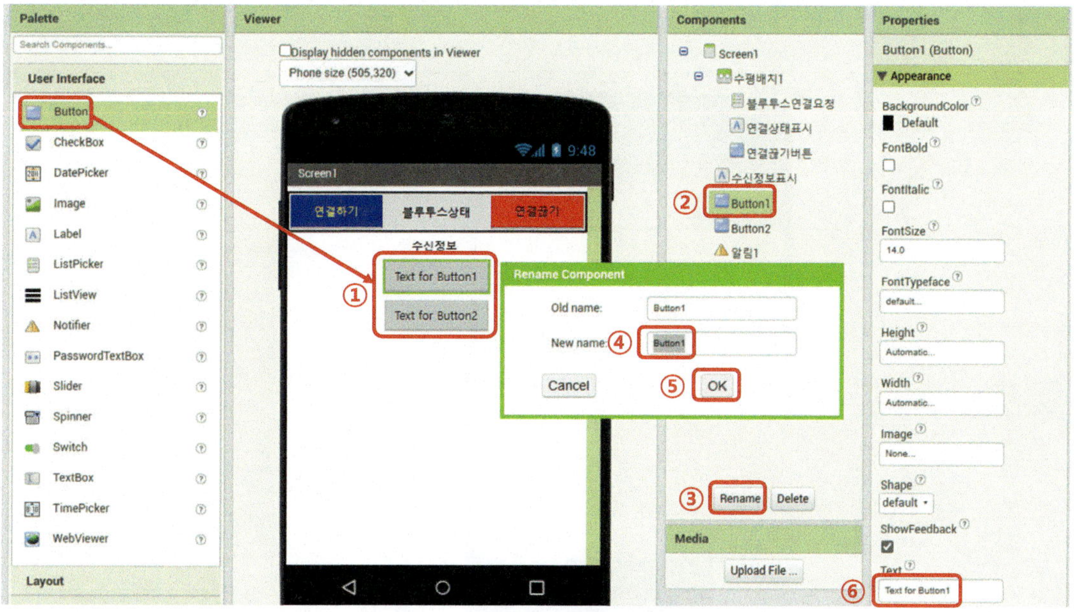

[그림 12-6] 기울기 센서의 센싱 정보 표시 및 디바이스 제어를 위한 UI 화면 디자인 과정 1

우선 앱 인벤터를 실행하고 내 프로젝트에서 bt_conn_TiltSensor.aia 파일을 선택하여 불러온다. 스마트 기기에 설치한 MIT AI2 Companion 앱을 실행하고, 앱 인벤터의 Connect 메뉴의 'AI Companion'을 선택하여 스마트 기기와 앱 인벤터를 연결한다. 이렇게 하면 앱 인벤터에서 변경한 디자인을 스마트 기기에서 확인할 수 있다. 기본 디자인에서 LED를 원격으로 제어하기 위해 그림 12-6에 나타낸 순서대로 User Interface에서 버튼을 두 개 추가하고, 명칭을 각각 'LED ON', 'LED OFF'로 수정한다. 버튼은 선택하여 drag & drop하면 Viewer에 추가되고, 명칭은 Components와 Properties 모두 변경해야 한다. Components의 명칭은 영문으로 작성해야 하며, 각각 'LED_ON'과 'LED_OFF'로 수정한다. Properties의 명칭은 각각 'LED ON'과 'LED OFF'로 수정한다.

앱 인벤터의 Designer에서 수평 배치를 위한 Layout의 HorizontalArrangement를 추가하고, User Interface의 Button과 TextBox를 추가한다. 그리고 그림 12-7의 ①과 같이 추가한 Button과 TextBox를 HorizontalArrangement 안으로 넣어서 같은 수평 라인이 배치되도록 한다. 구성요소의 폭과 높이는 Properties에서 변경할 수 있으며, HorizontalArrangement의 AlignVertical을 'Center:2'로 변경하여 Button과 TextBox를 가운데 배치되도록 한다. HorizontalArrangement의 명칭은 '수평배치2'로 변경한다. Button의 명칭은 ②~④ 순서대로 명칭을 'Tilt Info'로 변경한다. Components의 명칭은 'Tilt_Info'로 수정하고, Properties의 명칭은 'Tilt Info'로 수정한다. TextBox의 TextAlignment는 'center:1'로 수정하여 글자가 가운데 배치되도록 한다. 완성한 앱 UI 화면은 그림 12-8과 같다.

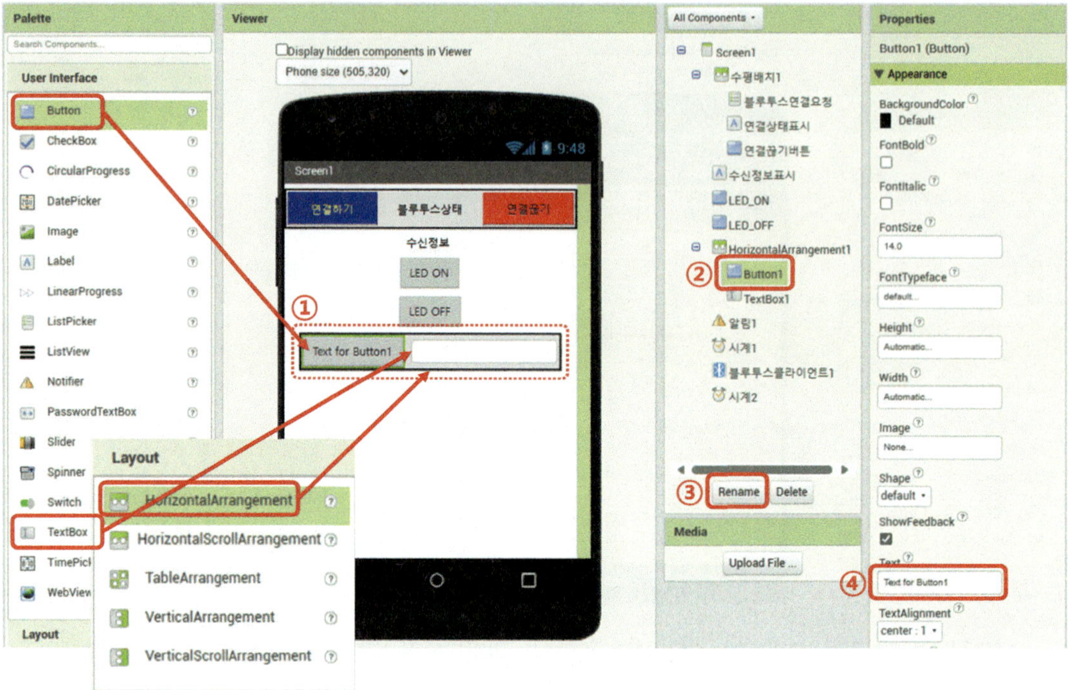

[그림 12-7] 기울기 센서의 센싱 정보 표시 및 디바이스 제어를 위한 UI 화면 디자인 과정 2

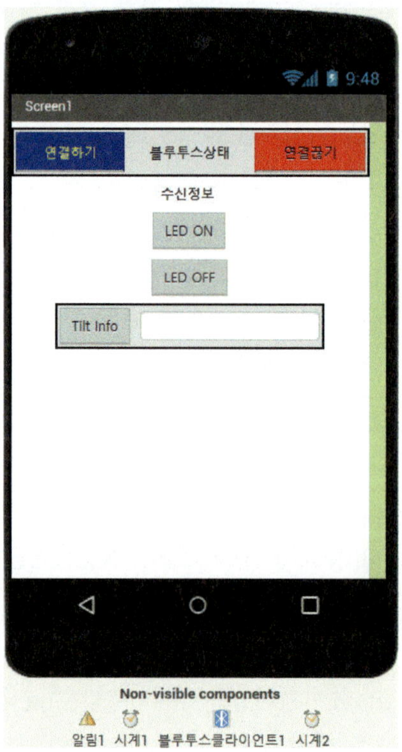

[그림 12-8] 기울기 센서의 센싱 정보 표시 및 디바이스 제어를 위한 앱 UI 화면

(2) 앱 블록 코딩하기

기울기 센서의 센싱 정보 표시 및 디바이스 제어를 위한 앱을 개발하기 위해 블록 코딩을 진행한다. 앱 인벤터의 Blocks 버튼을 클릭하면 그림 12-9의 블록 코딩을 편집할 수 있는 화면으로 바뀌게 된다. 'Tilt Info' 버튼을 누르면 기울기 센서로부터 기울어짐 정보를 수신해서 TextBox에 표시하고, 'LED ON', 'LED OFF' 버튼을 눌렀을 때 아두이노 보드에 연결된 LED를 제어하기 위한 정보를 송신하는 동작을 구현하기 위해 그림 12-9에서와 같이 블록을 추가한다. Screen1에 있는 LED_ON, LED_OFF, Tilt_Info, TextBox1, 블루투스클라이언트1, Built-in에 있는 Text 동작을 위한 블록이며, 표 12-1에서 상세한 내용을 확인할 수 있다.

그림 12-10의 블록에 의해서 'Tilt Info' 버튼을 클릭하면 블루투스 클라이언트가 문자 2를 아두이노로 전송한다. 연결된 블루투스 장치가 기울어짐 정보를 전송하면 TextBox에 '기울어짐!'또는 '정상'을 표시하기 위해 그림 12-11의 블록을 추가한다. 그림 12-12의 블록에 의해서 'LED ON' 버튼을 클릭하면 블루투스 클라이언트가 아두이노로 문자 1을 전송하고, 'LED OFF'를 클릭하면 아두이노로 문자 0을 전송하게 된다.

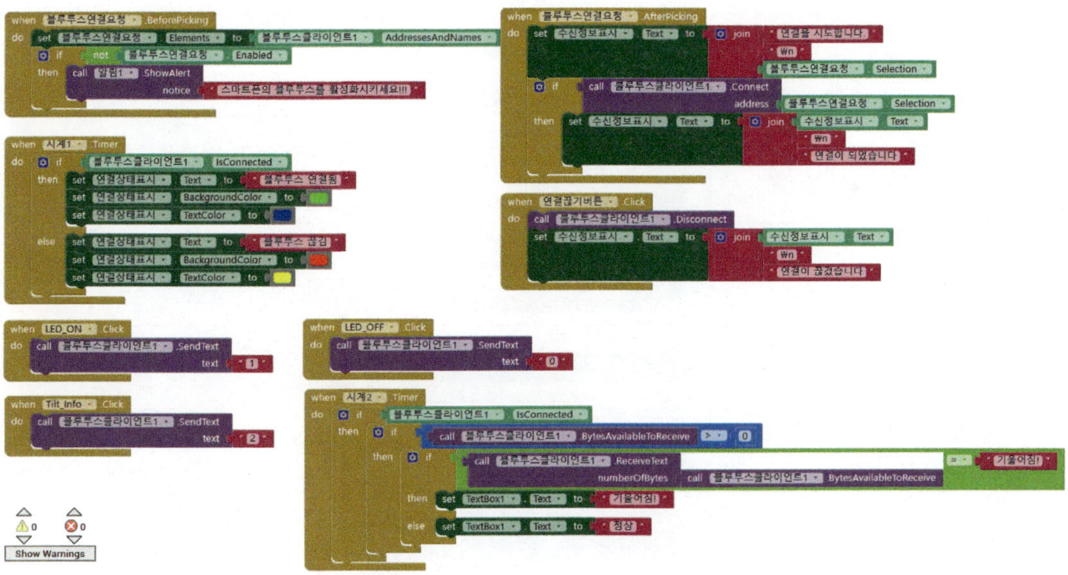

[그림 12-9] 기울기 센서의 센싱 정보 표시 및 디바이스 제어를 위한 앱의 블록 코딩 편집 화면

[그림 12-10] 'Tilt Info' 버튼 동작을 위한 블록

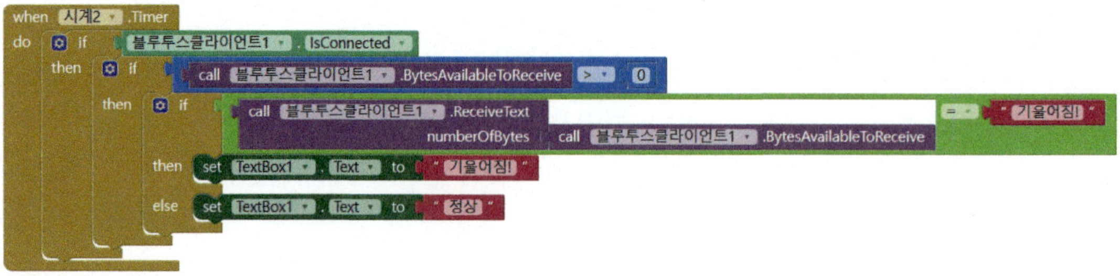

[그림 12-11] 기울어짐 정보 확인을 위한 블록

[그림 12-12] 'LED ON', 'LED OFF' 버튼 동작을 위한 블록

[표 12-1] 기울기 센서의 센싱 정보 표시 및 디바이스 제어를 위한 앱 인벤터 블록

번호	위치	블록	기능
1	Screen1 〉 LED_ON		LED ON 버튼을 클릭했을 때의 동작 구현
2	Screen1 〉 LED OFF		LED OFF 버튼을 클릭했을 때의 동작 구현
3	Screen1 〉 수평배치2 〉 Tilt_Info		Tilt Info 버튼을 클릭했을 때의 동작 구현
4	Screen1 〉 블루투스 클라이언트1		블루투스 장치와의 연결 상태 반환
5	Screen1 〉 블루투스 클라이언트1		블로킹하지 않고 수신할 수 있는 바이트 수를 반환
6	Screen1 〉 블루투스 클라이언트1		연결된 블루투스 장치로부터 문자를 수신
7	Screen1 〉 블루투스 클라이언트1		연결된 블루투스 장치로 문자를 전송
8	Screen1 〉 수평배치2 〉 TextBox1		TextBox1의 내용을 결정
9	Screen1 〉 시계2		타이머가 꺼지면 타이머 이벤트가 실행
10	Built-in 〉 Text		내용의 문자열 입력

11	Built-in 〉 Control		if의 조건을 만족하면 then의 내용을 실행
12	Built-in 〉 Control		if의 조건을 만족하면 then의 내용을 실행하고, 조건을 만족하지 않으면 else의 내용을 실행
13	Built-in 〉 Logic		좌변, 우변이 같은지 비교해서 TRUE 또는 FALSE 반환
14	Built-in 〉 Math		좌변, 우변의 수를 비교해서 좌변의 수가 크면 TRUE를 반환하고, 우변의 수가 크면 FALSE를 반환
15	Built-in 〉 Math		수를 0으로 입력
16	Built-in 〉 Text		내용의 문자열 입력

(3) 기울기 센서를 이용한 원격 제어하기

앱 인벤터로 개발한 기울기 센서의 센싱 정보 표시 및 디바이스 제어를 위한 앱을 이용하여 아두이노 보드에 연결한 LED를 제어한다. 동작 확인을 위한 절차는 아래와 같으며, 앞에서 설명한 아두이노 프로그램과 앱 블록 코딩대로 동작하는지 확인한다.

① 12.1.1 (2)의 기울기 센서를 이용한 원격 제어 회로를 구성한다.

② 12.1.2 (2)의 아두이노 프로그램을 아두이노 보드에 업로드한다.

③ 12.1.3 (1)~12.1.3 (2)에서 개발한 bt_conn_TiltSensor.aia 불러와서 스마트 기기에 설치한 MIT AI2 Companion 앱을 실행하고, 앱 인벤터의 Connect 메뉴의 'AI Companion'을 선택하여 스마트 기기와 앱 인벤터를 연결한다. 한편 앱을 스마트 기기에 직접 설치하여 동작을 확인할 수도 있으며, 이를 위해서 프로젝트를 빌드하고, 생성한 apk 파일을 스마트 기기로 복사하여 설치한다.

④ 앱의 '연결하기' 버튼을 클릭하고, 등록된 블루투스 기기 중에서 아두이노 보드에 연결된 블루투스 모듈을 선택한다.

⑤ 앱 화면의 수신정보에서 연결되었다는 메시지를 확인하고, 'Tilt Info' 버튼을 클릭하여 기울어짐 정보를 확인한다. TextBox에 '기울어짐!'이 표시되면 'LED ON' 버튼을 클릭하여 LED가 점등되는지 확인한다.

(4) 기울기 센서를 이용한 원격 제어 과제 구현하기

12.1.3 (1)~12.1.3 (2)에서 개발한 앱은 'Tilt Info' 버튼을 클릭하여 기울어짐 정보를 확인하고, LED를 원격으로 제어하는 방식이다. TextBox의 내용이 '기울어짐!'으로 표시되면 'LED ON' 버튼을 이용해서 LED가 점등되도록 한다. 'LED ON' 버튼을 클릭하면 1이 전송되고, 아두이노 프로그램에서는 블루투스 통신으로 수신한 데이터를 확인해서 LED가 점등되도록 제어한다. 'LED OFF' 버튼을 클릭하면 0이 전송되고, LED가 점멸된다. 12장의 기울기 센서 과제는 'Tilt Info' 버튼을 삭제하고, Label을 추가한다. Label의 명칭은 '기울어짐 정보'로 변경한다. Components의 명칭은 영문으로 작성해야 하며, 'Tilt_Info'로 수정한다. Properties의 명칭은 '기울어짐 정보'로 수정한다. 완성한 앱 UI 화면은 그림 12-13과 같다.

아두이노 프로그램은 기울어짐을 감지하면 센싱 정보를 블루투스 통신으로 전송하도록 변경한다. 12.1.2.2의 아두이노 프로그램은 if 조건문을 이용하여 앱에서 'Tilt Info' 버튼을 클릭할 때 전송되는 문자 2가 수신되면 기울어짐 정보를 전송하도록 작성되어 있다.

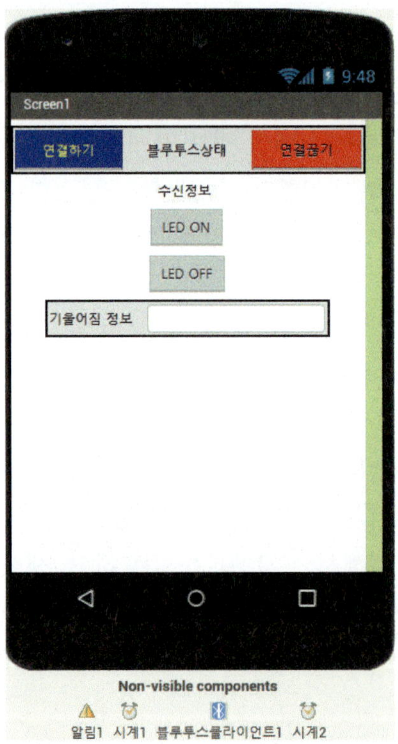

[그림 12-13] 기울기 센서 과제 구현한 앱 UI 화면

12.2 포토 인터럽터(Photo Interrupter)

12.2.1 회로 구성

(1) 포토 인터럽터를 이용한 제어 회로 구성하기

포토 인터럽터(photo interrupter)는 적외선 발광 다이오드(송신부)와 포토트랜지스터(수신부)로 구성된 물체 감지 센서이다. 적외선 발광 다이오드와 포토트랜지스터 사이에 물체가 없을 경우, 적외선 발광 다이오드에서 방출되는 광선이 포토트랜지스터로 수신되어 광전류가 흐르게 되며, 센서는 LOW 레벨의 디지털 신호를 출력하게 된다. 만약 송신부와 수신부 사이에 물체가 있으면 적외선이 차단되어 수신되지 않고, 센서는 HIGH 레벨의 디지털 신호를 출력하게 된다. 포토 인터럽터의 제품 형상은 그림 12-14와 같다.

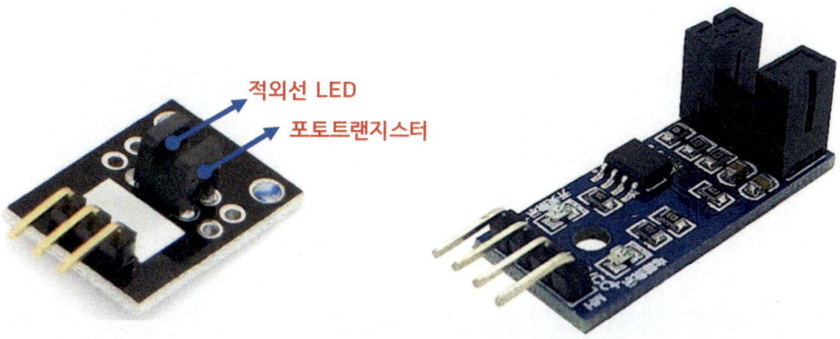

[그림 12-14] 포토 인터럽터 제품 형상

그림 12-15는 아두이노, 브레드보드, 저항, DIP 타입 LED, 포토 인터럽터로 구성된 포토 인터럽터를 이용한 LED 제어 회로 구성을 보여준다. LED ON/OFF 제어를 위한 디지털 핀인 4번 핀은 저항, LED와 직렬로 연결한다. 저항은 LED에 걸리는 전압을 정격전압에 맞추기 위한 용도로 사용하며, LED의 Anode(+)는 전원의 양극과 연결하고 Cathode(-)는 접지와 연결한다. 포토 인터럽터는 모듈 형태의 제품이며, VCC, GND, D0, A0 핀을 가지고 있다. 포토 인터럽터의 VCC 핀은 아두이노 보드의 5V 핀과 연결하고, GND 핀은 아두이노 보드의 GND 핀에 연결한다. 물체 감지 여부에 따라서 0과 1의 디지털 신호를 출력하는 D0 핀은 아두이노 보드의 7번 디지털 핀과 연결한다. A0 핀은 사용하지 않으므로 연결하지 않는다.

[그림 12-15] 포토 인터럽터를 이용한 LED 제어 회로

(2) 포토 인터럽터를 이용한 원격 제어 회로 구성하기

그림 12-16은 블루투스 모듈과 포토 인터럽터를 이용한 LED 원격 제어 회로 구성을 보여준다. 블루투스 모듈 연결부를 제외하고는 그림 12-15의 회로와 동일하다. 포토 인터럽터의 센싱 정보를 수신하고, 디바이스를 원격으로 제어하기 위해 블루투스 모듈을 사용한다. 블루투스 모듈의 RXD 핀은 아두이노 보드의 3번 핀과 연결하고, TXD 핀은 아두이노 보드의 2번 핀과 연결한다.

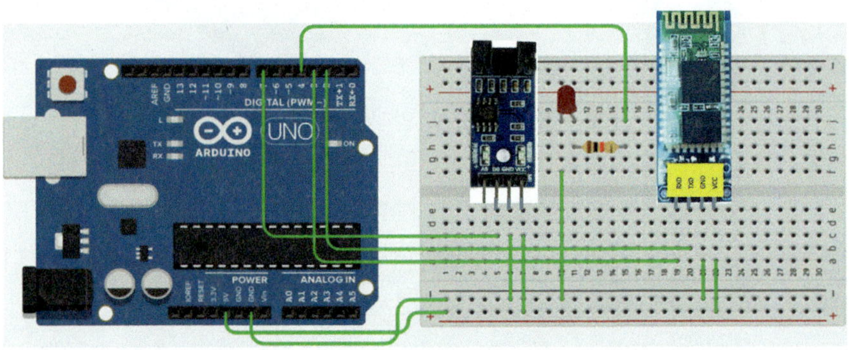

[그림 12-16] 포토 인터럽터를 이용한 LED 원격 제어 회로

12.2.2 아두이노 프로그램

(1) 포토 인터럽터를 이용한 제어 프로그램 작성하기

아래 프로그램은 포토 인터럽터를 이용하여 LED ON/OFF 동작을 제어하기 위한 소스 코드이다. setup 함수에서 핀 할당과 입·출력을 설정한다. loop 함수에서 포토 인터럽터의 출력을 읽어서 물체를 감지하면 LED가 점등되는 동작을 구현하는 코드를 작성한다.

```
1   int pin_LED = 4;
2   int pin_PI = 7;
3   int Output_PI;
4
5   void setup()
6   {
7     pinMode(pin_LED, OUTPUT);
8     pinMode(pin_PI, INPUT);
9
10    digitalWrite(pin_LED, LOW);
11  }
12
13  void loop()
14  {
15    Output_PI = digitalRead(pin_PI);
16
17    if(Output_PI == HIGH)
18      digitalWrite(pin_LED, HIGH);
19    else
20      digitalWrite(pin_LED, LOW);
21  }
```

포토 인터럽터를 이용한 LED 제어 프로그램을 상세히 설명하면 다음과 같다.

[1] : LED를 제어하기 위한 핀을 나타내는 pin_LED 변수를 정수형으로 선언하고, 값을 4로 설정한다.

[2] : 포토 인터럽터의 출력을 확인하기 위한 핀을 나타내는 pin_PI 변수를 정수형으로 선언하고, 값을 7로 설정한다.

[3] : 포토 인터럽터의 출력을 저장하기 위한 Output_PI 변수를 정수형으로 선언한다.

[7] : pinMode 함수를 이용하여 4번(pin_LED) 핀을 출력으로 설정한다.

[8] : pinMode 함수를 이용하여 7번(pin_PI) 핀을 입력으로 설정한다.

[10] : digitalWrite 함수를 이용하여 4번 핀의 출력을 LOW 레벨로 설정한다. LED의 초기 상태는 OFF이며, 점멸된 상태로 시작하게 된다.

[15] : digitalRead 함수를 이용하여 7번 핀의 입력 레벨을 읽어서 Output_PI 변수에 저장한다.

[17~18] : Output_PI 변수의 값이 HIGH이면 4번 핀으로 HIGH 레벨을 출력하여 LED를 점등시킨다.

[19~20] : Output_PI 변수의 값이 LOW이면 4번 핀으로 LOW 레벨을 출력하여 LED를 점멸시킨다.

실제 아두이노 보드를 프로그래밍하기 위해서는 아두이노 IDE(통합개발환경)를 실행하고, 포토 인터럽터를 이용한 LED 제어 프로그램을 작성한다. 컴파일하기 위한 사전 작업으로 'Tools' 메뉴에서 'Board'는 사용하는 아두이노 모델로 선택하고, 'Port'는 보드를 연결한 시리얼 포트를 선택한다. 다음으로 'Sketch' 메뉴의 'Verify/Compile'을 선택하여 컴파일하고, 에러가 없으면 'Upload'를 선택하여 보드를 프로그래밍한다.

PhotoInterrupter.ino

```
int pin_LED = 4;
int pin_PI = 7;
int Output_PI;

void setup()
{
  pinMode(pin_LED, OUTPUT);
  pinMode(pin_PI, INPUT);

  digitalWrite(pin_LED, LOW);
}

void loop()
{
  Output_PI = digitalRead(pin_PI);

  if(Output_PI == HIGH)
    digitalWrite(pin_LED, HIGH);
  else
    digitalWrite(pin_LED, LOW);
}
```

[그림 12-17] 포토 인터럽터를 이용한 LED 제어 프로그램을 작성한 아두이노 IDE 화면

(2) 포토 인터럽터를 이용한 원격 제어 프로그램 작성하기

아래 프로그램은 포토 인터럽터를 이용하여 원격으로 디바이스를 제어하기 위한 소스 코드이다. 우선 블루투스 모듈과 신호를 송수신하기 위한 핀을 설정하기 위한 라이브러리인 SoftwareSerial 헤더 파일을 포함한다. setup 함수에서 사용하는 아두이노 핀의 입 · 출력을 설정하고, 시리얼 통신속도를 설정한다. loop 함수에서는 포토 인터럽터의 출력을 읽어서 블루투스 통신으로 송신하고, 앱에서 수신한 정보를 기반으로 디바이스의 동작 제어를 위한 코드를 작성한다. 아래의 예제 프로그램은 LED를 디바이스로 선택한 경우이다.

```
#include <SoftwareSerial.h>

SoftwareSerial mySerial(2,3);

int pin_LED = 4;
```

```
6   int pin_PI = 7;
7   int Output_PI;
8
9   void setup()
10  {
11    mySerial.begin(9600);
12
13    pinMode(pin_LED, OUTPUT);
14    pinMode(pin_PI, INPUT);
15
16    digitalWrite(pin_LED, LOW);
17  }
18
19  void loop()
20  {
21    Output_PI = digitalRead(pin_PI);
22
23    if(mySerial.available())
24    {
25      char RxData = mySerial.read();
26
27      if(RxData == '1')
28        digitalWrite(pin_LED, HIGH);
29      else if(RxData == '0')
30        digitalWrite(pin_LED, LOW);
31      else
32      {
33          if(Output_PI == HIGH)
34            mySerial.print("감지!");
35          else
36            mySerial.print("안전!");
37      }
38    }
39  }
```

포토 인터럽터를 이용한 디바이스 원격 제어 프로그램을 상세히 설명하면 다음과 같다.

[1] : SoftwareSerial 헤더 파일을 포함한다.

[3] : SoftwareSerial 클래스 객체를 선언한다. 객체의 명칭은 mySerial이며, 원하는 명칭으로 변경할 수 있다. 매개 변수인 Rx, Tx 핀은 각각 2, 3으로 지정한다.

[5] : LED를 제어하기 위한 핀을 나타내는 pin_LED 변수를 정수형으로 선언하고, 값을 4로

설정한다.

[6] : 포토 인터럽터 출력을 확인하기 위한 핀을 나타내는 pin_PI 변수를 정수형으로 선언하고, 값을 7로 설정한다.

[7] : 포토 인터럽터 출력을 저장하기 위한 Output_PI 변수를 정수형으로 선언한다.

[11] : SoftwareSerial을 이용하여 만든 시리얼 포트 (Tx : 3번 핀, Rx : 2번 핀)의 통신속도를 9600bps 설정한다.

[13] : pinMode 함수를 이용하여 4번(pin_LED) 핀을 출력으로 설정한다.

[14] : pinMode 함수를 이용하여 7번(pin_PI) 핀을 입력으로 설정한다.

[16] : digitalWrite 함수를 이용하여 4번 핀의 출력을 LOW 레벨로 설정한다. LED의 초기 상태는 OFF이며, 점멸된 상태로 시작하게 된다.

[21] : digitalRead 함수를 이용하여 7번 핀의 입력 레벨을 읽어서 Output_PI 변수에 저장한다.

[23] : 블루투스 모듈과 연결된 시리얼 통신 수신 핀이 수신 대기 상태에 있는지를 확인한다. 수신 대기 상태에 있지 않거나 버퍼가 비어 있는 경우에는 0을 반환하므로 0이 아닌 경우 조건문을 만족하여 내부 소스 코드가 실행된다.

[25] : 문자 변수 RxData에 블루투스 모듈을 통해 수신한 데이터를 읽어서 저장한다.

[27~28] : RxData의 값이 문자 '1'과 같으면 4번 핀으로 HIGH 레벨을 출력하여 LED를 점등시킨다.

[29~30] : RxData의 값이 문자 '0'과 같으면 4번 핀으로 LOW 레벨을 출력하여 LED를 점멸시킨다.

[31~37] : RxData의 값이 문자 '0', '1' 이외의 다른 값, 즉 '2'와 같으면 포토 인터럽터의 센싱 정보를 아래와 같이 전송한다.

- Output_PI 변수의 값이 HIGH이면 mySerial의 print 함수를 이용하여 문자열 '감지!' 을 전송한다.
- Output_PI 변수의 값이 LOW이면 mySerial의 print 함수를 이용하여 문자열 '안전!' 을 전송한다.

실제 아두이노 보드를 프로그래밍하기 위해서는 아두이노 IDE(통합개발환경)를 실행하고, 포토 인터럽터를 이용한 디바이스 원격 제어 프로그램을 작성한다. 그림 12-18은 아두이노 IDE를 실행하여 포토 인터럽터를 이용한 디바이스 원격 제어 프로그램을 작성한 화면이다.

PhotoInterrupter_Remote.ino

```
#include <SoftwareSerial.h>

SoftwareSerial mySerial(2,3);

int pin_LED = 4;
int pin_PI = 7;
int Output_PI;

void setup()
{
  mySerial.begin(9600);

  pinMode(pin_LED, OUTPUT);
  pinMode(pin_PI, INPUT);

  digitalWrite(pin_LED, LOW);
}

void loop()
{
  Output_PI = digitalRead(pin_PI);

  if(mySerial.available())
  {
    char RxData = mySerial.read();

    if(RxData == '1')
      digitalWrite(pin_LED, HIGH);
    else if(RxData == '0')
      digitalWrite(pin_LED, LOW);
    else
    {
      if(Output_PI == HIGH)
        mySerial.print("감지!");
      else
        mySerial.print("안전!");
    }
  }
}
```

[그림 12-18] 포토 인터럽터를 이용한 디바이스 원격 제어 프로그램을 작성한 아두이노 IDE 화면

12.2.3 포토 인터럽터 제어 앱

(1) 앱 UI 디자인하기

블루투스 무선통신을 이용하여 포토 인터럽터의 센싱 정보를 표시하고, 디바이스를 원격으로 제어하기 위한 앱은 교재 3장에서 제공하는 bt_conn.aia를 활용하여 앱 인벤터로 제작한다. 본 절에서는 bt_conn.aia 파일을 이용하여 bt_conn_PhotoInterrupter.aia로 파일명을 변경하고, 센싱 정보 표시 및 디바이스 제어를 위해 UI 디자인을 변경한다.

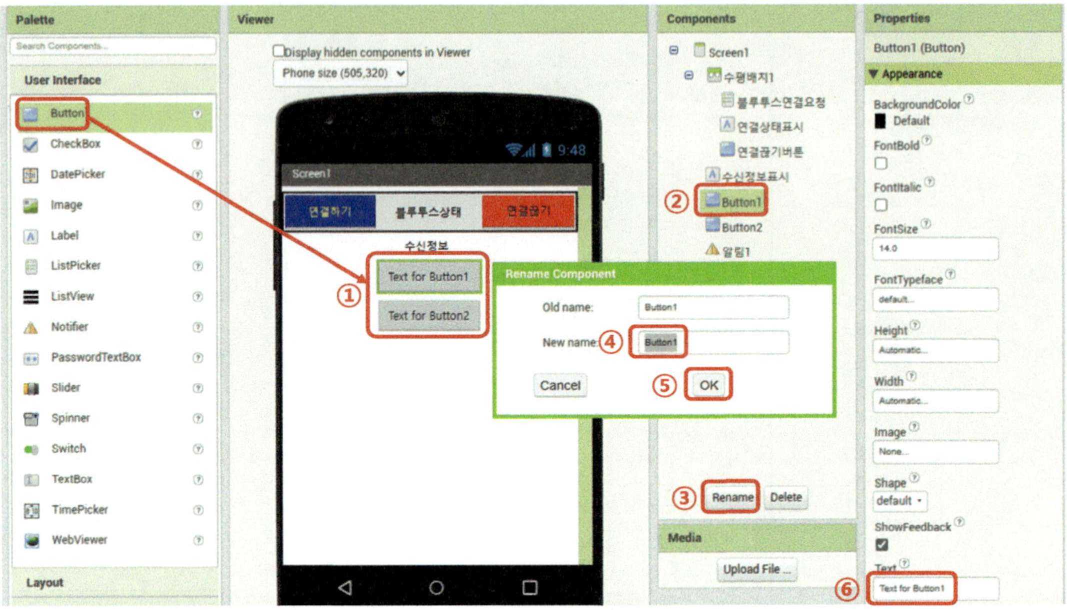

[그림 12-19] 포토 인터럽터의 센싱 정보 표시 및 디바이스 제어를 위한 UI 화면 디자인 과정 1

우선 앱 인벤터를 실행하고 내 프로젝트에서 bt_conn_PhotoInterrupter.aia 파일을 선택하여 불러온다. 스마트 기기에 설치한 MIT AI2 Companion 앱을 실행하고, 앱 인벤터의 Connect 메뉴의 'AI Companion'을 선택하여 스마트 기기와 앱 인벤터를 연결한다. 이렇게 하면 앱 인벤터에서 변경한 디자인을 스마트 기기에서 확인할 수 있다. 기본 디자인에서 LED를 원격으로 제어하기 위해 그림 12-19에 나타낸 순서대로 User Interface에서 버튼을 두 개 추가하고, 명칭을 각각 'LED ON', 'LED OFF'로 수정한다. 버튼은 선택하여 drag & drop 하면 Viewer에 추가되고, 명칭은 Components와 Properties 모두 변경해야 한다. Components의 명칭은 영문으로 작성해야 하며, 각각 'LED_ON'과 'LED_OFF'로 수정한다. Properties의 명칭은 각각 'LED ON'과 'LED OFF'로 수정한다.

앱 인벤터의 Designer에서 수평 배치를 위한 Layout의 HorizontalArrangement를 추가하고, User Interface의 Button과 TextBox를 추가한다. 그리고 그림 12-20의 ①과 같이 추가한 Button과 TextBox를 HorizontalArrangement 안으로 넣어서 같은 수평 라인이 배치되도록 한다. 구성 요소의 폭과 높이는 Properties에서 변경할 수 있으며, HorizontalArrangement의 AlignVertical을 'Center:2'로 변경하여 Button과 TextBox를 가운데 배치되도록 한다. HorizontalArrangement의 명칭은 '수평배치2'로 변경한다. Button의 명칭은 ②~④ 순서대로 명칭을 'Object Detection Info'로 변경한다. Components의 명칭은 'OD_Info'로 수정하고, Properties의 명칭은 'Object Detection Info'로 수정한다. TextBox의 TextAlignment는 'center:1'로 수정하여 글자가 가운데 배치되도록 한다. 완성한 앱 UI 화면은 그림 12-21과 같다.

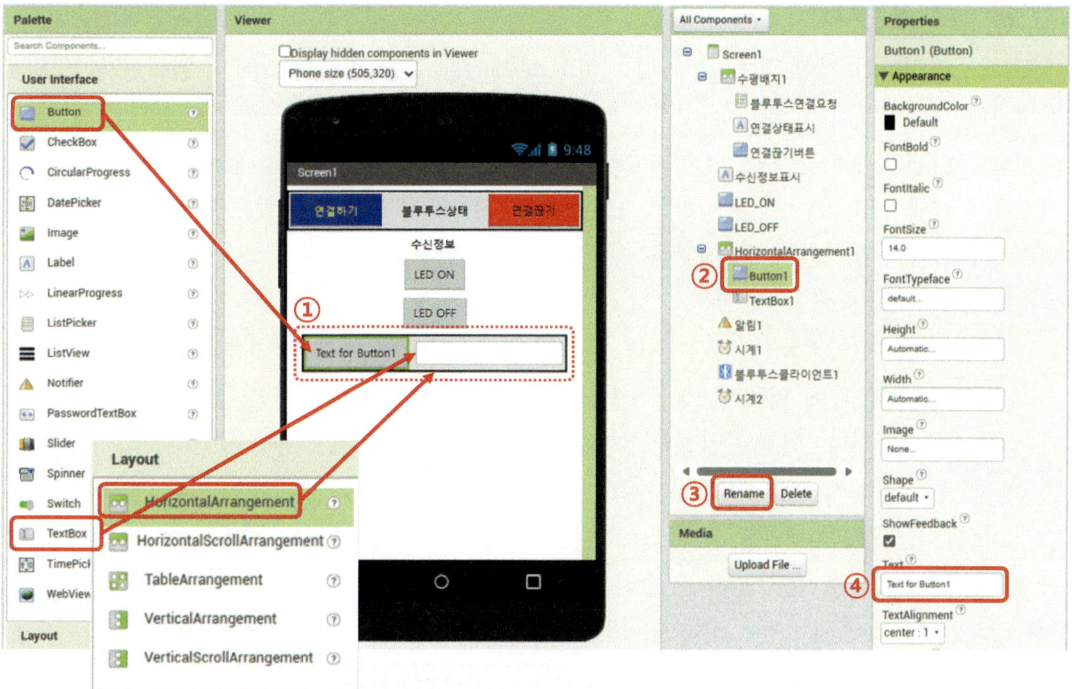

[그림 12-20] 포토 인터럽터의 센싱 정보 표시 및 디바이스 제어를 위한 UI 화면 디자인 과정 2

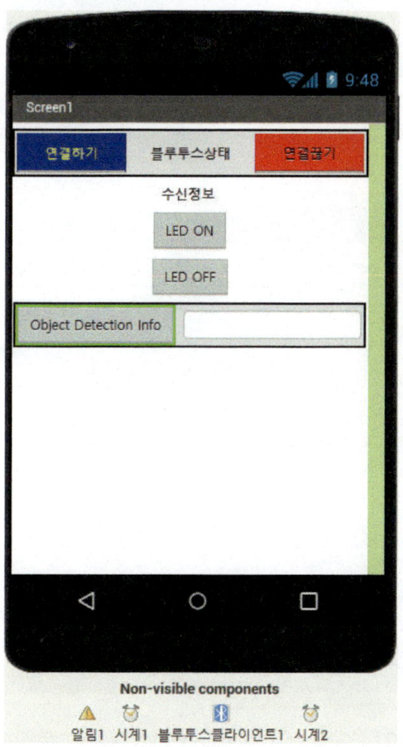

[그림 12-21] 포토 인터럽터의 센싱 정보 표시 및 디바이스 제어를 위한 앱 UI 화면

(2) 앱 블록 코딩하기

포토 인터럽터의 센싱 정보 표시 및 디바이스 제어를 위한 앱을 개발하기 위해 블록 코딩을 진행한다. 앱 인벤터의 Blocks 버튼을 클릭하면 그림 12-22의 블록 코딩을 편집할 수 있는 화면으로 바뀌게 된다. 'Object Detection Info' 버튼을 누르면 포토 인터럽터로부터 물체 감지 정보를 수신해서 TextBox에 표시하고, 'LED ON', 'LED OFF' 버튼을 눌렀을 때 아두이노 보드에 연결된 LED를 제어하기 위한 정보를 송신하는 동작을 구현하기 위해 그림 12-22에서와 같이 블록을 추가한다. Screen1에 있는 LED_ON, LED_OFF, OD_Info, TextBox1, 블루투스클라이언트1, Built-in에 있는 Text 동작을 위한 블록이며, 표 12-2에 상세한 내용을 확인할 수 있다.

그림 12-23의 블록에 의해서 'Object Detection Info' 버튼을 클릭하면 블루투스 클라이언트가 문자 2을 전송한다. 연결된 블루투스 장치가 물체 감지 정보를 전송하면 TextBox에 '감지!'또는 '안전!'을 표시하기 위해 그림 12-24의 블록을 추가한다. 그림 12-25의 블록에 의해서 'LED ON' 버튼을 클릭하면 블루투스 클라이언트가 아두이노로 문자 1을 전송하고, 'LED OFF'를 클릭하면 아두이노로 문자 0을 전송하게 된다.

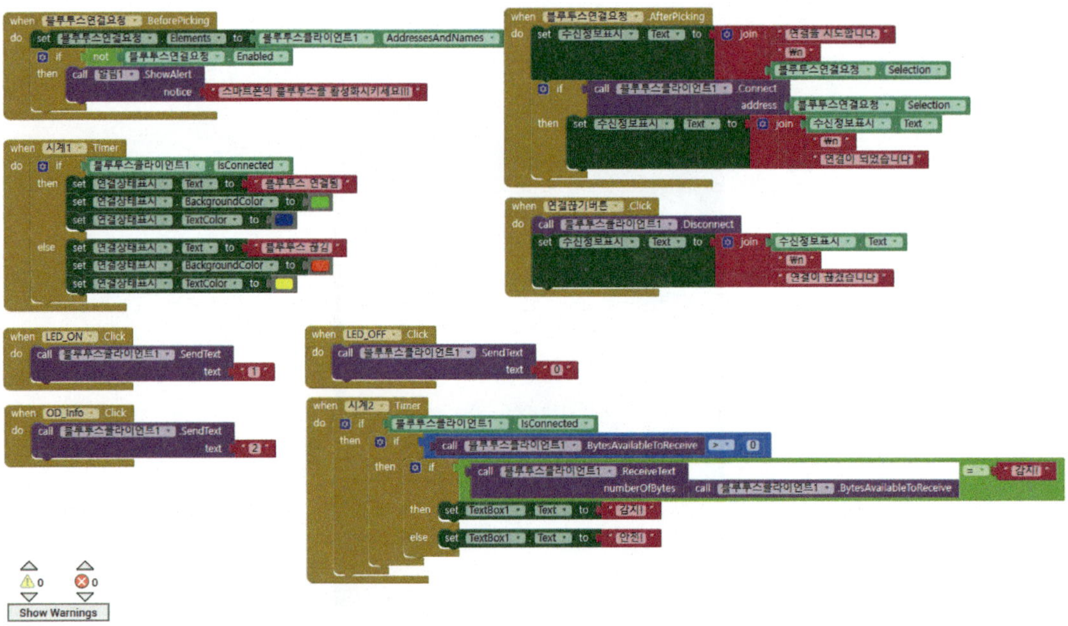

[그림 12-22] 포토 인터럽터의 센싱 정보 표시 및 디바이스 제어를 위한 앱의 블록 코딩 편집 화면

[그림 12-23] 'Object Detection Info' 버튼 동작을 위한 블록

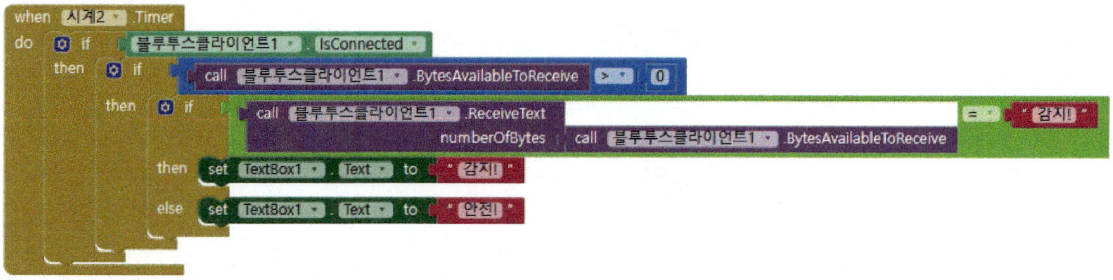

[그림 12-24] 물체 감지 정보 확인을 위한 블록

[그림 12-25] 'LED ON', 'LED OFF' 버튼 동작을 위한 블록

[표 12-2] 포토 인터럽터의 센싱 정보 표시 및 디바이스 제어를 위한 앱 인벤터 블록

번호	위치	블록	기능
1	Screen1 〉 LED_ON		LED ON 버튼을 클릭했을 때의 동작 구현
2	Screen1 〉 LED OFF	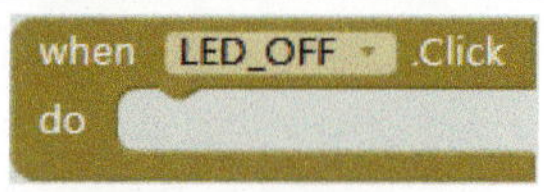	LED OFF 버튼을 클릭했을 때의 동작 구현
3	Screen1 〉 수평배치2 〉 OD_Info	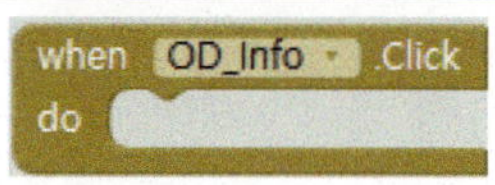	Object Detection Info 버튼을 클릭했을 때의 동작 구현
4	Screen1 〉 블루투스 클라이언트1		블루투스 장치와의 연결 상태 반환
5	Screen1 〉 블루투스 클라이언트1		블로킹하지 않고 수신할 수 있는 바이트 수를 반환
6	Screen1 〉 블루투스 클라이언트1		연결된 블루투스 장치로부터 문자를 수신
7	Screen1 〉 블루투스 클라이언트1		연결된 블루투스 장치로 문자를 전송
8	Screen1 〉 수평배치2 〉 TextBox1		TextBox1의 내용을 결정
9	Screen1 〉 시계2		타이머가 꺼지면 타이머 이벤트가 실행
10	Built-in 〉 Text	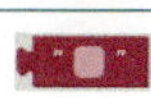	내용의 문자열 입력

11	Built-in 〉 Control		if의 조건을 만족하면 then의 내용을 실행
12	Built-in 〉 Control		if의 조건을 만족하면 then의 내용을 실행하고, 조건을 만족하지 않으면 else의 내용을 실행
13	Built-in 〉 Logic		좌변, 우변이 같은지 비교해서 TRUE 또는 FALSE 반환
14	Built-in 〉 Math		좌변, 우변의 수를 비교해서 좌변의 수가 크면 TRUE를 반환하고, 우변의 수가 크면 FALSE를 반환
15	Built-in 〉 Math		수를 0으로 입력
16	Built-in 〉 Text		내용의 문자열 입력

(3) 포토 인터럽터를 이용한 원격 제어하기

앱 인벤터로 개발한 포토 인터럽터의 센싱 정보 표시 및 디바이스 제어를 위한 앱을 이용하여 아두이노 보드에 연결한 LED를 제어한다. 동작 확인을 위한 절차는 아래와 같으며, 앞에서 설명한 아두이노 프로그램과 앱 블록 코딩대로 동작하는지 확인한다.

① 12.2.1 (2)의 포토 인터럽터를 이용한 원격 제어 회로를 구성한다.

② 12.2.2 (2)의 아두이노 프로그램을 아두이노 보드에 업로드한다.

③ 12.2.3 (1)~12.2.3 (2)에서 개발한 bt_conn_PhotoInterrupter.aia 불러와서 스마트 기기에 설치한 MIT AI2 Companion 앱을 실행하고, 앱 인벤터의 Connect 메뉴의 'AI Companion'을 선택하여 스마트 기기와 앱 인벤터를 연결한다. 한편 앱을 스마트 기기에 직접 설치하여 동작을 확인할 수도 있으며, 이를 위해서 프로젝트를 빌드하고, 생성한 apk 파일을 스마트 기기로 복사하여 설치한다.

④ 앱의 '연결하기' 버튼을 클릭하고, 등록된 블루투스 기기 중에서 아두이노 보드에 연결된 블루투스 모듈을 선택한다.

⑤ 앱 화면의 수신정보에서 연결되었다는 메시지를 확인하고, 'Object Detection Info' 버튼을 클릭하여 물체 감지 정보를 확인한다. TextBox에 '감지!'가 표시되면 'LED ON' 버튼을 클릭하여 LED가 점등되는지 확인한다.

(4) 포토 인터럽터를 이용한 원격 제어 과제 구현하기

12.2.3 (1)~12.2.3 (2)에서 개발한 앱은 'Object Detection Info' 버튼을 클릭하여 물체 감지 정보를 확인하고, LED를 원격으로 제어하는 방식이다. TextBox의 내용이 '감지!'로 표시되면 'LED ON' 버튼을 이용해서 LED가 점등되도록 한다. 'LED ON' 버튼을 클릭하면 1이 전송되고, 아두이노 프로그램에서는 블루투스 통신으로 수신한 데이터를 확인해서 LED가 점등되도록 제어한다. 'LED OFF' 버튼을 클릭하면 0이 전송되고, LED가 점멸된다. 12장의 포토 인터럽터 과제는 'Object Detection Info' 버튼을 삭제하고, Label을 추가한다. Label의 명칭은 '물체 감지 정보'로 변경한다. Components의 명칭은 영문으로 작성해야 하며, 'OD_Info'로 수정한다. Properties의 명칭은 '물체 감지 정보'로 수정한다. 완성한 앱 UI 화면은 그림 12-26과 같다.

아두이노 프로그램은 앱에서 'Object Detection Info' 버튼을 클릭할 때 전송되는 문자 2가 수신되면 물체 감지 정보를 전송하도록 되어 있는데, 물체를 감지하면 센싱 정보를 블루투스 통신으로 전송되도록 변경한다.

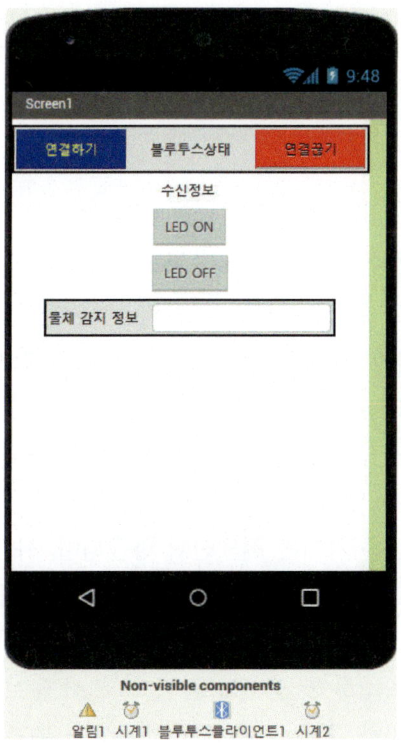

[그림 12-26] 포토 인터럽터 과제 구현한 앱 UI 화면

13 CHAPTER 감지 센서2

학습목표

- PIR 적외선 센서를 이용한 원격 제어 회로를 구성하고, 아두이노 프로그램을 작성할 수 있다.
- 앱 인벤터를 이용하여 PIR 적외선 센서를 이용한 원격 제어를 위한 앱을 개발할 수 있다.
- 앱 인벤터와 아두이노 그리고 초음파 센서를 이용하여 스마트 폰으로 자동차 주행 시 장애물의 위치를 파악하고, 거리에 따른 자동차의 상태를 표시하고, LED와 부저음을 제어할 수 있다.

13.1 PIR 적외선 센서

13.1.1 회로 구성

(1) PIR 적외선 센서를 이용한 제어 회로 구성하기

PIR(passive infrared) 적외선 센서는 사람처럼 체온을 가지는 생명체가 발산하는 적외선을 감지하는 센서이다. PIR 적외선 센서의 종류는 그림 13-1과 같으며, 적외선 감지기의 덮개로 집광 역할을 하는 프레즈넬(Fresnel) 렌즈를 사용한다. 감지 각도 범위 안에서 적외선의 변화를 감지하여 생명체의 움직임을 감지하게 된다. 일반적으로 적외선 수신 감도와 지연 시간을 조정할 수 있는 가변저항기가 있다.

인체에서는 약 9~11㎛ 파장을 가지는 적외선이 방출되며, 사람이 PIR 적외선 센서에 접근하면 인체에서 방출된 적외선이 프레즈넬 렌즈를 통과하여 센서 표면부에 위치한 윈도우에 입사하게 된다. 프레즈넬 렌즈는 적외선을 통과시키고 센서 표면부에 위치한 윈도우에 적외선을 모아준다. 또한 감지 거리를 확대하고, 감도를 높이고, 센서를 보호하는 역할을 한다. 윈도우는 직사각형 형태를 가지며, 일정한 주파수 대역의 적외선만 통과시키는 편광필터 역할을 하게 된다.

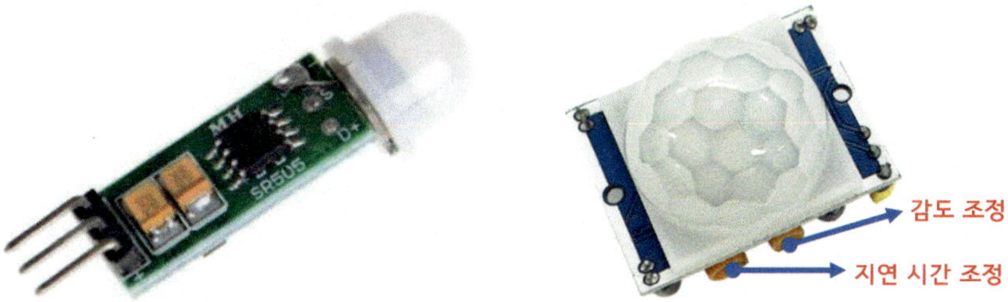

[그림 13-1] PIR 적외선 센서 종류

그림 13-2는 아두이노, 브레드보드, 저항, DIP 타입 LED, PIR 적외선 센서로 구성된 PIR 적외선 센서를 이용한 LED 제어 회로 구성을 보여준다. LED ON/OFF 제어를 위한 디지털 핀인 4번 핀은 저항, LED의 Anode(+)와 직렬로 연결된다. 저항은 LED에 걸리는 전압을 정격전압에 맞추기 위한 용도로 사용하며, LED의 Anode(+)는 전원의 양극과 연결하고 Cathode(-)는 접지와 연결한다. PIR 적외선 센서는 모듈 형태의 제품이며, VCC, GND, OUT 핀을 가지고 있다. PIR 적외선 센서의 VCC 핀은 아두이노 보드의 5V 핀과 연결하고, GND 핀은 아두이노 보드의 GND 핀에 연결한다. 생명체의 움직임 감지 여부에 따라서 0과 1의 디지털 신호를 출력하는 OUT 핀은 아두이노 보드의 7번 디지털 핀과 연결한다.

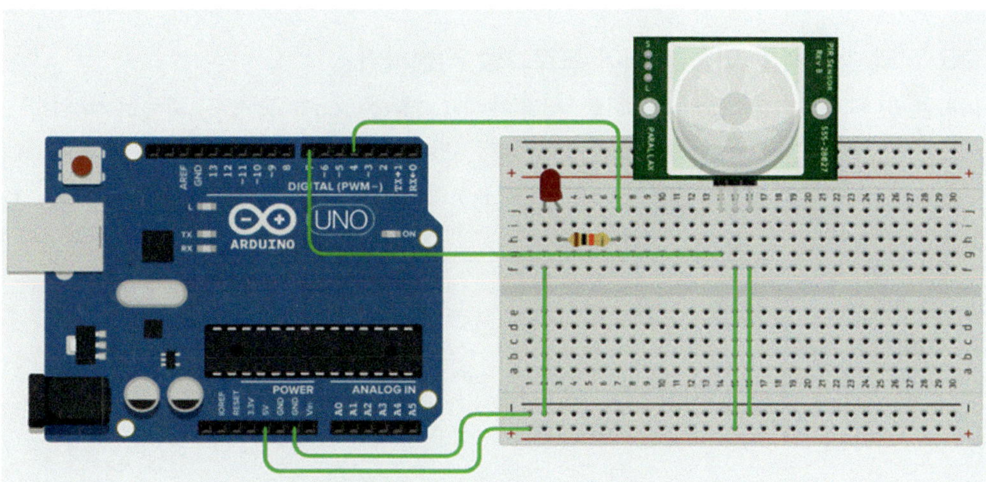

[그림 13-2] PIR 적외선 센서를 이용한 LED 제어 회로

(2) PIR 적외선 센서를 이용한 원격 제어 회로 구성하기

그림 13-3은 블루투스 모듈을 활용한 PIR 적외선 센서를 이용한 LED 원격 제어 회로 구성을 보여준다. 블루투스 모듈 연결부를 제외하고는 그림 13-2의 회로와 동일하다. PIR 적외선 센서의 센싱 정보를 수신하고, 디바이스를 원격으로 제어하기 위해 블루투스 모듈을 사용한다.

블루투스 모듈의 RXD 핀은 아두이노 보드의 3번 핀과 연결하고, TXD 핀은 아두이노 보드의 2번 핀과 연결한다.

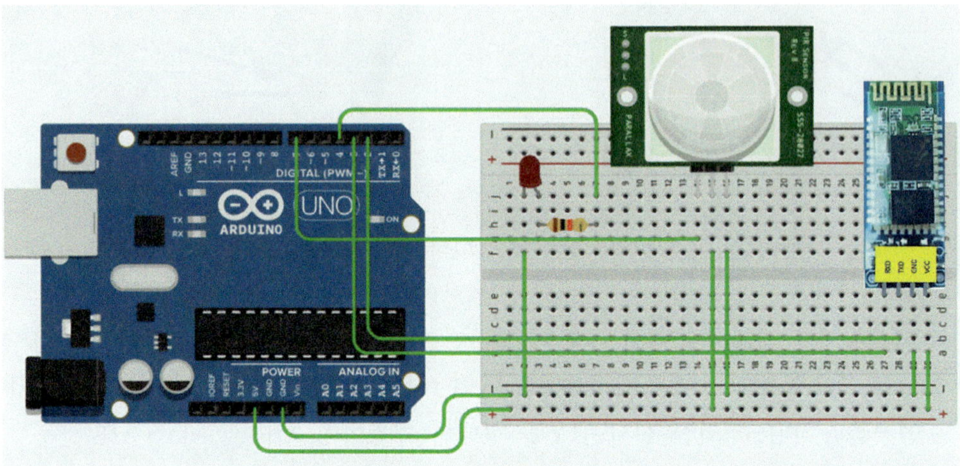

[그림 13-3] PIR 적외선 센서를 이용한 LED 원격 제어 회로

13.1.2 아두이노 프로그램

(1) PIR 적외선 센서를 이용한 제어 프로그램 작성하기

아래 프로그램은 PIR 적외선 센서를 이용하여 LED ON/OFF 동작을 제어하기 위한 소스 코드이다. setup 함수에서 핀 할당과 입 · 출력을 설정한다. loop 함수에서 PIR 적외선 센서의 출력을 읽어서 생명체의 움직임을 감지하면 LED가 점등되는 동작을 구현하는 코드를 작성한다.

```
int pin_LED = 4;
int pin_PIR = 7;
int Output_PIR;

void setup()
{
  pinMode(pin_LED, OUTPUT);
  pinMode(pin_PIR, INPUT);

  digitalWrite(pin_LED, LOW);
}

void loop()
```

```
14  {
15    Output_PIR = digitalRead(pin_PIR);
16
17    if(Output_PIR == HIGH)
18      digitalWrite(pin_LED, HIGH);
19    else
20      digitalWrite(pin_LED, LOW);
21  }
```

PIR 적외선 센서를 이용한 LED 제어 프로그램을 상세히 설명하면 다음과 같다.

[1] : LED를 제어하기 위한 핀을 나타내는 pin_LED 변수를 정수형으로 선언하고, 값을 4로 설정한다.

[2] : PIR 적외선 센서 출력을 확인하기 위한 핀을 나타내는 pin_PIR 변수를 정수형으로 선언하고, 값을 7로 설정한다.

[3] : PIR 적외선 센서 출력을 저장하기 위한 Output_PIR 변수를 정수형으로 선언한다.

[7] : pinMode 함수를 이용하여 4번(pin_LED) 핀을 출력으로 설정한다.

[8] : pinMode 함수를 이용하여 7번(pin_PIR) 핀을 입력으로 설정한다.

[10] : digitalWrite 함수를 이용하여 4번 핀의 출력을 LOW 레벨로 설정한다. LED의 초기 상태는 OFF이며, 점멸된 상태로 시작하게 된다.

[15] : digitalRead 함수를 이용하여 7번 핀의 입력 레벨을 읽어서 Output_PIR 변수에 저장한다.

[17~18] : Output_PIR 변수의 값이 HIGH이면 4번 핀으로 HIGH 레벨을 출력하여 LED를 점등시킨다.

[19~20] : Output_PIR 변수의 값이 LOW이면 4번 핀으로 LOW 레벨을 출력하여 LED를 점멸시킨다.

실제 아두이노 보드를 프로그래밍하기 위해서는 아두이노 IDE(통합개발환경)를 실행하고, PIR 적외선 센서를 이용한 LED 제어 프로그램을 작성한다. 컴파일하기 위한 사전 작업으로 'Tools' 메뉴에서 'Board'는 사용하는 아두이노 모델로 선택하고, 'Port'는 보드를 연결한 시리얼 포트를 선택한다. 다음으로 'Sketch' 메뉴의 'Verify/Compile'을 선택하여 컴파일하고, 에러가 없으면 'Upload'를 선택하여 보드를 프로그래밍한다.

PIR_Control.ino

```
int pin_LED = 4;
int pin_PIR = 7;
int Output_PIR;

void setup()
{
  pinMode(pin_LED, OUTPUT);
  pinMode(pin_PIR, INPUT);

  digitalWrite(pin_LED, LOW);
}

void loop()
{
  Output_PIR = digitalRead(pin_PIR);

  if(Output_PIR == HIGH)
    digitalWrite(pin_LED, HIGH);
  else
    digitalWrite(pin_LED, LOW);
}
```

[그림 13-4] PIR 적외선 센서를 이용한 LED 제어 프로그램을 작성한 아두이노 IDE 화면

(2) PIR 적외선 센서를 이용한 원격 제어 프로그램 작성하기

아래 프로그램은 PIR 적외선 센서를 이용하여 원격으로 디바이스를 제어하기 위한 소스 코드이다. 우선 블루투스 모듈과 신호를 송수신하기 위한 핀을 설정하기 위한 라이브러리인 SoftwareSerial 헤더 파일을 포함한다. setup 함수에서 사용하는 아두이노 핀의 입·출력을 설정하고, 시리얼 통신속도를 설정한다. loop 함수에서는 PIR 적외선 센서의 출력을 읽어서 블루투스 통신으로 송신하고, 앱에서 수신한 정보를 기반으로 디바이스의 동작 제어를 위한 코드를 작성한다. 아래의 예제 프로그램은 LED를 디바이스로 선택한 경우이다.

```
#include <SoftwareSerial.h>

SoftwareSerial mySerial(2,3);

int pin_LED = 4;
int pin_PIR = 7;
int Output_PIR;

void setup()
{
  mySerial.begin(9600);

  pinMode(pin_LED, OUTPUT);
```

```
14    pinMode(pin_PIR, INPUT);
15
16    digitalWrite(pin_LED, LOW);
17  }
18
19  void loop()
20  {
21    Output_PIR = digitalRead(pin_PIR);
22
23    if(mySerial.available())
24    {
25      char RxData = mySerial.read();
26
27      if(RxData == '1')
28        digitalWrite(pin_LED, HIGH);
29      else if(RxData == '0')
30        digitalWrite(pin_LED, LOW);
31      else
32      {
33          if(Output_PIR == HIGH)
34            mySerial.print("움직임 감지!");
35          else
36            mySerial.print("부동");
37      }
38    }
39  }
```

PIR 적외선 센서를 이용한 LED 원격 제어 프로그램을 상세히 설명하면 다음과 같다.

[1] : SoftwareSerial 헤더 파일을 포함한다.

[3] : SoftwareSerial 클래스 객체를 선언한다. 객체의 명칭은 mySerial이며, 원하는 명칭으로 변경할 수 있다. 매개 변수인 Rx, Tx 핀은 각각 2, 3으로 지정한다.

[5] : LED를 제어하기 위한 핀을 나타내는 pin_LED 변수를 정수형으로 선언하고, 값을 4로 설정한다.

[6] : PIR 적외선 센서 출력을 확인하기 위한 핀을 나타내는 pin_PIR 변수를 정수형으로 선언하고, 값을 7로 설정한다.

[7] : PIR 적외선 센서 출력을 저장하기 위한 Output_PIR 변수를 정수형으로 선언한다.

[11] : SoftwareSerial을 이용하여 만든 시리얼 포트(Tx : 3번 핀, Rx : 2번 핀)의 통신속도를 9600bps 설정한다.

[13] : pinMode 함수를 이용하여 4번(pin_LED) 핀을 출력으로 설정한다.

[14] : pinMode 함수를 이용하여 7번(pin_PIR) 핀을 입력으로 설정한다.

[16] : digitalWrite 함수를 이용하여 4번 핀의 출력을 LOW 레벨로 설정한다. LED의 초기 상태는 OFF이며, 점멸된 상태로 시작하게 된다.

[21] : digitalRead 함수를 이용하여 7번 핀의 입력 레벨을 읽어서 Output_PIR 변수에 저장한다.

[23] : 블루투스 모듈과 연결된 시리얼 통신 수신 핀이 수신 대기 상태에 있는지를 확인한다. 수신 대기 상태에 있지 않거나 버퍼가 비어 있는 경우에는 0을 반환하므로 0이 아닌 경우 조건문을 만족하여 내부 소스 코드가 실행된다.

[25] : 문자 변수 RxData에 블루투스 모듈을 통해 수신한 데이터를 읽어서 저장한다.

[27~28] : RxData의 값이 문자 '1'과 같으면 4번 핀으로 HIGH 레벨을 출력하여 LED를 점등시킨다.

[29~30] : RxData의 값이 문자 '0'과 같으면 4번 핀으로 LOW 레벨을 출력하여 LED를 점등시킨다.

[31~37] : RxData의 값이 문자 '0', '1' 이외의 다른 값, 즉 '2'와 같으면 PIR 적외선 센서의 센싱 정보를 아래와 같이 전송한다.

- Output_PIR 변수의 값이 HIGH이면 mySerial의 print 함수를 이용하여 문자열 '움직임 감지!'을 전송한다.
- Output_PIR 변수의 값이 LOW이면 mySerial의 print 함수를 이용하여 문자열 '부동'을 전송한다.

실제 아두이노 보드를 프로그래밍하기 위해서는 아두이노 IDE(통합개발환경)를 실행하고, PIR 적외선 센서를 이용한 LED 원격 제어 프로그램을 작성한다. 그림 13-5는 아두이노 IDE를 실행하여 PIR 적외선 센서를 이용한 LED 원격 제어 프로그램을 작성한 화면이다.

PIR_RemoteControl.ino

```
#include <SoftwareSerial.h>

SoftwareSerial mySerial(2,3);

int pin_LED = 4;
int pin_PIR = 7;
int Output_PIR;

void setup()
{
  mySerial.begin(9600);

  pinMode(pin_LED, OUTPUT);
  pinMode(pin_PIR, INPUT);

  digitalWrite(pin_LED, LOW);
}

void loop()
{
  Output_PIR = digitalRead(pin_PIR);

  if(mySerial.available())
  {
    char RxData = mySerial.read();

    if(RxData == '1')
      digitalWrite(pin_LED, HIGH);
    else if(RxData == '0')
      digitalWrite(pin_LED, LOW);
    else
    {
      if(Output_PIR == HIGH)
        mySerial.print("움직임 감지!");
      else
        mySerial.print("부동");
    }
  }
}
```

[그림 13-5] PIR 적외선 센서를 이용한 LED 원격 제어 프로그램을 작성한 아두이노 IDE 화면

13.1.3 PIR 적외선 센서 제어 앱

(1) 앱 UI 디자인하기

블루투스 무선통신을 이용하여 PIR 적외선 센서의 센싱 정보를 표시하고, 디바이스를 원격으로 제어하기 위한 앱은 교재 3장에서 제공하는 bt_conn.aia를 활용하여 앱 인벤터로 제작한다. 본 절에서는 bt_conn.aia 파일을 이용하여 bt_conn_PIRSensor.aia로 파일명을 변경하고, 센싱 정보 표시 및 디바이스 제어를 위해 UI 디자인을 변경한다.

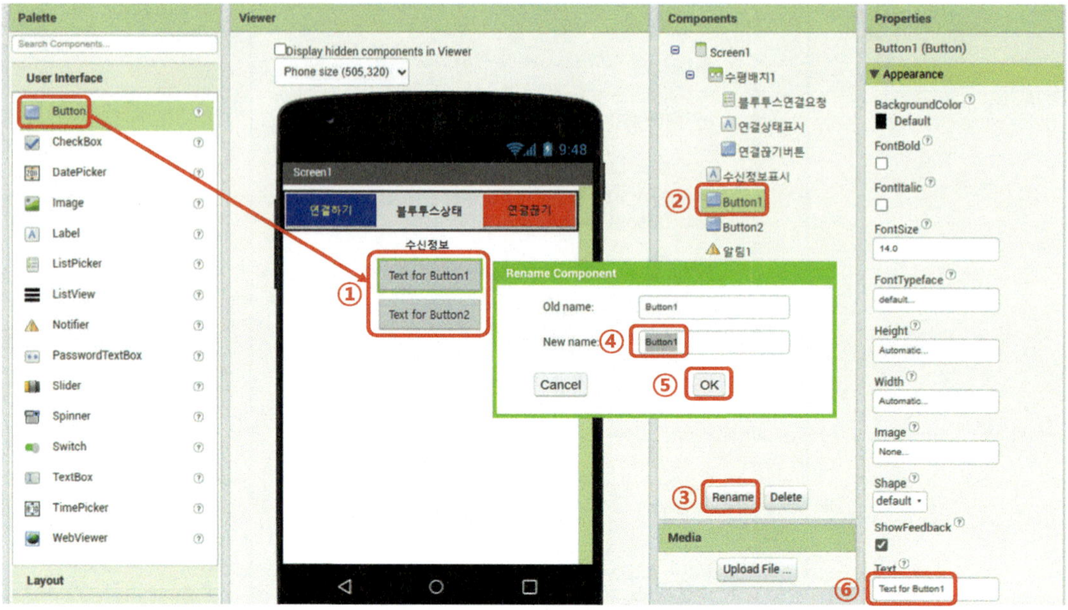

[그림 13-6] PIR 적외선 센서의 센싱 정보 표시 및 디바이스 제어를 위한 UI 화면 디자인 과정 1

우선 앱 인벤터를 실행하고 내 프로젝트에서 bt_conn_PIRSensor.aia 파일을 선택하여 불러온다. 스마트 기기에 설치한 MIT AI2 Companion 앱을 실행하고, 앱 인벤터의 Connect 메뉴의 'AI Companion'을 선택하여 스마트 기기와 앱 인벤터를 연결한다. 이렇게 하면 앱 인벤터에서 변경한 디자인을 스마트 기기에서 확인할 수 있다. 기본 디자인에서 LED를 원격으로 제어하기 위해 그림 13-6에 나타낸 순서대로 User Interface에서 버튼을 두 개 추가하고, 명칭을 각각 'LED ON', 'LED OFF'로 수정한다. 버튼은 선택하여 drag & drop 하면 Viewer에 추가되고, 명칭은 Components와 Properties 모두 변경해야 한다. Components의 명칭은 영문으로 작성해야 하며, 각각 'LED_ON'과 'LED_OFF'로 수정한다. Properties의 명칭은 각각 'LED ON'과 'LED OFF'로 수정한다.

앱 인벤터의 Designer에서 수평 배치를 위한 Layout의 HorizontalArrangement를 추가하고, User Interface의 Button과 TextBox를 추가한다. 그리고 그림 13-7의 ①과 같이 추가한 Button과 TextBox를 HorizontalArrangement 안으로 넣어서 같은 수평 라인이 배치되도록 한다. 구성요소의 폭과 높이는 Properties에서 변경할 수 있으며, HorizontalArrangement의 AlignVertical을 'Center:2'로 변경하여 Button과 TextBox를 가운데 배치되도록 한다. HorizontalArrangement의 명칭은 '수평배치2'로 변경한다. Button의 명칭은 ②~④ 순서대로 명칭을 'Motion Info'로 변경한다. Components의 명칭은 'Motion_Info'로 수정하고, Properties의 명칭은 'Motion Info'로 수정한다. TextBox의 TextAlignment는 'center:1'로 수정하여 글자가 가운데 배치되도록 한다. 완성한 앱 UI 화면은 그림 13-8과 같다.

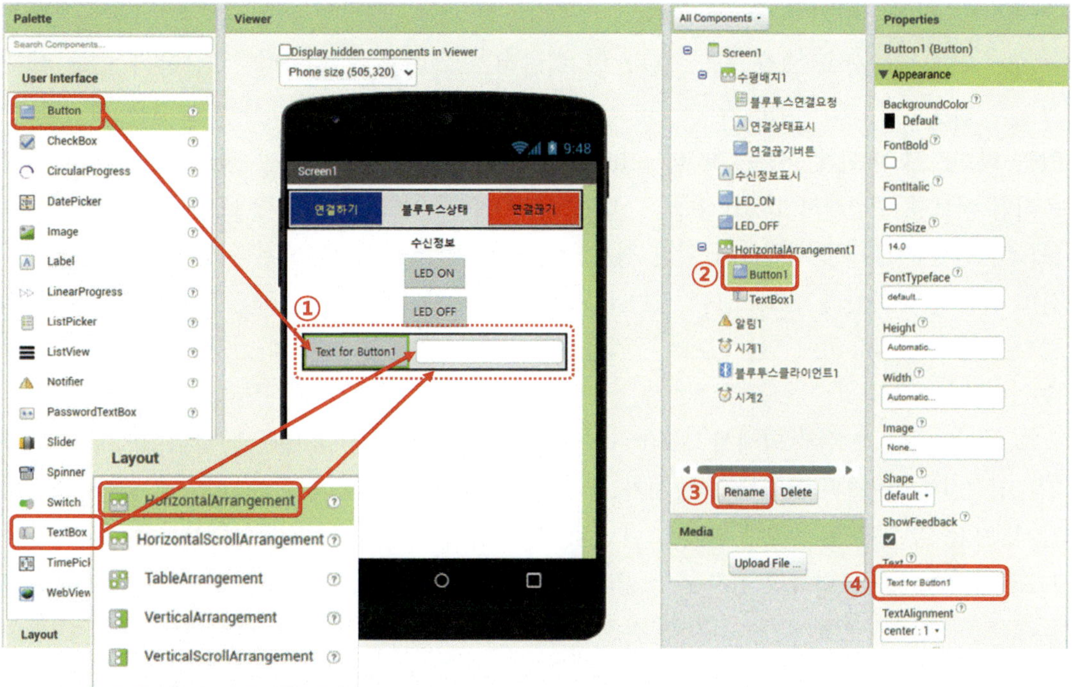

[그림 13-7] PIR 적외선 센서의 센싱 정보 표시 및 디바이스 제어를 위한 UI 화면 디자인 과정 2

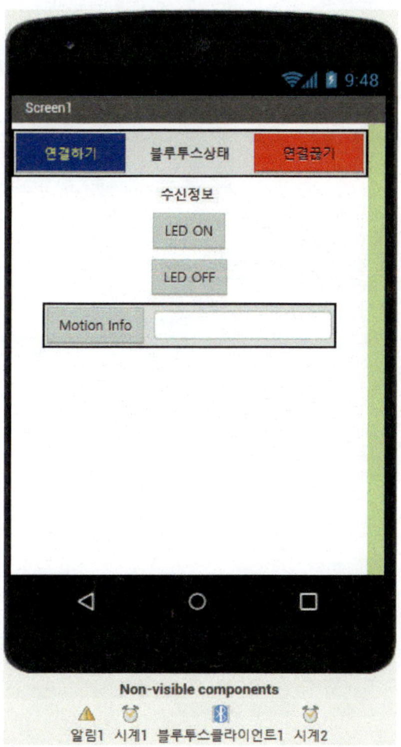

[그림 13-8] PIR 적외선 센서의 센싱 정보 표시 및 디바이스 제어를 위한 앱 UI 화면

(2) 앱 블록 코딩하기

PIR 적외선 센서의 센싱 정보 표시 및 디바이스 제어를 위한 앱을 개발하기 위해 블록 코딩을 진행한다. 앱 인벤터의 Blocks 버튼을 클릭하면 그림 13-9의 블록 코딩을 편집할 수 있는 화면으로 바뀌게 된다. 'Motion Info' 버튼을 누르면 PIR 적외선 센서로부터 생명체의 움직임 정보를 수신해서 TextBox에 표시하고, 'LED ON', 'LED OFF' 버튼을 눌렀을 때 아두이노 보드에 연결된 LED를 제어하기 위한 정보를 송신하는 동작을 구현하기 위해 그림 13-9에서와 같이 블록을 추가한다. Screen1에 있는 LED_ON, LED_OFF, Motion_Info, TextBox1, 블루투스 클라이언트1, Built-in에 있는 Text 동작을 위한 블록이며, 표 13-1에 상세한 내용을 확인할 수 있다.

그림 13-10의 블록에 의해서 'Motion Info' 버튼을 클릭하면 블루투스 클라이언트가 문자 2을 전송한다. 연결된 블루투스 장치가 생명체의 움직임 정보를 전송하면 TextBox에 '움직임 감지!' 또는 '부동'을 표시하기 위해 그림 13-11의 블록을 추가한다. 그림 13-12의 블록에 의해서 'LED ON' 버튼을 클릭하면 블루투스 클라이언트가 아두이노로 문자 1을 전송하고, 'LED OFF'를 클릭하면 아두이노로 문자 0을 전송하게 된다.

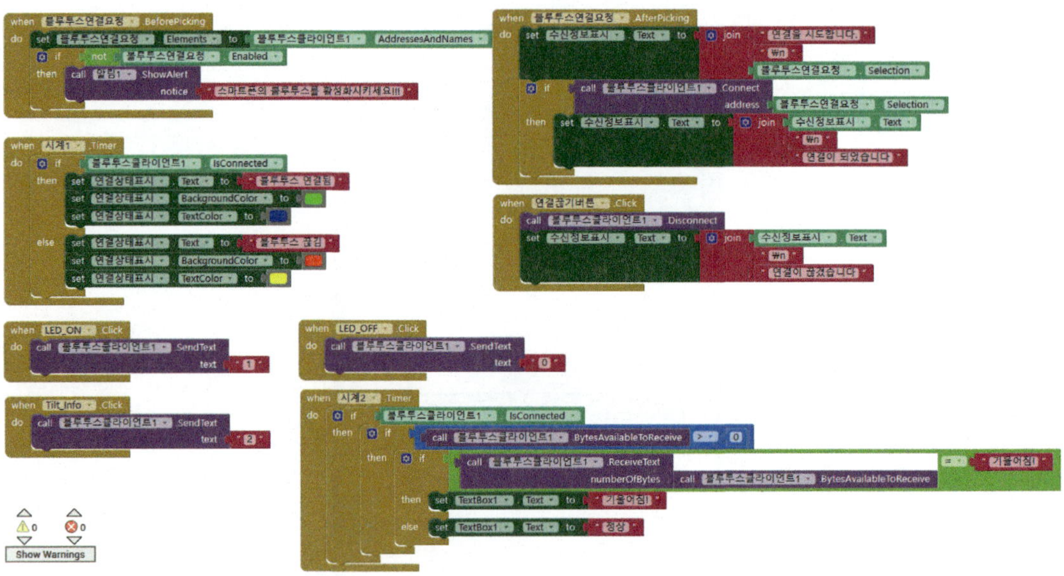

[그림 13-9] PIR 적외선 센서의 센싱 정보 표시 및 LED 제어를 위한 앱의 블록 코딩 편집 화면

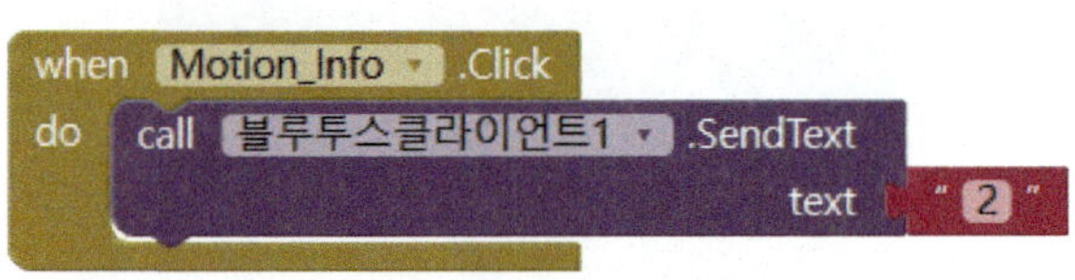

[그림 13-10] 'Motion Info' 버튼 동작을 위한 블록

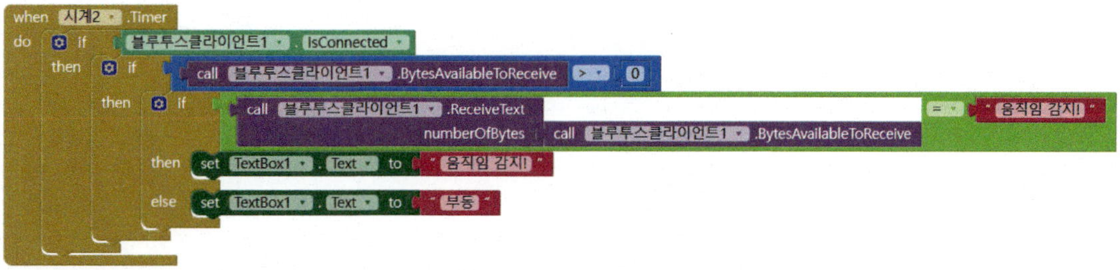

[그림 13-11] 생명체의 움직임 정보 확인을 위한 블록

[그림 13-12] 'LED ON', 'LED OFF' 버튼 동작을 위한 블록

[표 13-1] PIR 적외선 센서의 센싱 정보 표시 및 LED 제어를 위한 앱 인벤터 블록

번호	위치	블록	기능
1	Screen1 〉 LED_ON		LED ON 버튼을 클릭했을 때의 동작 구현
2	Screen1 〉 LED OFF	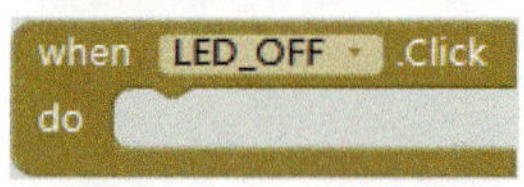	LED OFF 버튼을 클릭했을 때의 동작 구현
3	Screen1 〉 수평배치2 〉 Motion_Info	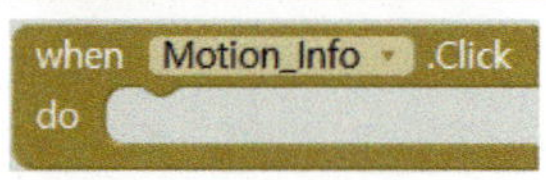	Motion Info 버튼을 클릭했을 때의 동작 구현
4	Screen1 〉 블루투스 클라이언트1		블루투스 장치와의 연결 상태 반환
5	Screen1 〉 블루투스 클라이언트1		블로킹하지 않고 수신할 수 있는 바이트 수를 반환
6	Screen1 〉 블루투스 클라이언트1		연결된 블루투스 장치로부터 문자를 수신
7	Screen1 〉 블루투스 클라이언트1		연결된 블루투스 장치로 문자를 전송
8	Screen1 〉 수평배치2 〉 TextBox1	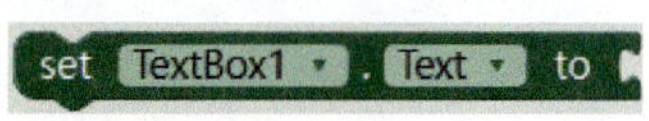	TextBox1의 내용을 결정
9	Screen1 〉 시계2		타이머가 꺼지면 타이머 이벤트가 실행
10	Built-in 〉 Text		내용의 문자열 입력

11	Built-in 〉 Control		if의 조건을 만족하면 then의 내용을 실행
12	Built-in 〉 Control		if의 조건을 만족하면 then의 내용을 실행하고, 조건을 만족하지 않으면 else의 내용을 실행
13	Built-in 〉 Logic		좌변, 우변이 같은지 비교해서 TRUE 또는 FALSE 반환
14	Built-in 〉 Math		좌변, 우변의 수를 비교해서 좌변의 수가 크면 TRUE를 반환하고, 우변의 수가 크면 FALSE를 반환
15	Built-in 〉 Math		수를 0으로 입력
16	Built-in 〉 Text		내용의 문자열 입력

(3) PIR 적외선 센서를 이용한 원격 제어하기

앱 인벤터로 개발한 PIR 적외선 센서의 센싱 정보 표시 및 디바이스 제어를 위한 앱을 이용하여 아두이노 보드에 연결한 LED를 제어한다. 동작 확인을 위한 절차는 아래와 같으며, 앞에서 설명한 아두이노 프로그램과 앱 블록 코딩대로 동작하는지 확인한다.

① 13.1.1 (2)의 PIR 적외선 센서를 이용한 원격 제어 회로를 구성한다.

② 13.1.2 (2)의 아두이노 프로그램을 아두이노 보드에 업로드한다.

③ 13.1.3 (1)~13.1.3 (2)에서 개발한 bt_conn_PIRSensor.aia 불러와서 스마트 기기에 설치한 MIT AI2 Companion 앱을 실행하고, 앱 인벤터의 Connect 메뉴의 'AI Companion'을 선택하여 스마트 기기와 앱 인벤터를 연결한다. 한편 앱을 스마트 기기에 직접 설치하여 동작을 확인할 수도 있으며, 이를 위해서 프로젝트를 빌드하고, 생성한 apk 파일을 스마트 기기로 복사하여 설치한다.

④ 앱의 '연결하기' 버튼을 클릭하고, 등록된 블루투스 기기 중에서 아두이노 보드에 연결된 블루투스 모듈을 선택한다.

⑤ 앱 화면의 수신정보에서 연결되었다는 메시지를 확인하고, 'Motion Info' 버튼을 클릭하여 생명체의 움직임 정보를 확인한다. TextBox에 '움직임 감지!'이 표시되면 'LED ON' 버튼을 클릭하여 LED가 점등되는지 확인한다.

(4) PIR 적외선 센서를 이용한 원격 제어 과제 구현하기

13.1.3 (1)~13.1.3 (2)에서 개발한 앱은 'Motion Info' 버튼을 클릭하여 생명체의 움직임 정보를 확인하고, LED를 원격으로 제어하는 방식이다. TextBox의 내용이 '움직임 감지!'로 표시되면 'LED ON' 버튼을 이용해서 LED가 점등되도록 한다. 'LED ON' 버튼을 클릭하면 1이 전송되고, 아두이노 프로그램에서는 블루투스 통신으로 수신한 데이터를 확인해서 LED가 점등되도록 제어한다. 'LED OFF' 버튼을 클릭하면 0이 전송되고, LED가 점멸된다. 13장의 PIR 적외선 센서 과제는 'Motion Info' 버튼을 삭제하고, Label을 추가한다. Label의 명칭은 '생명체의 움직임 정보'로 변경한다. Components의 명칭은 영문으로 작성해야 하며, 'Motion_Info'로 수정한다. Properties의 명칭은 '생명체의 움직임 정보'로 수정한다. 완성한 앱 UI 화면은 그림 13-13과 같다.

아두이노 프로그램은 생명체의 움직임을 감지하면 센싱 정보를 블루투스 통신으로 전송하도록 변경한다. 13.1.4의 아두이노 프로그램은 if 조건문을 이용하여 앱에서 'Motion Info' 버튼을 클릭할 때 전송되는 문자 2가 수신되면 생명체의 움직임 정보를 전송하도록 작성되어 있다.

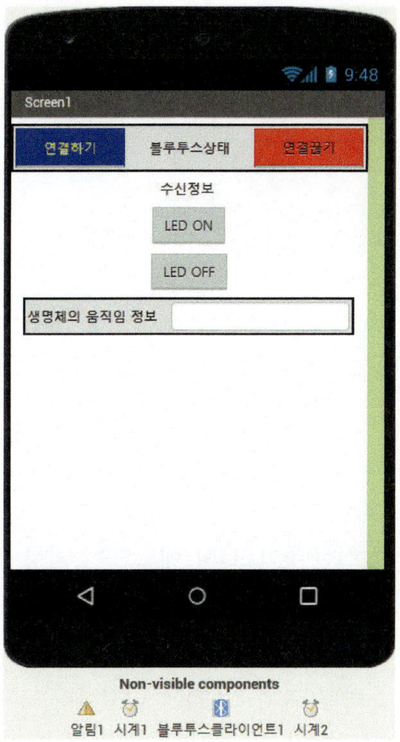

[그림 13-13] PIR 적외선 센서 과제 구현한 앱 UI 화면

13.2 초음파 센서

13.2.1 회로 구성

(1) 초음파 센서 HC-SR04 제어 회로 구성하기

그림 13-14는 트랜스듀서의 원리와 음파의 특성을 이용하여 제작된 초음파 센서 HC-SR04 모듈을 나타낸 것이다. 초음파란 20kHz 이상의 주파수를 의미하며 초음파 센서 HC-SR04는 초음파 송신기와 수신기, 그리고 제어 회로를 포함한다. 초음파는 송신기에서 송출한 음파가 물체에 부딪혀 반사된 음파를 수신하여 거리를 측정하는 장치이며 모듈의 측정 가능 거리는 최소 2㎝, 최대 500㎝까지를 측정할 수 있고 측정 해상도는 3㎜이다. 5V 전원에서 동작하며, 4개의 핀을 연결하여 사용한다. 자동차가 후진하거나 좌회전 및 우회전할 때 차량 주변에 물체가 있으면 경고음이 발생하는 장치는 초음파 센서를 응용한 대표적인 예이다.

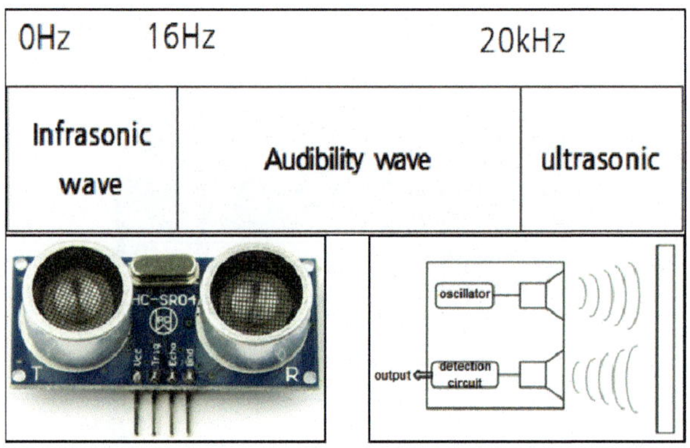

[그림 13-14] 음파의 범위, 초음파 센서 외형 그리고 거리 측정 원리

그림 13-15는 아두이노와 I2C LCD, 초음파 센서 HC-SR04, LED 그리고 블루투스를 이용한 초음파 센서 HC-SR04 제어 회로다. 아두이노의 "5V"를 초음파 센서 "VCC"에 연결하고 아두이노 핀 5를 초음파 센서 "Trig", 아두이노 핀 4를 초음파 센서 "Echo"에 연결한 다음 아두이노의 GND를 초음파 센서 "Gnd"에 연결한다. LED의 애노드는 저항 220Ω의 저항을 거쳐 아두이노 핀 6에 연결한다. 버저의 "S(+)"는 아두이노 핀 7에 연결하고 "-"는 아두이노의 "GND"에 연결한다. 아두이노의 SCL(17번 핀)과 SDA(16번 핀)를 I2C LCD의 SCL과 SDA에 연결하고 I2C LCD의 VCC와 GND를 아두이노에서 출력된 5V와 GND에 연결한다. 블루투스는 안드로이드 스마트폰과 아두이노를 연결하기 위한 장치이며 아두이노의 3번 핀(TxD)과 블루투스의 1번 핀(RxD)을 연결하고 아두이노의 2번 핀(RxD)과 블루투스의 2번 핀(TxD)을 연결한다. 이 회로와 프로그램은 아두이노 전원을 켜는 순간 아두이노는 초음파 센서 HC-SR04를 구동시켜 자동차와 물체 간의 거리를 측정하고 그 결과를 시리얼 모니터와 LCD에 표시하고 거리에 따라 LED를 "ON",

"OFF" 하면서 부저음을 제어한다. 아두이노는 측정 거리를 스마트폰으로 전송하여 스마트폰 화면에 거리를 표시하고 측정 거리가 가까우면 충돌 이미지를 스마트폰 화면에 출력하고, 측정 거리가 정상이면 주행 이미지를 스마트폰 화면에 출력한다.

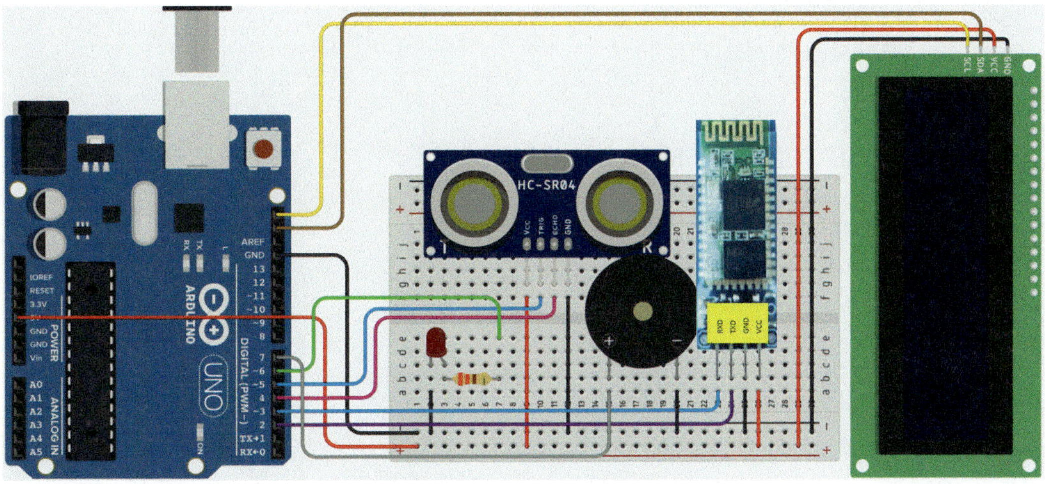

[그림 13-15] 초음파 센서 HC-SR04 제어 회로

13.2.2 아두이노 프로그램

(1) 초음파 센서 HC-SR04 제어 프로그램 작성하기

초음파 센서 HC-SR04 제어 프로그램은 장애물까지 초음파의 왕복 시간을 측정하여 자동차와 물체 간의 거리를 계산한다. 계산된 데이터는 스마트폰으로 전송하고 스마트폰 앱에서는 해당 데이터를 스마트폰 화면에 출력한다. 또한, I2C LCD의 두 번째 줄에 거리 데이터를 표시하고 컴퓨터의 시리얼 모니터에도 출력한다. 그 외에 LED를 "ON", "OFF"하고 부저음을 제어한다. 초음파 센서 제어 프로그램을 아두이노 IDE로 작성한 다음 컴파일하고 아두이노 보드에 다운로드하여 실험 결과를 확인한다.

```
#include 〈LiquidCrystal_I2C.h〉
#include 〈Wire.h〉
#include 〈SoftwareSerial.h〉
SoftwareSerial mySerial(2,3); //2=RX, 3=TX
LiquidCrystal_I2C lcd(0x27, 16, 2);
int pin_ECHO = 4;
int pin_TRIG = 5;
int LED = 6;
int buzzor = 7;
```

```
void setup() {
Serial.begin(9600);
mySerial.begin(9600);
pinMode(pin_ECHO, INPUT);
pinMode(pin_TRIG, OUTPUT);
pinMode(buzzor, OUTPUT);
pinMode(LED, OUTPUT);
lcd.init();
lcd.backlight();
lcd.print("Distance Measure");
}
void loop() {
Serial.print("Distance : ");
int dist = Dist_cm();
if(dist < 30){
  tone(buzzor, 480, 250);
  digitalWrite(LED, HIGH);
}
else{
  noTone(buzzor);
  digitalWrite(LED, LOW);
}
Serial.print(dist);
Serial.println("[cm]");
mySerial.print(dist);
lcd.setCursor(0,1);
lcd.print("                ");
lcd.setCursor(3,1);
lcd.print(dist);
lcd.setCursor(6,1);
lcd.print("cm");
delay(1000);
}
uint16_t Dist_cm(void)
{
  uint32_t timer = 0;
  uint16_t dist = 0;
  digitalWrite(pin_TRIG, LOW);
  delayMicroseconds(2);
  digitalWrite(pin_TRIG, HIGH);
  delayMicroseconds(10);
  digitalWrite(pin_TRIG, LOW);
  timer = pulseIn(pin_ECHO, HIGH, 24000);
  if(timer == 0)
    dist = 400;
```

```
55        else
56        {
57          dist = timer*0.034/2;
58        }
59        return dist;
60    }
```

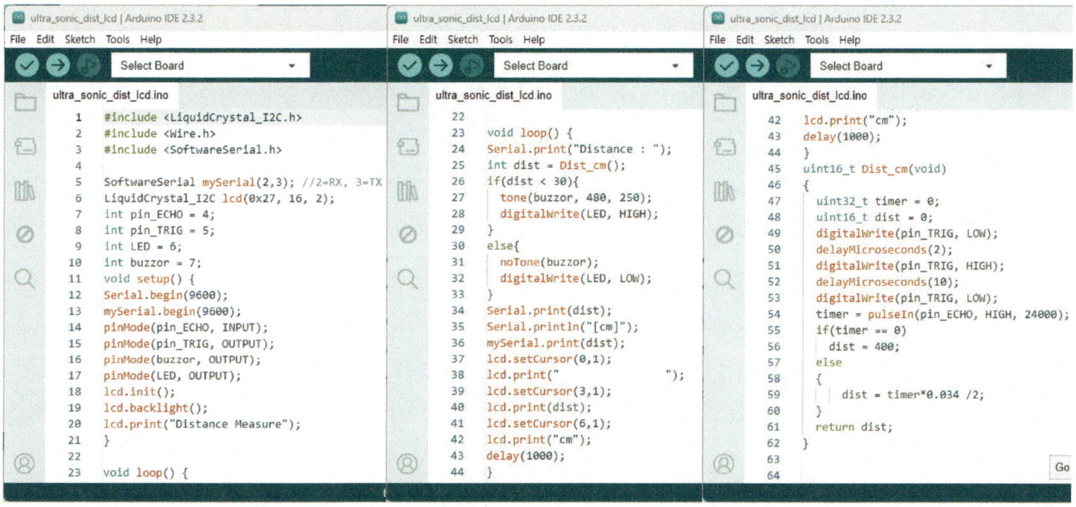

[그림 13-16] 아두이노 IDE 초음파 센서 HC-SR04 제어 프로그램 코드 작성 화면

초음파 센서 HC-SR04 제어 프로그램을 상세히 설명하면 다음과 같다. 그림 13-16은 아두이노 IDE에 프로그램을 작성한 화면을 보여준다.

[1, 5] : "#include 〈LiquidCrystal_I2C.h〉, LiquidCrystal_I2C lcd(0x27, 16, 2)"는 I2C LCD 제어를 위한 라이브러리를 추가하는 것이다. 이 라이브러리를 이용하여 "lcd"라는 이름의 객체를 만든다. lcd(0x27, 16, 2)에서"0x27"은 I2C LCD의 주소, "16"은 한 줄에 표시할 수 있는 문자의 수(Column), "2"는 2줄(Row)을 의미한다.

[2] : "#include 〈Wire.h〉"라이브러리는 아두이노가 I2C 디바이스와 통신이 가능하게 하는 라이브러리이다.

[3, 4] : "#include 〈SoftwareSerial.h〉, SoftwareSerial mySerial(2,3)"는 아두이노 우노가 직렬 통신 포트를 하나만 가지고 있으므로 블루투스로 스마트폰과 통신하려면 소프트웨어 직렬 통신 포트를 추가해야 한다. 아두이노 우노의 모든 핀이 직렬통신에 사용할 수 있지만 여기서는 아두이노 2번 핀과 3번 핀을 직렬통신 포트로 사용하였다. "SoftwareSerial.h" 파일을 사용하여 설정한 블루투스용 통신 포트 모듈 명은 mySerial이다.

[6] : "int pin_ECHO = 4"는 초음파센서 HC-SR04의 입력 핀을 아두이노의 핀 4에 연결하여 사용한다.

[7] :"int pin_TRIG = 5"는 초음파센서 HC-SR04의 출력 핀을 아두이노의 핀 5에 연결하여 사용한다.

[8] : "int LED = 6"는 LED의 애노드에 연결한 저항에 연결한다.

[9] : "int buzzor = 7"은 버저 음을 제어하기 위해 아두이노 핀 7에 연결한다.

[11] : "Serial.begin(9600)"은 아두이노와 컴퓨터 간의 직렬 통신을 활성화하고 통신속도를 9600 Baud로 설정한다.

[12] : mySerial.begin(9600)"은 아두이노와 스마트폰 간의 직렬 통신을 활성화하고 통신속도를 9600 Baud로 설정한다.

[13~16] : "pinMode(xxx, OUTPUT)"은 아두이노의 핀 4는 입력(INPUT), 핀 5, 6, 7은 출력(OUTPUT)으로 사용한다.

[17] : "lcd.init()"은 I2C LCD를 초기화하는 명령어 객체이다. LCD의 전원을 껐다 켜는 것과 동일한 결과를 갖는다.

[18] : "lcd.backlight()"는 LCD에 빛을 공급하기 위한 램프를 켜는 것이다.

[19] : "lcd.print("Distance Measure");"는 lcd 첫 번째 줄 첫 번째 칸부터 괄호 안의 문자열을 출력한다.

[22] : "Serial.print("Distance : ")"는 컴퓨터의 시리얼 모니터에 괄호 안의 문자열을 출력한다.

[23] : "int dist = Dist_cm()"는 Dist_cm() 함수를 수행한 결과를 정수형 변수 dist에 저장한다.

[25] : "tone(buzzor, 480, 250)"는 측정 거리 dist가 30cm보다 작으면 480Hz의 부저음이 250ms 동안 출력된다.

[26] : "digitalWrite(LED, HIGH)"는 측정 거리 dist가 30cm보다 작으면 LED를 점등한다.

[29] : "notone(buzzor)"는 측정 거리 dist가 30cm보다 크면 부저음을 중단한다.

[30] : digitalWrite(LED, HIGH)"는 측정 거리 dist가 30cm보다 작으면 LED를 점멸한다.

[32] : "Serial.print(dist)"는 "dist" 값을 시리얼 모니터로 출력한다.

[33] : "Serial.println("[cm]")"는 "dist'값의 단위를 "[cm]"로 정하고 줄바꿈을 한다.

[34] : "mySerial.print(dist)"는 "dist" 값을 스마트폰으로 전송한다.

[35] : "lcd.setCursor(0,1)"는 LCD의 커서를 두 번째 줄(1) 첫 번째 칸(0)으로 이동한다.

[36] : "lcd.print("   ")"는 현재의 커서 위치부터 16개의 문자를 스페이스로 채운다. 결과적으로 LCD에 표시된 문자들이 지워진다.

[37] : "lcd.setCursor(3,1)"는 LCD의 커서를 두 번째 줄(1) 네 번째 칸(3)으로 이동한다.

[38] : "lcd.print(dist)"는 현재의 커서 위치부터 "dist" 값을 출력한다.

[39] : "lcd.setCursor(6,1)"는 LCD의 커서를 두 번째 줄(1) 일곱 번째 칸(6)으로 이동한다.

[40] : "lcd.print("cm")"는 현재의 커서 위치에 "cm"을 출력한다.

[41] : "delay(1000)"는 거리 측정 간격을 1000ms로 한다.

[43] : "uint16_t Dist_cm(void)"는 함수 이름이며 Dist_cm" 함수의 결과값이 부호 없는 "short" 형이다.

[45] : "uint32_t timer = 0"는 "timer"가 부호 없는 long형이며 초기값이 0이다.

[46] : "uint16_t dist = 0"는 "dist"가 부호 없는 short형이며 초기값이 0이다.

[47] : "digitalWrite(pin_TRIG, LOW)"는 초음파 센서 "Trig"핀을 논리 0으로 만든다.

[48] : "delayMicroseconds(2)"는 "Trig" 핀을 2us 동안 논리 0을 유지한다.

[49] : "digitalWrite(pin_TRIG, HIGH)"는 초음파 센서 "Trig" 핀을 논리 1로 만든다.

[50] : "delayMicroseconds(10)"는 "Trig" 핀을 10us 동안 논리 1을 유지하게 한다.

[51] : "digitalWrite(pin_TRIG, LOW)"는 "Trig" 핀을 논리 0으로 만든다.

[52] : "timer = pulseIn(pin_ECHO, HIGH, 24000)"는 "ECHO" 핀에 입력되는 펄스의 "HIGH" 폭을 측정하여 그 결과를 "timer" 변수에 저장한다. 24000us 동안 "HIGH"가 입력되지 않으면 0으로 처리한다.

[53~54] : "dist = 400"는 "timer" 값이 0일 때 "dist"를 400cm로 설정한다.

[55~58] : "dist = timer*0.034/2"는 "dist" 값을 "cm"로 변환한다. 초음파속도는 340m/s이므로 "m"를 "cm"로 바꾸고 "s"를 "us" 단위로 변경하면 된다.

[59] : "return dist"는 함수실행이 종료되면 "dist" 값을 반환한다.

13.2.3 초음파 센서 제어 앱

(1) 앱 UI 디자인하기

블루투스 무선통신을 이용하여 초음파 센서를 원격으로 제어하기 위한 앱은 교재 3장에서 제공하는 bt_conn.aia를 활용하여 앱 인벤터로 제작한다. 본 절에서는 bt_conn.aia 파일을 복사하여 ultrasonic_buzzor.aia로 파일명을 변경하고, UI 디자인을 변경한다. 먼저 스마트폰에 설치한 MIT AIT Companion을 실행한 다음 그림 13-17의 ①과 같이 앱 인벤터 메뉴 "연결"을 클릭한다. 나타난 팝업 메뉴에서 ②와 같이 AI 컴패니언 메뉴를 클릭하면 ③, ④처럼 QR코드 또는 문자 코드가 나타난다. 스마트폰에 설치한 컴패니언 앱(⑤)을 실행하면 ⑥과 같은 "scan QR Code"와 ⑦과 같은 문자 코드 입력창이 나타난다. "scan QR code"를 클릭하여 QR코드를 찍거나 ⑦에 ④의 문자 코드를 입력하면 앱 인벤터와 스마트폰이 서로 연결된다. 이제 앱 인벤터에서 설계하는 내용이 실시간으로 스마트폰에 나타나게 되므로 프로그램 설계가 수월해진다.

[그림 13-17] 앱 인벤터 MIT AI 컴패니언 연결

그림 13-18은 ultrasonic_buzzor.aia의 화면 디자인이며 컴포넌트를 살펴보면 수평배치1은 블루투스 연결을 위해 사용하는 것이고 ①, ② 수평배치2와 ③, ④ 수평배치3 그리고 ⑤, ⑥ "소리" 컴포넌트와 ⑦ 전화 컴포넌트가 추가되었다. ① "텍스트박스_거리"는 아두이노가 스마트폰에 보내는 거리 데이터를 표시하기 위한 것이며 "측정거리"로 표현된 영역에 나타나며 ②는 거리 단위인 "cm"를 표시한 것이다. ③은 물체와의 측정 거리가 정상일 때 표시하는 "안전운전이미지"이며 ⑩과 같다. ④는 물체와의 측정 거리가 30cm 미만일 때 자동차가 물체와 충돌했음을 알리는 "충돌이미지"이며 ⑨와 같다. ⑤는 자동차가 정상 주행일 때 스마트폰에서 들리는 음악 소리며 ⑧과 같다. ⑥은 자동차가 비정상 주행일 때 스마트폰에서 들리는 음악 소리며 ⑪과 같다. ⑫는 자동차 여러 면에 초음파 센서가 배치된 이미지이다. 아두이노가 측정 거리 데이터를 보내면 스마트폰 앱은 거리를 비교하고 측정 거리가 정상이면 자동차 주행 이미지를 표시하고 음악 ⑧을 내보낸다. 측정 거리가 비정상이면 충돌 이미지를 출력하고 ⑪음악을 출력한 다음 경찰서(112)에 전화를 건다. ⑧, ⑨, ⑩, ⑪, ⑫는 "파일올리기"메뉴이며 컴퓨터에 파일, 동영상, 이미지들을 다운로드한 다음 이 메뉴를 클릭하여 앱 인벤터에 업로드한다.

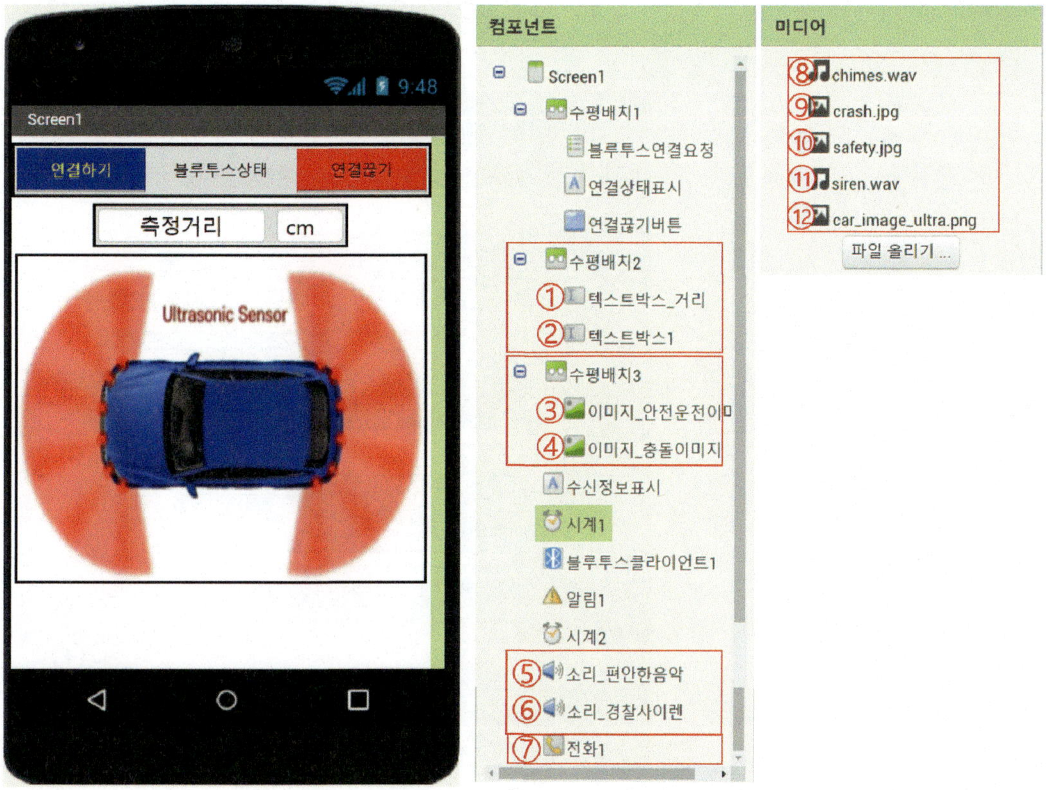

[그림 13-18] 앱 인벤터 ultrasonic_buzzor.aia의 화면 디자인

(2) 앱 블록 코딩하기

앱 디자인을 완료한 후 앱인벤터의 오른쪽 위 블록 메뉴를 클릭하면 그림 13-19와 같은 블록이 나타난다. 그림 13-19는 초음파 센서 제어 프로그램의 시작 블록을 나타낸 것이다. 해당 블록에는 디자인 화면에서 사용하였던 컴포넌트들이 표시되어 있다. ① "수평배치2", ② "수평배치3", ③ "소리" 그리고 ④ "전화1" 등이다. 그림 13-19의 블록은 블루투스 연결, 연결상태 그리고 연결 끊기의 기본 블록인 bt_conn.aia와 같은 것이며, 초음파 센서 제어를 위해 그림 13-20과 같은 블록을 추가로 설계한다. 그림 13-20의 1~31은 아두이노가 보내온 측정 거리 데이터를 수신하여 변수 "초음파거리"에 저장한 다음 측정 거리를 비교하여 그 값이 10 이상이면 정상, 10 미만이면 비정상으로 구분하여 정상 이미지를 출력할지 비정상 이미지를 출력할지를 결정한다. 그리고 정상일 경우는 안정된 음악을, 비정상일 경우에는 사이렌 음악을 출력하게 한다. 그리고 경찰서에 전화를 걸 수 있도록 한다. 표 13-2는 그림 13-20의 Ⓐ블록에서 사용한 컴포넌트를 소개한 것이다.

[그림 13-19] 앱 인벤터 ultrasonic_buzzor.aia의 기본 블록도

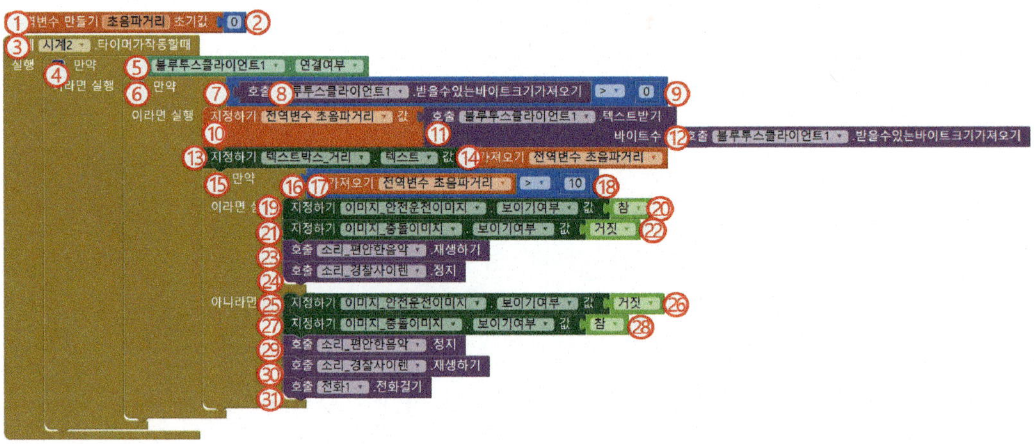

[그림 13-20] 앱 인벤터 ultrasonic_buzzor.aia의 추가 블록도

[표 13-2] 그림 13-20의 블록을 설계하기 위한 블록 이름과 블록 이미지

번호	블록 이름	블록 이미지
1,10,14,17	변수	전역변수 만들기 초음파거리 초기값
2,9,18	수학	0
3	시계2	언제 시계2 .타이머가작동할때 실행
4,6,15	제어	만약 이라면 실행 / 만약 이라면 실행 아니라면
5	블루투스클라이언트1	블루투스클라이언트1 . 연결여부
7,16	수학	> / <
8,12	블루투스클라이언트1	호출 블루투스클라이언트1 .받을수있는바이트크기가져오기
11	블루투스클라이언트1	호출 블루투스클라이언트1 .텍스트받기 바이트수
13	텍스트박스_거리	지정하기 텍스트박스_거리 . 텍스트 값
19,25	이미지_안전운전이미지	지정하기 이미지_안전운전이미지 . 보이기여부 값
20,22,26,28	논리	참 / 거짓
21,27	블루투스클라이언트1	지정하기 이미지_충돌이미지 . 보이기여부 값
23,29	소리_편안한음악	호출 소리_편안한음악 .재생하기
24,30	소리_경찰사이렌	호출 소리_경찰사이렌 .정지
31	전화1	호출 전화1 .전화걸기

(3) 초음파 센서 HC-SR04 원격 제어하기

초음파 센서 HC-SR04 제어 회로를 구성하였고, 아두이노 프로그램을 완성하였다. 그리고 스마트폰 앱도 모두 완성하였다면 초음파 센서 HC-SR04 제어 실험을 해보자. 그림 13-2-8의 순서에 따라 실험하면서 결과를 확인해 보자.

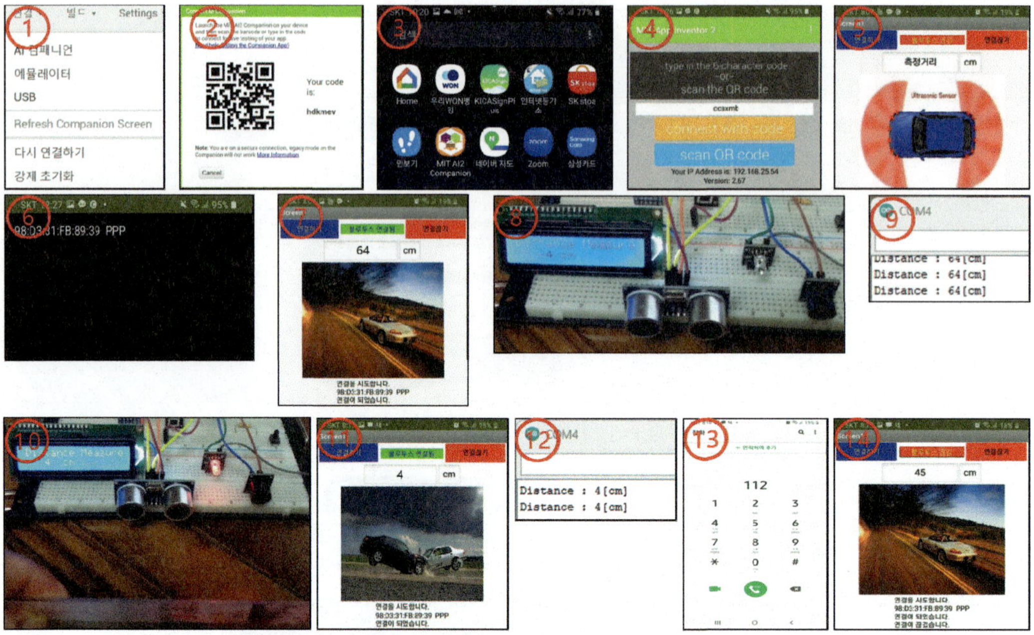

[그림 13-21] 초음파 센서 HC-SR04 제어 실험과정

① 앱 인벤터의 연결 메뉴에 있는 AI 컴패니언을 클릭한다.

② "scan QR code" 또는 "Your code is ???"이 앱 인벤터 화면에 나타난다.

③ 스마트폰에 설치한 MIT AI2 Companion을 클릭하여 실행한다.

④ "scan QR code"를 클릭하여 ②의 QR코드를 찍거나 Six Character Code 입력란에 ②의 "Your code is"에 있는 6개의 코드를 입력한다.

⑤ 이제 스마트폰 화면에는 앱 인벤터로 설계한 Screen1 화면이 나타날 것이다. 여기서 유의할 것은 블루투스 끊김 메시지를 확인한다. 이 화면에는 "블루투스 끊김"이라는 메시지가 상단 가운데에 표시되고 있다. 다음으로 스마트폰의 화면에 나타나 있는 앱에서 좌측의 "연결하기" 버튼을 클릭한다.

⑥ 스마트폰에 미리 등록한 블루투스가 나타날 것이다. 3.2.2절의 AT 명령어를 이용하여 이름을 변경한 블루투스 장치를 클릭한다. 그림 13-21의 블루투스 장치 이름은 PPP이다.

⑦ 스마트폰의 앱 윗면 가운데에 "블루투스연결됨"이라는 메시지가 나타나는 것을 확인한다. 그리고 "연결을 시도합니다."와 블루투스 하드웨어 어드레스 그리고 블루투스 이름 PPP가 나타나면서 "연결이 되었습니다."라는 메시지가 나타난다. 그리고 아두이노가 보내는 측정거리 데이터 "64cm"가 표시되고 있으며 정상적인 주행 이미지가 나타난다. 그리고 편안한 음악이 들려온다.

⑧ 현재 초음파 센서 HC-SR04 앞에는 물체가 없으며, LCD에는 "64cm"가 나타나고 있고,

LED는 "OFF" 상태이며, 부저 소리가 들리지 않는다.

⑨ 컴퓨터의 시리얼 모니터에 "Distance : 64cm"가 나타난다.

⑩ 초음파 센서 앞에 물체(플라스틱 자)를 가까이 가져간다. LCD에는 "4cm"가 나타나고, LED는 "ON" 되며, 부저음이 들린다.

⑪ 스마트폰의 측정 거리에 "4cm"가 표시되고, 충돌 이미지가 나타나며, 사이렌 소리가 들린다.

⑫ 컴퓨터의 시리얼 모니터에 "Distance : 4cm"가 나타난다.

⑬ 스마트폰에 전화 연결 화면이 나타난다.

⑭ 실험이 정상적으로 이루어졌으면 블루투스 연결을 끊기 위해 스마트폰 화면의 "연결끊기" 버튼을 클릭한다. 스마트폰 화면의 가운데에 "블루투스 끊김"이라는 메시지와 스마트폰 화면 하단에 "연결이 끊겼습니다."라는 메시지가 출력된다. 이제 초음파 센서 HC-SR04 제어 실험을 종료한다.

(4) 초음파 센서 HC-SR04 원격 제어 과제 구현하기

지금까지 아두이노에 연결된 초음파 센서 HC-SR04를 이용하여 스마트폰과 LCD에 측정 거리 데이터를 표시하고 LED를 점등 또는 점멸하거나 부저음을 발생하게 하는 프로그램을 개발하였다. 이번에는 부저음이 단순한 톤이 아닌 특정 곡을 연주하는 프로그램으로 설계하고, 실험 결과를 확인해 보자.

PART 4

아두이노 심화

제14장 실전 프로젝트

ARDUINO

14 CHAPTER 실전 프로젝트

학습목표

- 아두이노를 활용한 다양한 프로젝트를 설계한다.
- 설계한 내용을 프로그램으로 구동하여 실생활에 적용하게 한다.

14.1 전자 피아노

14.1.1 전자 피아노 동작 설계하기

(1) 동작 시나리오 개요

- 피아노 건반은 푸시 버튼으로 구동하게 한다.
- 각 버튼은 pull-down 저항으로 동작하고, 8음계에 해당하는 주파수를 부여하여, 수동 부저(피에조)로 소리를 발생시킨다.
- 버튼의 누름 상태는 LED의 ON/OFF 상태를 통해서도 확인한다.

(2) 부품 목록

[표 14-1] 전자 피아노 부품 목록

			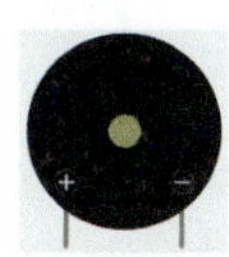
푸시 버튼 1개	저항 10KΩ 8개, 220Ω 1개	LED 1개	피에조 부저 1개

(3) 음계에 따른 주파수 [단위: Hz]

[표 14-2] 음계에 다른 주파수

Octave	도	레	미	파	솔	라	시
2	65.41	73.42	82.41	87.31	98	110	123.5
3	130.8	146.8	164.8	174.6	196	220	246.9
4	261.6	293.7	329.6	349.2	392	440	493.9
5	523.3	587.3	659.3	698.5	784	880	987.8
6	1047	1175	1319	1397	1568	1760	1976

14.1.2 전자 피아노 회로 구성하기

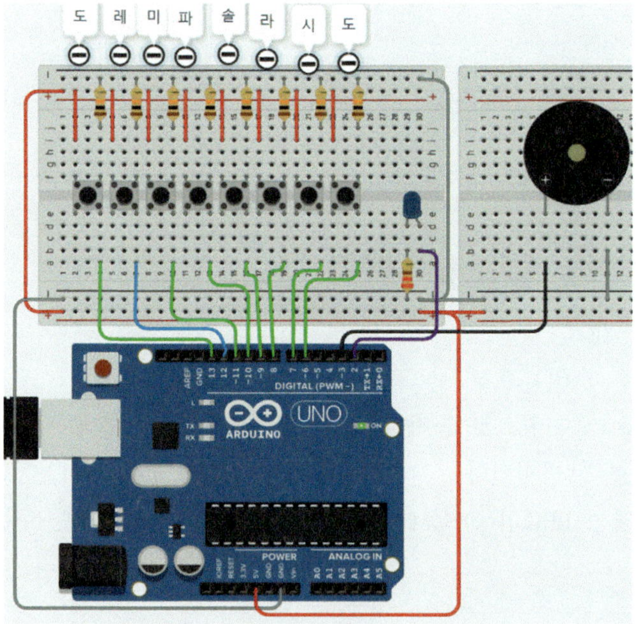

[그림 14-1] 전자 피아노 회로 구성

아두이노를 이용하여 전자 피아노를 구성하기 위해서 그림 14-1과 같이 푸시 버튼에 10KΩ의 풀 다운 저항이 걸리게 설계하여, 버튼의 대각선 반대쪽을 아두이노의 6~13번 핀에 연결한다. 버튼의 동작 상태를 확인하기 위해서 LED의 애노드를 2번 핀에 연결하고 과전류 방지를 위해서 LED의 캐소드에 220Ω의 저항을 연결한 다음 저항의 반대쪽을 접지에 연결한다. 그리고 8음계의 소리가 울리도록 피에조 부저를 3번 핀에 연결하여 버튼을 누르면, 버튼의 음계에 대응하는 소리가 울리도록 한다.

14.1.3 전자피아노 프로그램

```
1  #define Buzzer   3
2  #define LED   2
3  int key[8] = {13,12,11,10,9,8,7,6};
4  int FREQ[8] = {262,294,329,349,392,440,494,523};
5  char *data[8] = {"DO","RE","MI","FA","SOL","RA","SI","DO"};
6
7  void setup()
8  {
9     int i=0;
10    for(i;i<8;i++) pinMode(key[i], INPUT);
11    pinMode(Buzzer, OUTPUT);
12    pinMode(LED, OUTPUT);
13    Serial.begin(19200);
14 }
15
16 void loop() {
17    int i, key_input, freq_now;
18    for(i=0;i<8;i++){
19       if(digitalRead(key[i]) == HIGH) {
20             digitalWrite(LED, HIGH);
21             freq_now=FREQ[i];
22             tone(Buzzer, freq_now);
23          delay(100);
24             Serial.println(String("key in -> " )+ data[i]);
25       }
26       else {
27          digitalWrite(LED, LOW);
28          noTone(Buzzer);
29       }
30    }
31 }
```

전자피아노 제어 프로그램을 상세히 설명하면 다음과 같다.

[1~3] : 부저를 3번 핀에 연결하고, LED를 2번 핀에 연결하고, 푸시 버튼을 6~13번 핀에 연결한다.

[4~5] : 푸시 버튼에 해당하는 음계의 주파수를 지정하고, 시리얼 모니터 화면 버튼 누름 상태를 표시하기 위해 data 스트림을 음계별로 정의한다. 예를 들어 13번 핀을 누르면, 주파수 262가 지정되고, 시리얼 모니터에는 "DO"가 표시된다.

[10~12] : 푸시버튼의 핀들을 입력으로, 부저와 LED 핀을 출력으로 지정한다.

[13] : 아두이노와 PC간의 전송속도를 19200bps로 지정한다.

[19] : 8개의 건반 (푸시 버튼)이 눌러졌는지 확인한다. 버튼을 누르면 연결된 아두이노 핀의 디지털 레벨이 HIGH가 된다.

[20] : 건반이 눌러지면 LED에 불이 켜진다.

[21~22] : 건반이 눌러지면 해당 음계의 주파수로 tone을 울린다.

[23] : 눌러진 건반의 음이 100ms 동안 유지되도록 지연을 설정한다.

[24] : 시리얼 모니터에 눌러진 건반을 표시한다.

[27~28] : 건반을 놓은 경우 LED와 부저의 톤이 꺼진다.

14.2 홈 오토메이션

14.2.1 홈 오토메이션 동작 설계하기

(1) 동작 시나리오 개요

- 외부 침입을 감지하면 경보음을 울린다.
- 조도를 감지하여 어두워지면 전구 불을 켜고, 밝으면 자동 소등되도록 한다.
- 화분이 건조하면 배수관이 90도 열리고, 수분이 공급되면 0도로 닫힌다.
- 문이 80cm 이상 열리면 경보음을 울린다.
- 실내 온도가 25도 이상이면 에어컨이 동작하고, 빨간색 LED가 켜진다.
- 전열기가 기울어지면 파란색 LED 경고등이 켜진다.
- 외부 전원을 연결하여 부족한 전력을 공급한다.

(2) 사용되는 센서 리스트

[표 14-3] 홈 오토메이션 구성 센서

		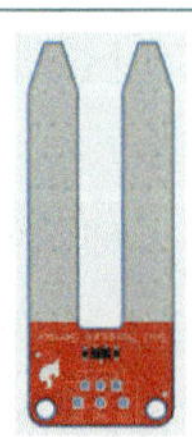	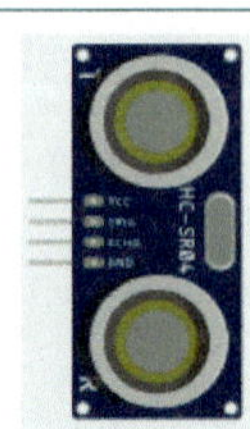		
PIR 적외선 센서	CdS 조도 센서	토양 수분 감지 센서	초음파 센서	온도 센서 (TMP 36)	기울기 센서 (SW 200D)

본 프로젝트에서 사용하는 센서의 종류와 역할은 다음과 같다.

① PIR 적외선 센서 : 생명체가 발산하는 적외선을 감지하면 HIGH 레벨의 디지털 신호를 출력하며, 아두이노는 이 신호를 감지하여 외부 침입 여부를 판단한다.
② CdS 조도 센서 : 황화카드뮴에 입사하는 빛의 양에 따른 저항 변화를 이용하여 주변 밝기를 감지한다.
③ 토양 수분 감지 센서 : 흙 속의 수분에 따른 저항 변화를 이용하여 흙의 수분 상태를 감지한다.
④ 초음파 센서 : 초음파(20kHz)의 송신기에서 송출한 음파가 물체에 부딪혀 반사된 음파를 수신하여 거리를 측정한다.
⑤ 온도 센서 : TMP 36의 반도체 특성을 통해 온도를 감지한다. 전압에 비례하여 온도가 증가하게 되며, 수식으로 나타내면 아래와 같다.

섭씨 온도 = 센싱 전압 × 100 - 50

⑥ 기울기 센서 : SW 200D 기울기 센서는 내부에 전도성 물체인 수은구 또는 금속 구슬이 있어서 10도 이상 기울이면 두 단자를 연결하는 전도성 물체가 떨어지게 되는 것을 이용하여 기울어짐을 감지하게 된다.

(3) 사용되는 액츄에이터와 기타 부품

[표 14-4] 홈 오토메이션 구성 액추에이터 및 기타 부품

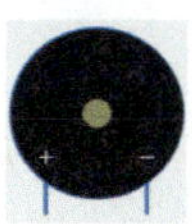				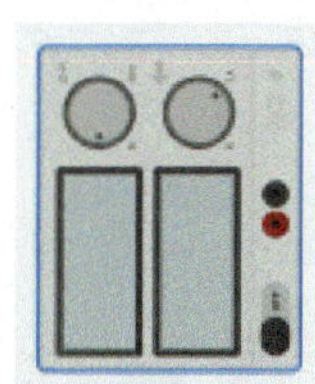	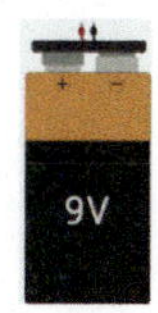
수동 부저	전구	서보 모터	LED, 저항 (220Ω, 10kΩ)	DC 전원 공급기 (5V, 5A)	9V 건전지

본 프로젝트에서 사용하는 액추에이터와 기타 부품은 다음과 같다.

① 수동 부저 : 전자석의 코일에 단속적으로 전류를 흐르게 하여 철판 조각을 진동시켜 소리를 발생시킨다. 주파수에 따라서 출력되는 소리의 높낮이가 변화하게 된다. PIR 적외선 센서가

생명체의 움직임을 감지하거나, 초음파 센서가 감지한 물체까지의 거리가 80cm 이상일 때 부저가 동작한다.

② 전구 : CdS 조도 센서의 출력에 따라서 전구의 ON/OFF 동작이 결정되며, 주변의 조도가 기준값 아래로 떨어지게 되면 전구가 점등된다.

③ 서보 모터 : 토양수분 감지 센서의 출력이 기준값보다 작으면 화분에 수분을 공급하며, 수도 밸브의 개폐를 위해 서보 모터를 사용한다.

④ LED : 붉은색 LED는 온도 센서로 측정한 온도에 따른 에어컨의 ON/OFF 동작을 나타내기 위한 것이고, 파란색 LED는 기울기 센서로 감지한 기울어짐을 경고하기 위한 것이다.

⑤ DC 전원 공급기 (5V, 5A) : 홈 오토메이션에서 사용하는 서보 모터, 센서에 전력을 공급하기 위한 것이다.

⑥ 9V 건전지 : 아두이노는 Vin 핀에 7~12V 외부 전원을 연결하여 부족한 전력을 보충할 수 있다. 홈 오토메이션 회로에서는 9V 건전지를 사용한다.

14.2.2 홈 오토메이션 회로 구성하기

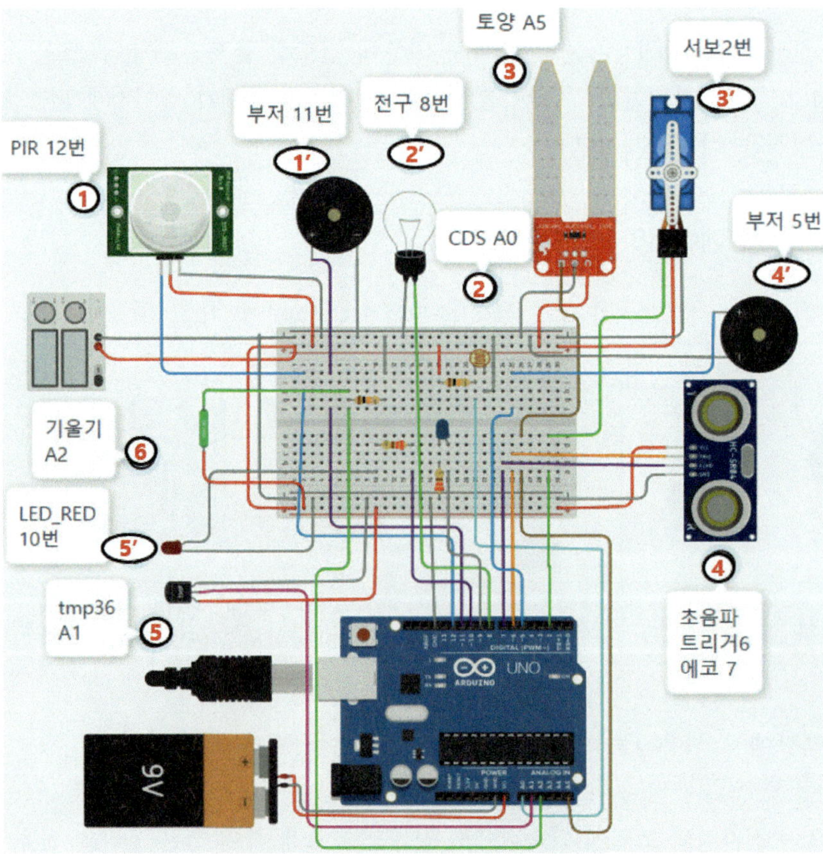

[그림 14-2] 홈 오토메이션 회로 구성도

그림 14-2는 아두이노를 이용하여 설계한 홈오토메이션의 회로 구성을 보여준다. 센서는 ①~⑥으로 나타내고, 센서별 기능 구현을 위한 액추에이터는 센서와 같은 번호에 '기호를 붙여서 구분한다. 홈오토메이션의 회로 구성은 다음과 같다.

① PIR 적외선 센서의 VCC 핀은 아두이노 보드의 5V 핀과 연결하고, GND 핀은 아두이노 보드의 GND 핀에 연결한다. 생명체의 움직임 감지 여부에 따라서 0과 1의 디지털 신호를 출력하는 OUT 핀은 아두이노 보드의 12번 디지털 핀과 연결한다. 생명체의 움직임이 감지되면 11번 핀에 연결된 부저에서 경보음이 울린다.

② CdS 조도 센서의 출력은 아두이노의 아날로그 입력 핀 A0와 연결한다. 아날로그 입력 A0에 연결, 조도에 따라서 8번 핀에 연결된 전구가 자동으로 점등/소등된다.

③ 토양 수분 감지 센서의 출력은 아두이노의 아날로그 입력 A5에 연결한다. 토양의 수분양에 따라서 디지털 2번 핀에 연결된 서보 모터가 90도/0도 회전한다.

④ 문의 개폐를 확인하기 위한 초음파 센서의 Trig 핀은 아두이노의 6번 핀에 연결하고, Echo 핀은 아두이노의 7번 핀에 연결한다. 초음파 센서의 VCC 핀은 5V에 연결하고, Gnd 핀은 GND에 연결한다. 문이 80cm 이상 열리는 경우 5번 핀에 연결한 부저가 동작한다. 문의 개폐를 확인하기 위해서 초음파 센서 대신 자석을 이용한 마그네틱 센서를 이용할 수 있다.

⑤ 온도 센서 TMP 36의 출력은 아두이노의 아날로그 입력 A1에 연결한다. 실온을 측정하고 25도 이상으로 올라가는 경우 10번 핀에 연결된 LED가 점등된다. 실제 현장에서는 릴레이를 통해서 에어컨 전원을 직접 구동하거나. 무선 신호로 에어컨에 동작 신호를 전달하도록 설계할 수 있다.

⑥ 기울기 센서를 아두이노의 아날로그 입력 A2에 연결한다. 기울어짐을 감지하면 9번 핀에 연결된 파란색 LED가 점등된다. 기울기 센서를 전열기에 부착하면 전열기가 넘어지면 알림을 제공하는 시스템을 구현할 수 있다.

본 홈 오토메이션 시스템은 침입감지, 자동 온도제어, 화분제어, 문의 개폐, 전열기 기울기 감지 등을 아두이노를 통해서 구현하는 예를 제시한 것이다.

14.2.3 홈 오토메이션 프로그램

```
#include <Servo.h>
#define PIR          12
#define BUZ          11
#define LED_RED      10
#define LED_BLUE      9
#define LIGHT         8
```

```
#define ECHO        7
#define TRIG        6
#define BUZ2        5
#define SERVO       2
#define CDS         A0
#define TMP36       A1
#define TILT        A2
#define EARTH       A5
int SERVO_flag = LOW;
int PIR_flag = LOW;
int PIR_check = 0;
int CDS_check = 0;
Servo servo;

void setup() {
  pinMode(PIR,INPUT);
  pinMode(LED_BLUE,OUTPUT);
  pinMode(LED_RED,OUTPUT);
  pinMode(LIGHT,OUTPUT);
  pinMode(BUZ,OUTPUT);
  pinMode(BUZ2,OUTPUT);
  pinMode(TRIG,OUTPUT);
  pinMode(ECHO,INPUT);
  servo.attach(SERVO);
  Serial.begin(9600);
}

void loop() {
  run_1PIR();
  run_2CDS();
  run_3EARTH();
  run_4DISTANCE();
  run_5TMP();
  run_6tilt();
  delay(10);
}

void run_1PIR() {
  PIR_check=digitalRead(PIR);
  if(PIR_check==1 && PIR_flag==LOW ) {
      tone(BUZ,500,100);
      digitalWrite(LED_BLUE,HIGH);
      PIR_flag=HIGH;
      Serial.println(" -->someone invade alarm !!");
  } else if(PIR_check==0){
```

```
        noTone(BUZ);
        digitalWrite(LED_BLUE,LOW);
        PIR_flag=LOW;
  }
  return;
}
void run_2CDS() {
  CDS_check=analogRead(CDS);
  if(CDS_check>=200) {
        digitalWrite(LIGHT,HIGH);
        Serial.println(" -->dark alarm !!"+String(CDS_check));
  } else digitalWrite(LIGHT,LOW);
  return;
}
void run_3EARTH() {
  int EARTH_check=analogRead(EARTH);
  if(EARTH_check<=500 && SERVO_flag==LOW) {
      SERVO_flag=HIGH;
      waterPush();
      Serial.println(" -->earth alarm !!"+String(EARTH_check));
  } else if(EARTH_check >500) {
      waterStop();
      SERVO_flag=LOW;
  }
  return;
}

void waterPush() {
  servo.write(85);
  delay(50);
  return;
}

void waterStop() {
  servo.write(0);
  delay(30);
  return;
}

void run_4DISTANCE() {
    float duration, cm;
    digitalWrite(TRIG, LOW);
    delayMicroseconds(2);
    digitalWrite (TRIG, HIGH);
    delayMicroseconds (10);
```

```
97       digitalWrite (TRIG, LOW);
98       duration = pulseIn (ECHO, HIGH);
99       cm = 0.01723 * duration;
100      if(cm>80) analogWrite(BUZ2,10);
101      else digitalWrite(BUZ2,0);
102      return;
103   }
104
105   void run_5TMP() {
106     int TMP_check=analogRead(TMP36);
107     float volt=TMP_check*(5.0/1024.0);
108     float TEMPER=volt*100-50;
109     if(TEMPER>=25 ) {
110        digitalWrite(LED_RED,HIGH);
111        Serial.println(" -->temperature"+String(TEMPER));
112     }else digitalWrite(LED_RED,LOW);
113     return;
114   }
115
116   void run_6tilt(){
117     int tilt_data=analogRead(TILT);
118     if( tilt_data >500 ) {
119       Serial.println("Tilt =  "+String(tilt_data));
120       digitalWrite(LED_BLUE,HIGH);
121     } else digitalWrite(LED_BLUE,LOW);
122     return;
123   }
```

홈 오토메이션 프로그램을 상세히 설명하면 다음과 같다.

[1] : 서보모터 설정을 위한 헤더 파일이 포함된다.
[2~10] : 사용되는 디지털 핀을 정의한다.
[11~14] : 사용되는 아날로그 센서 핀들을 정의한다.
[15~18] : 전역변수의 초기값을 설정한다.
[19] : 서보모터의 객체를 servo로 선언한다.
[21~29] : 사용하는 GPIO 핀을 용도에 맞게 입력 또는 출력으로 설정한다.
[30] : 2번 핀에 연결된 서보 모터를 제어할 수 있도록 초기화한다.
[34~42] : 침입 감지 〉 조도 측정 〉 토양 수분 측정 〉 문 개폐 확인 〉 온도 측정 〉 기울기 측정을 계속 반복해서 실행한다.

[44~57] : PIR 적외선 센서로 생명체의 움직임을 감지하고, PIR_flag의 값이 0(LOW)인 움직임이 감지된 최초 시점에만 수동 부저로 500Hz 톤의 침입 감지 경보음을 발생시킨다.

[58~64] : CdS 조도 센서의 출력이 200 이상이면 전구를 점등시킨다.

[66~89] : 토양 수분 감지 센서에서 출력이 500 이하이면 서보 모터를 85도 회전시키고, 500을 초과하면 0도 회전시킨다. 85도 회전은 급수기가 열려서 수분이 자동 공급되는 것을 나타내고, 0도 회전은 수분 공급이 차단되는 것을 나타낸다.

[91~103] : 초음파 센서로 측정한 물체까지의 거리가 80cm 이상이면 수동 부저로 경보음을 울린다. 경보음을 발생시키는 제어신호의 duty cycle은 10%이다.

[105~114] : TMP 36 온도 센서로 측정한 온도가 25도 이상이면 빨간색 LED를 점등시킨다.

[115~121] : 기울기 센서 출력이 500을 초과하면 기울어짐을 감지하여 파란색 LED를 점등시킨다.

14.3 디지털시계

14.3.1 디지털시계 설계하기

(1) 동작 시나리오 개요

- 7-segment에 시간을 표시한다.
- 시간 정보는 RTC (Real Time Clock)를 통해서 획득한다.
- RTC와 통신하기 위해서 아두이노의 I2C 인터페이스를 이용한다.

(2) 사용되는 부품 리스트

[표 14-5] 디지털시계 구성 부품

7-segment, 2개	RTC (모델: DS3231), 1개	16×2 LCD, 1개

시간은 시, 분, 초를 2 digit 씩 사용하여 나타낸다. 이를 위해 4 digit를 표시할 수 있는 FND(Flexible Numeric Display) 4개로 구성된 7-segment를 2개 사용한다. 시간 정보를 획득하

기 위해 RTC 모듈을 사용하며, 아두이노는 I2C 통신으로 시간 정보를 가져오게 된다. 그리고 시간 정보, 설정 및 상태를 표시하기 위한 보조 표시 장치로 LCD를 사용한다.

14.3.2 디지털시계 회로 구성하기

(1) 디지털시계 회로

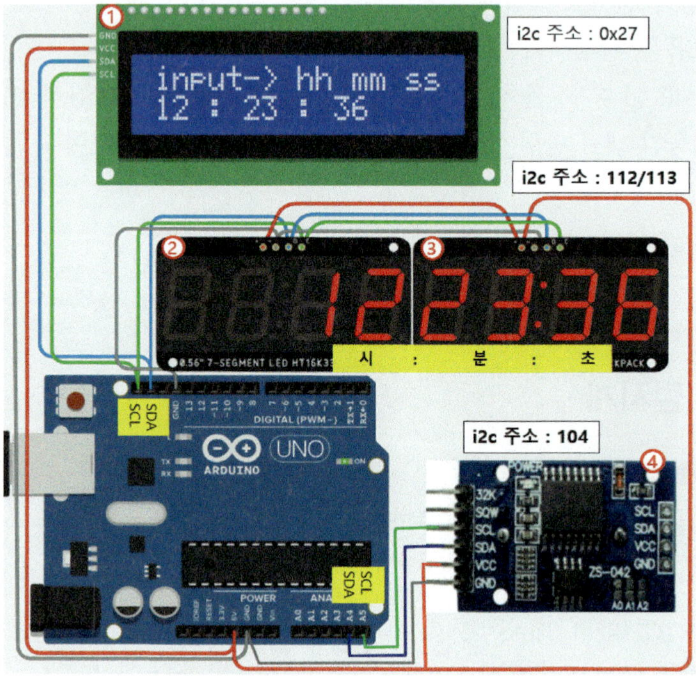

[그림 14-3] 디지털시계 회로 구성도

그림 14-3은 아두이노를 이용하여 설계한 디지털시계의 회로 구성을 보여준다. LCD, 7-segment, RTC 모듈의 I2C 통신을 위한 SDA(데이터), SCL(클럭) 핀은 아두이노 보드의 SDA, SCL 핀과 연결한다. 전원 공급을 위한 VCC, GND 핀은 각각 아두이노 보드의 5V, GND 핀과 연결한다. 디지털시계를 구성하는 장치별 I2C 주소는 다음과 같다.

① LCD(용도: 시간 정보 디스플레이) : 0x27

②, ③ 7-segment(용도: 시간 표시): 112(왼쪽, 시간 표시), 113(오른쪽, 분/초 표시)

④ RTC(용도: 시간 정보 획득) : 104

(2) I2C 주소 검색 프로그램

```
1  #include <Wire.h>
2  
3  void setup() {
4    Serial.begin (9600);
5    while (!Serial){ }
6    Serial.println ();
7    Serial.println ("I2C scanner. Scanning ...");
8    byte count = 0;
9  
10   Wire.begin();
11   for (byte i = 0; i < 127; i++)
12   {
13     Wire.beginTransmission(i);
14     if (Wire.endTransmission() == 0) {
15       Serial.print (" I2C address: ");
16       Serial.print ("DEC ->"+String(i)+" HEX->");
17       Serial.println (i, HEX);
18       count++;
19       delay (10);
20       }
21   }
22   Serial.println ("Found I2C # : "+String(count)+" device(s).");
23 }
24 
25 void loop() {}
```

I2C 주소 검색 프로그램을 상세히 설명하면 아래와 같다.

[1] : I2C 헤더 파일이 포함된다.

[4] : 시리얼 통신속도를 9600bps로 설정한다.

[5] : 시리얼 포트가 열릴 때까지 기다린다.

[6~7] : I2C 장치 스캔 시작 메시지를 출력한다.

[8] : 발견된 I2C 장치 수를 셀 변수인 count를 선언하고, 값을 0으로 초기화한다.

[10] : I2C 버스를 초기화한다.

[11] : I2C의 7비트 주소를 스캔하기 위해서 byte 자료형 i 변수의 값을 1부터 126까지 증가시킨다.

[13] : i 변수의 값에 해당하는 주소를 가지는 I2C 장치와 통신을 시작한다.

[14] : endTransmission 함수를 호출한 결과, 반환 값이 0과 같은지 확인한다. 반환 값이 0이면 통신이 성공적으로 끝난 것이며, I2C 장치가 현재 주소에 연결되어 있다는 것이다.

[15~17] : I2C 주소를 10진수, 16진수로 출력한다.

[18] : 발견된 장치 수를 증가시킨다.

[19] : 10ms 지연을 준다.

[22] : 127개 I2C 주소를 스캔한 결과, 발견된 장치의 개수를 출력한다.

14.3.3 디지털시계 프로그램

```
#include <LiquidCrystal_I2C.h>
#include <Adafruit_LEDBackpack.h>
#include <RTClib.h>
#define DEBUG_MODE 1

#if DEBUG_MODE
  #define  d_println(x)  Serial.println(x)
  #define  d_print(x)  Serial.print(x)
#else
  #define d_println(x)   {}
  #define d_print(x)  {}
#endif
LiquidCrystal_I2C lcd(0x27,16,2);
Adafruit_7segment watchH;
Adafruit_7segment watchL;
RTC_DS3231 rtc;
int count=0;
int ctime1=0;
int cmin1=0;
int csec1=0;
int time_input=0;

void setup()
{
  lcd.begin();
  lcd.backlight();
  lcd.clear();
  watchH.begin(112);
  watchL.begin(113);
  rtc.begin();
  rtc.adjust(DateTime(2024,1,1,12,0,0));
  Serial.begin(9600);
```

```
  lcd.setCursor(0, 0);
  lcd.print(String("Digital watch "));
  delay(200);
}

void loop()
{
  lcd.clear();
  lcd.setCursor(0, 0);
  lcd.print(String("input-> hh mm ss"));
  lcd.setCursor(0, 1);
  lcd.print(String(ctime1)+" : "+String(cmin1)+" : "+String(csec1));
  d_println(String(ctime1)+" : "+String(cmin1)+" : "+String(csec1));
  if(Serial.available()){
      time_input=1;
      ctime1=Serial.parseInt();
      cmin1=Serial.parseInt();
      csec1=Serial.parseInt();
      Serial.print("time input = ");
      d_println(String(ctime1)+" : "+String(cmin1)+" : "+String(csec1));
      if (ctime1 < 24 && cmin1 < 60 && csec1 < 60)
         rtc.adjust(DateTime(2024,8,19, ctime1, cmin1, csec1));
      else{
         lcd.setCursor(0, 1);
         lcd.print(" input time error");
      }
  }
  if(time_input==0) {
      lcd.setCursor(0, 1);
      lcd.print(String("time = ")+count++);
  } else {
      time_update();
      time_display();
  }
  delay(1000);
}
void time_update() {
  DateTime now = rtc.now();
  ctime1=now.hour();
  cmin1=now.minute();
  csec1=now.second();
  return;
}
void time_display() {
  long watchTime=0;
```

```
78     if (ctime1 〈10 )
79         watchH.writeDigitNum(3, 0);
80     watchH.print(ctime1);
81     watchH.writeDisplay();
82     if(cmin1〉0)
83         watchTime=cmin1*100+csec1;
84     else
85         watchTime=csec1;
86     watchL.print(watchTime);
87     if( watchTime 〈10) {
88         watchL.writeDigitNum(0, 0);
89         watchL.writeDigitNum(1, 0);
90         watchL.writeDigitNum(3, 0);
91     }else if( watchTime 〈100) {
92         watchL.writeDigitNum(0, 0);
93         watchL.writeDigitNum(1, 0);
94     }else if( watchTime 〈1000)
95         watchL.writeDigitNum(0, 0);
96     watchL.drawColon(true);
97     watchL.writeDisplay();
98     return ;
99 }
```

디지털시계 프로그램은 헤더 파일 포함, 전역변수 선언, 초기 설정을 위한 setup 함수, 반복 실행되는 loop 함수로 구성되며, 상세히 설명하면 아래와 같다.

[1] : I2C LCD 디스플레이를 사용하기 위한 헤더 파일을 포함한다. 단, 사전 작업으로 1.2.3절을 참고하여 'LiquidCrystal I2C' 라이브러리를 설치해야 한다.

[2] : 7-segment 디스플레이를 사용하기 위한 헤더 파일을 포함한다. 단, 사전 작업으로 1.2.3절을 참고하여 'Adafruit LED Backpack' 라이브러리를 설치해야 한다.

[3] : RTC 모듈을 사용하기 위한 헤더 파일을 포함한다. 단, 사전 작업으로 1.2.3절을 참고하여 'RTClib' 라이브러리를 설치해야 한다.

[4~12] : DEBUG_MODE가 1로 설정되어 있을 때 디버그 메시지를 시리얼 모니터에 출력한다.

[13] : I2C 주소가 0x27인 16×2 LCD 디스플레이 객체 lcd를 생성한다.

[14] : 시(hour)를 표시할 7-segment 디스플레이 객체 watchH를 생성한다.

[15] : 분(minute)과 초(second)를 표시할 7-segment 디스플레이 객체 watchL을 생성한다.

[16] : DS3231 RTC 모듈 객체 rtc를 생성한다.

[17] : 시간 경과를 추적하기 위한 변수 count를 선언하고, 값을 0으로 초기화한다.

[18~20] : 현재 시, 분, 초를 저장하기 위한 변수 ctime1, cmin1, csec1을 선언하고, 값을 0으로 초기화한다.

[21] : 시리얼 입력을 통해 시간 설정 여부를 추적하는 변수 time_input을 선언하고, 값을 0으로 초기화한다.

23~36의 setup 함수는 RTC, 7-segment, LCD 제어를 위한 초기화 설정을 진행하며, 주요 소스 코드는 다음과 같다.

[25~27] : LCD를 사용하기 위해서 초기화, 백라이트 켜기, 화면 지우기를 한다.

[28] : 7-segment watchH의 I2C 주소를 112로 초기화한다.

[29] : 7-segment watchL의 I2C 주소를 113으로 초기화한다.

[30] : RTC를 시작한다.

[31] : RTC 모듈을 2024년 1월 1일 12:00:00으로 설정한다.

[32] : 시리얼 통신속도를 9600bps로 설정한다.

[33] : LCD의 커서를 1행 1열에 위치되도록 설정한다.

[34] : LCD에 "Digital watch" 메시지를 출력한다.

[35] : 200ms 지연을 준다.

38~68은 loop 함수이며, 주요 소스 코드는 다음과 같다.

[40] : LCD 화면 지우기를 한다.

[41] : LCD의 커서를 1행 1열에 위치되도록 설정한다.

[42] : LCD에 시간 입력 형식을 안내하는 "input ⇨ hh mm ss" 메시지를 출력한다.

[43] : LCD의 커서를 2행 1열에 위치되도록 설정한다.

[44] : LCD에 시간을 시:분:초 형식으로 출력한다.

[45] : 디버그 모드에서 시리얼로 시각을 출력한다.

[46~47] : 시리얼 입력이 있으면 변수 time_input의 값을 1로 설정한다. 단, 시리얼 모니터에서 시각을 "hh mm ss" 형태로 시, 분, 초를 입력한다.

[48] : 시리얼로 입력된 시(hour)를 ctime1에 저장한다. Serial.parseInt()는 아두이노 코드에서 직렬 포트(Serial)로부터 정수를 읽어 들이는 함수이다. 이 함수는 시리얼 입력 버퍼에서 숫자를 찾아서 해당 숫자를 정수로 변환한 후 반환한다. 사용자가 시리얼 모니터를 통해 입력한 숫자를 받아서 아두이노 프로그램에서 사용할 수 있도록 해주는 기능을 한다.

[49] : 시리얼로 입력된 분(minute)을 cmin1에 저장한다.

[50] : 시리얼로 입력된 초(second)를 csec1에 저장한다.

[51] : 시리얼로 "time input ="을 출력한다.

[52] : 디버그 모드에서 시리얼로 "시 : 분 : 초"형식으로 시각을 출력한다.

[53~54] : 시리얼로 입력한 시, 분, 초의 값이 각각 24, 60, 60보다 작으면 RTC 모듈에 시간을 설정한다. rtc.adjust() 함수는 RTC 모듈의 시간을 조정(설정)하는 함수이다. rtc는 RTC 클래스의 객체이며, 이 객체를 통해 RTC 모듈과 상호작용한다. DateTime(2024, 8, 19, ctime1, cmin1, csec1)은 DateTime 클래스의 생성자로, 특정한 날짜와 시간을 나타내는 객체를 생성한다. 날짜는 2024년 8월 19일로 되어 있으며, 사용자는 현재 시점의 날짜로 수정하면 된다.

[55~58] : 시리얼로 입력한 시, 분, 초의 값이 각각 24, 60, 60보다 작은 조건을 만족하지 않으면 LCD의 커서를 2행 1열에 위치되도록 설정한다. 그리고 LCD에 입력한 시간의 형식이 맞지 않다는 메시지인 "input time error"를 출력한다.

[60~62] : 시리얼 입력이 없으면, LCD의 커서를 2행 1열에 위치되도록 설정한다. 그리고 변수 count의 값을 1 증가시켜서 LCD에 "time = count의 값" 형식으로 시간 경과(count)를 표시하고, 사용자가 시간을 입력하기를 기다린다.

[63~65] : 시리얼로 정상적인 시간 입력이 된 경우, time_update 함수를 호출하여 시간 정보를 수정하고, time_display 함수를 호출하여 LCD 화면에 시간을 표시한다.

[67] : 1초 지연을 준다.

[69~75] : time_update 함수이며, RTC 모듈에서 현재 시각을 읽어와서 ctime1, cmin1, csec1 변수에 저장한다.

76~99의 time_display 함수는 시를 표시할 7-segment 디스플레이 객체 watchH와 분과 초를 표시할 7-segment 디스플레이 객체 watchL을 이용하여 7-segment의 시, 분, 초의 자리에 시간 정보를 표시한다. 주요 소스 코드는 다음과 같다.

[78~79] : 현재 시각의 시 정보가 저장된 변수 ctime1의 값이 10보다 작은 경우 7-segment의 세 번째 digit, 십자리에 0을 표시한다. 예를 들어, ctime1이 9인 경우 09로 표시되도록 하는 것이다. writeDigitNum 메서드는 지정된 위치에 숫자를 쓰는 역할을 한다. writeDigitNum(3, 0)은 7-segment 디스플레이의 네 번째 자리(인덱스 3)에 숫자 0을 표시한다. 4 digit를 표시할 수 있는 7-segment 모듈 중에서 두 번째 digit와 세 번째 digit 사이에 콜론이 있는 경우, 네 번째 자리(인덱스 3)가 세 번째 digit 표시 위치이다.

[80] : 현재 시각의 시 정보가 저장된 변수 ctime1의 값을 watchH 객체를 이용하여 7-segment 디스플레이에 출력할 값으로 설정한다.

[81] : watchH 7-segment 디스플레이에 출력할 값을 화면에 표시한다.

[82~85] : cmin1의 값이 0보다 크면 100을 곱하고 csec1의 값을 더해서 watchTime 변수에 저장한다. 즉, 현재 시각의 분, 초 정보를 나타낼 수 있도록 watchTime 변수의 값을 설정한다. 만약 cmin1의 값이 0이면, 현재 시각의 초 정보를 나타내는 csec1 변수의 값만

watchTime 변수에 저장한다.

[86] : 현재 시각의 분, 초 정보가 저장된 변수 watchTime의 값을 watchL 객체를 이용하여 7-segment 디스플레이에 출력할 값으로 설정한다.

[87~95] : watchTime의 값이 10보다 작은 경우 7-segment의 첫 번째, 두 번째, 세 번째 digit에 0을 표시한다. watchTime의 값이 10 이상 100 미만인 경우 7-segment의 첫 번째, 두 번째 digit에 0을 표시한다. watchTime의 값이 100 이상 1000 미만인 경우 7-segment의 첫 번째 digit에 0을 표시한다.

[96] : watchL 객체를 이용하여 현재 시각의 분, 초 정보를 출력하는 7-segment 디스플레이에 콜론 (:)을 표시하도록 설정한다. 즉, 콜론을 이용하여 분과 초를 구분한다.

[97] : watchL 7-segment 디스플레이에 출력할 값을 화면에 표시한다.

14.4 환경 오염 측정기

14.4.1 환경 오염 측정기 설계하기

(1) 동작 시나리오 개요

- 자외선 지수를 매초 측정한다.
- 미세먼지 농도를 매초 측정한다.
- 측정한 결과와 표 14-7, 14-8의 예보 등급을 LCD에 표시한다.

표 14-7은 미세먼지 농도에 따른 예보 등급이며, 4단계로 구분된다.

[표 14-7] 미세먼지 예보 등급

예보 등급	좋음	보통	나쁨	매우 나쁨
미세먼지 농도 [㎍/m^3]	≦ 30	31~80	81~150	151 ≦

표 14-8은 자외선 지수에 따른 예보 등급이며, 5단계로 구분된다.

[표 14-8] 자외선 예보 등급

예보 등급	좋음	보통	높음	매우 높음	위험
자외선 지수	0~2	3~5	6~7	8~10	11 ≦
출력	≦ 408	409~695	696~880	881~1169	1170 ≦

(2) 사용되는 부품 리스트

[표 14-9] 환경 오염 측정기 구성 부품

미세먼지 센서 (샤프 GP2Y1010AU0F)	자외선 센서 (ML8511)	16×2 LCD	– 콘덴서 : 220㎌ – 저항 : 150Ω

본 프로젝트에서 사용하는 미세먼지 센서는 샤프 GP2Y1010AU0F이며, 10㎛ 미만의 미세먼지를 측정할 수 있다. 미세먼지 센서는 적외선 LED와 포토트랜지스터로 구성된다. 적외선 LED에서 방출된 적외선은 포토트랜지스터를 통해서 수집되며, 광도전효과에 의해 빛의 세기에 비례해서 생성되는 광전류의 양으로 빛의 세기를 측정한다. 이때 미세먼지의 농도가 높을수록 포토트랜지스터로 입사하는 적외선의 양이 감소하게 되며, 그 변화를 감지하여 미세먼지의 농도를 측정하게 된다. 미세먼지 센서의 회로와 특성은 그림 14-4와 같다. 적외선 LED는 220uF 콘덴서를 통해서 충전한 후에 10ms마다 적외선을 발광하며, 포토트랜지스터는 발광 후 0.28ms가 경과한 뒤 0.04ms 동안 수신하여 측정한다. 센서의 아날로그 출력 전압과 미세먼지 농도의 관계는 아래 수식으로 나타낼 수 있다.

$$출력\ 전압 = (3.6-0.59)/0.5 \times 미세먼지\ 농도 + 0.59$$

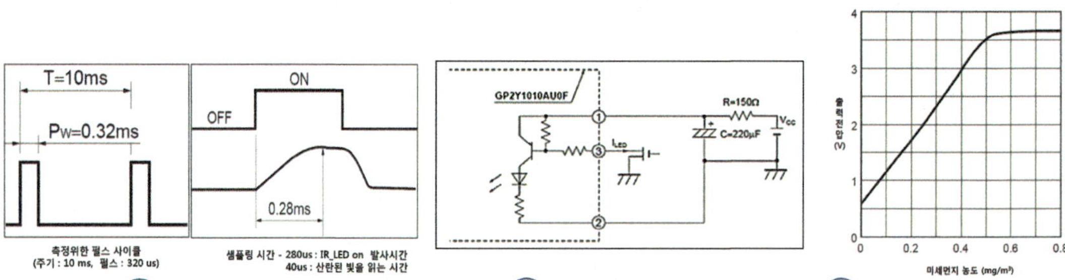

① IR LED 동작 주기 ② 주변 회로 구성 ③ 센서 특성(미세먼지:전압)

[그림 14-4] 미세먼지 센서 회로 및 특성

자외선 센서는 ML8511 모델을 사용하며, 그림 14-5에서와 같이 검출되는 자외선의 양에 따라서 아날로그 출력 전압이 변화하게 되며, 280~390㎚의 UVB 와 UVA 파장 대역의 빛을 검출할 수 있다. 그림 14-5는 자외선 지수와 출력 전압의 관계를 보여준다. 출력 전압은 자외선 지수에 따라서 선형적으로 증가하는 비례 관계에 있으며, 0.99~2.9V의 출력 전압을 0~15의 자외선 지수로 대응시켜 나타낸다. 자외선 지수는 표 14-8에서와 같이 11단계의 등급으로 표시한다.

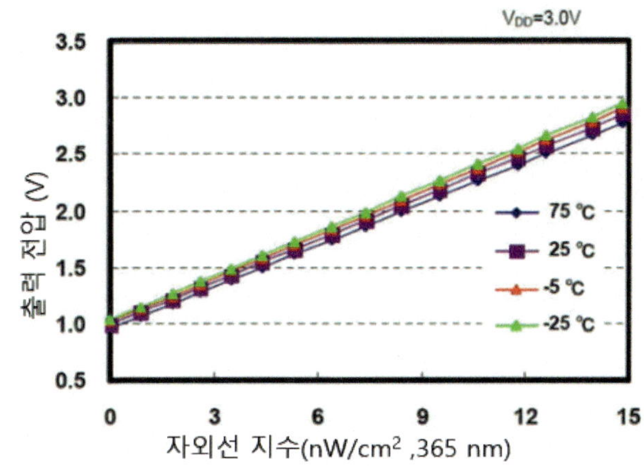

[그림 14-5] 자외선 지수와 출력 전압의 관계

14.4.2 환경 오염 측정기 회로 구성하기

[그림 14-6] 환경 오염 측정기 회로 구성도

그림 14-6은 아두이노를 이용하여 설계한 환경 오염 측정기의 회로 구성을 보여준다. 미세먼지 센서, 자외선 센서, 그리고 디스플레이 장치로 사용한 LCD를 아두이노 보드와 연결하는 방법은 다음과 같다.

[표 14-10] 미세먼지 센서 핀 연결 정보

미세먼지 센서 핀		연결 방법
V-LED	적외선 LED의 전원	아두이노 5V 핀에 연결
LED-GND	적외선 LED의 GND	아두이노 GND에 연결
LED	적외선 LED 제어	아두이노 디지털 2번 핀에 연결
S-GND	센서의 GND	아두이노 GND에 연결
Vo	센서의 출력	아두이노 아날로그 A1 핀에 연결
Vcc	센서의 전원	아두이노 5V 핀에 연결

① 미세먼지 센서 : 미세먼지 센서의 핀 연결 정보는 표 14-10과 같다. 적외선 LED의 전원 핀과 아두이노 5V 핀 사이에 150Ω 저항을 넣어서 직렬로 연결한다. 그리고 전원과 저항 사이에 200㎌ 콘덴서의 + 극성 리드선을 연결하고, - 극성 리드선을 GND에 연결한다. 이렇게 RC 회로를 구성하면 콘덴서가 완충 전압의 63%가 되는데 걸리는 시간인 시정수 τ를 조정할 수 있다. 시정수는 저항과 콘덴서의 정전용량(capacitance)의 곱으로 나타낸다. 그리고 센서의 출력은 아두이노의 아날로그 A1에 연결한다

② 자외선 센서 : 활성화(EN), 전원(3.3) 핀을 아두이노 보드의 5V 핀과 연결하고, GND 핀끼리 연결한다. 그리고 센서의 출력(OUT) 핀은 아두이노 보드의 A0 핀에 연결한다.

③ LCD : I2C 통신을 위한 SDA(데이터), SCL(클럭) 핀은 아두이노 보드의 SDA, SCL 핀과 연결한다. 전원 공급을 위한 VCC, GND 핀은 각각 아두이노 보드의 5V, GND 핀과 연결한다.

14.4.3 환경 오염 측정기 프로그램

```
#include <LiquidCrystal_I2C.h>

char UV_step[5][10]={"Very Good","Good","High","Very High","Danger"};
char DUST_step[4][10]={"Very Good","Good","Bad","Worst"};
int repeat = 10;
int uvData=0;
float uvVoltage=0.0;
float uvIndex =0.0;
int uvResult=0;
bool toggle=true;
int IRled = 2;
int samplingTime = 280;
int deltaTime = 40;
int sleepTime = 9680;
float voMeasured = 0;
float calcVoltage = 0;
float dustDensity = 0;
LiquidCrystal_I2C lcd(0x27,16,2);
#define UV_pin    A0
#define dust_pin          A1
#define ref_pin A2

void setup()
{
  lcd.init();
  lcd.backlight();
  lcd.clear();

  Serial.begin(9600);
  lcd.setCursor(0, 0);
  lcd.print(String("UV/dust sensing "));
  pinMode(IRled,OUTPUT);
  delay(100);
}

void loop()
{
  uvCheck();
  dustCheck();
  display_LCD();
  delay(1000);
}

```

```
void dustCheck() {
  int tmp=0;
  calcVoltage =0;
  for(int i=0;i<repeat ;i++) {
     digitalWrite(IRled, LOW);
     delayMicroseconds(samplingTime);
     voMeasured = analogRead(dust_pin);
     delayMicroseconds(deltaTime);
     digitalWrite(IRled, HIGH);
     delayMicroseconds(sleepTime);
     tmp= voMeasured*(5.0/1024.0);
     calcVoltage += tmp;
  }
  calcVoltage = calcVoltage/repeat;
  dustDensity = (0.17*calcVoltage-0.1)*1000;
  Serial.print(dustDensity);
  Serial.println(" ug/m3 " +String(voMeasured));
}

void uvCheck() {
  uvData = readUv(int UV_pin );
  int refLevel = readUv(int ref_pin );
  uvVoltage = 3.3/refLevel*uvData;
  uvIndex = mapfloat(uvVoltage,0.99,2.9,0.0,15.0);
}

int readUv(int pin) {
  unsigned int data =0;
  for (int i=0; i<repeat;i++) {
     data += analogRead(pin);
     delay(10);
  }
  data = int(data/repeat);
  return(data);
}

float mapfloat(float x, float in_min, float in_max, float out_min, float
out_max)
{
  return (x - in_min) * (out_max - out_min) / (in_max - in_min) +
out_min;
}

void display_LCD() {
  lcd.clear();
```

```
    if(toggle) {
      lcd.setCursor(0,1);
      lcd.print(String(uvVoltage)+"V "+String(int(uvIndex))+"mW/cm^2");
      int uvResult = UV_steps(uvIndex);
      Serial.println(String("UV:")+uvResult+String(" index:")+uvIndex);
      lcd.setCursor(0,0);
      lcd.print(String("UV : ")+UV_step[uvResult]);
      toggle = !toggle;
    }else {
      lcd.setCursor(0,1);
      lcd.print(String(calcVoltage)+"V "+String(int(dustDensity))+"ug/m^3");
      int dustResult=DUST_steps();
      Serial.println(String("dust:")+dustResult+ String(" data:")+voMeasured);
      lcd.setCursor(0,0);
      lcd.print(String("DUST : ")+DUST_step[dustResult]);
      toggle = !toggle;
    }
}

int UV_steps(int index) {
      int step=99;
      if(index > 10) step = 4;
      else if (index > 7) step = 3;
      else if(index > 5) step = 2;
      else if(index > 2 ) step = 1;
      else step = 0;
      return step;
}

int DUST_steps() {
      int step = -1;
      if(dustDensity > 150) step = 3;
else if(dustDensity > 80) step = 2;
      else if(dustDensity > 30 ) step = 1;
      else step = 0;
      return step;
}
```

환경 오염 측정기 프로그램은 헤더 파일 포함, 전역변수 선언, 초기 설정을 위한 setup 함수, 반복 실행되는 loop 함수로 구성되며, 상세히 설명하면 아래와 같다.

[1] : I2C LCD 디스플레이를 사용하기 위한 헤더 파일을 포함한다. 단, 사전 작업으로 1.2.3절을 참고하여 'LiquidCrystal I2C' 라이브러리를 설치해야 한다.

[3~4] : 자외선 지수 및 미세먼지 농도에 따른 경보 단계를 나타내는 문자열을 저장하는 배열인 UV_step와 DUST_step을 선언한다.

[5] : 측정 반복 횟수를 나타내는 변수 repeat를 선언하고, 값을 10으로 초기화한다.

[6~9] : 자외선 센서의 측정 데이터 처리 관련 변수인 uvData, uvVoltage, uvIndex, uvResult를 선언하고, 값을 0으로 초기화한다.

[10] : LCD 디스플레이의 전환을 위한 플래그 역할을 하는 변수 toggle을 선언하고, 값을 true로 초기화한다.

[11~14] : 미세먼지 센서 제어를 위한 변수인 IRled, samplingTime, deltaTime, sleepTime을 선언하고, 값을 각각 2, 280, 40, 9680으로 초기화한다.

[15~17] : 미세먼지 센서의 측정 데이터 처리 관련 변수인 voMeasured, calcVoltage, dustDensity를 선언하고, 값을 0으로 초기화한다.

[18] : I2C 주소가 0x27인 16×2 LCD 디스플레이 객체 lcd를 생성한다.

[19] : 자외선 센서의 출력과 연결되는 아날로그 입력 핀 UV_pin을 A0로 정의한다.

[20] : 미세먼지 센서의 출력과 연결되는 아날로그 입력 핀 dust_pin을 A1로 정의한다.

[21] : 기준 전압 핀과 연결되는 아날로그 입력 핀 ref_pin을 A2로 정의한다.

23~34은 setup 함수이며, 주요 소스 코드는 다음과 같다.

[25~27] : LCD를 사용하기 위해서 초기화, 백라이트 켜기, 화면 지우기를 한다.

[29] : 시리얼 통신속도를 9600bps로 설정한다.

[30] : LCD의 커서를 1행 1열에 위치되도록 설정한다.

[31] : LCD에 "UV/dust sensing" 메시지를 출력한다.

[32] : 미세먼지 센서의 적외선 LED 제어 핀 IRled를 출력으로 설정한다.

[33] : 100ms 지연을 준다.

36~42는 loop 함수이며, 주요 소스 코드는 다음과 같다.

[38] : 자외선 지수를 측정하는 함수를 호출한다.

[39] : 미세먼지 농도를 측정하는 함수를 호출한다.

[40] : 측정 결과를 LCD에 표시하는 함수를 호출한다.

[41] : 1초 지연을 준다.

44~61은 미세먼지 농도를 측정하는 dustCheck 함수이며, 주요 소스 코드는 다음과 같다.

[47~57] : 미세먼지 측정 데이터를 repeat 횟수만큼 읽고 평균값을 계산한다.

[58] : 미세먼지 농도를 계산한다.

[59~60] : 시리얼로 미세먼지 농도와 측정값을 출력한다.

63~68은 자외선 지수를 측정하는 uvCheck 함수이며, 주요 소스 코드는 다음과 같다.

[64] : 자외선 센서 출력을 읽는다.

[65] : 보정을 위해 기준 전압을 읽는다.

[66] : 자외선 센서의 출력 전압을 계산한다.

[67] : 자외선 지수를 계산한다.

70~78은 자외선 센서 출력을 읽는 readUv 함수이며, 주요 소스 코드는 다음과 같다.

[72~76] : A0 핀에서 repeat 횟수만큼 아날로그 값을 읽어서 평균을 계산한다.

[77] : 평균값을 반환한다.

80~85는 0.99~2.9V의 자외선 센서 출력 전압을 0~15의 자외선 지수로 대응시키는 mapfloat 함수이며, 주요 소스 코드는 다음과 같다.

[83~84] : 자외선 지수를 계산해서 반환한다.

87~106은 LCD에 먼지센서 농도, 자외선 지수 측정 결과를 번갈아가며 표시하는 display_LCD 함수이며, 주요 소스 코드는 다음과 같다.

[88] LCD의 화면 지우기를 한다.

[89~96] toggle의 값이 true이면 자외선 데이터를 LCD에 표시한다.

- 커서를 두 번째 줄의 첫 번째 위치로 이동시킨다.
- 자외선 센서 출력 전압과 자외선 지수를 문자열로 변환하여 "V" 및 "mW/cm^2" 단위와 함께 표시한다. 예) 1.93V 7mW/cm^2
- 자외선 지수를 경보 단계로 변환하는 함수인 UV_steps 함수를 호출하여 경보 단계 값을 uvResult에 저장한다.
- 시리얼로 자외선 경보 단계와 자외선 지수를 출력한다. 예) UV: 2 index:7
- 커서를 첫 번째 줄의 첫 번째 위치로 이동시킨다.
- 자외선 경보 단계를 나타내는 단어를 표시한다. 예) UV : High
- toggle의 값을 true에서 false로 반전시킨다.

[97~105] toggle의 값이 false이면 미세먼지 데이터를 LCD에 표시한다.

- 커서를 두 번째 줄의 첫 번째 위치로 이동시킨다.
- 미세먼지 센서 출력(calcVoltage)과 미세먼지 농도(dustDensity)를 문자열로 변환하여 "V" 및 "ug/m^3" 단위와 함께 표시한다. 예) 1.26V 114ug/m^3
- 미세먼지 농도를 경보 단계로 변환하는 함수인 DUST_steps 함수를 호출하여 경보 단계 값을 dustResult에 저장한다.
- 시리얼로 미세먼지 경보 단계와 미세먼지 센서의 측정값을 출력한다. 예) dust: 2 data:1.26
- 커서를 첫 번째 줄의 첫 번째 위치로 이동시킨다.
- 미세먼지 경보 단계를 나타내는 단어를 표시한다. 예) DUST : Bad
- toggle의 값을 false에서 true로 반전시킨다.

108~116은 자외선 지수를 경보 단계로 변환하는 함수인 UV_steps 함수이며, 주요 소스 코드는 다음과 같다.

[109] 경보 단계를 나타내는 변수 step을 선언하고, 값을 99로 초기화한다.

[110] 자외선 지수 index의 값이 10을 초과하면 step을 4로 저장한다.

[111] 자외선 지수 index의 값이 8~10이면 step을 3으로 저장한다.

[112] 자외선 지수 index의 값이 6~7이면 step을 2로 저장한다.

[113] 자외선 지수 index의 값이 3~5이면 step을 1로 저장한다.

[114] 자외선 지수 index의 값이 0~2이면 step을 0으로 저장한다.

118~125는 미세먼지 농도를 경보 단계로 변환하는 함수인 DUST_steps 함수이며, 주요 소스 코드는 다음과 같다.

[119] 경보 단계를 나타내는 변수 step을 선언하고, 값을 -1로 초기화한다.

[120] 미세먼지 농도 dustDensity의 값이 150을 초과하면 step을 3으로 저장한다.

[121] 미세먼지 농도 dustDensity의 값이 81~150이면 step을 2로 저장한다.

[122] 미세먼지 농도 dustDensity의 값이 31~80이면 step을 1로 저장한다.

[123] 미세먼지 농도 dustDensity의 값이 0~30이면 step을 0으로 저장한다.

14.5 무인 자동차

14.5.1 무인 자동차 설계하기

(1) 동작 시나리오 개요

- 수동 모드와 자율주행 모드 중에서 동작 방식을 선택한다.
- 장애물을 감지하면 다음과 같이 동작한다.
  - 30㎝ 이내에 장애물이 감지되면 경보음을 울리면서 멈추고, 회피하여 주행한다.
- 블루투스 무선통신과 모바일 앱을 이용하여 원격으로 제어한다.

(2) 사용되는 부품 리스트

[표 14-11] 무인 자동차 구성 부품

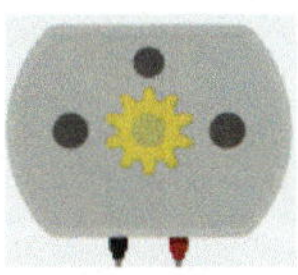	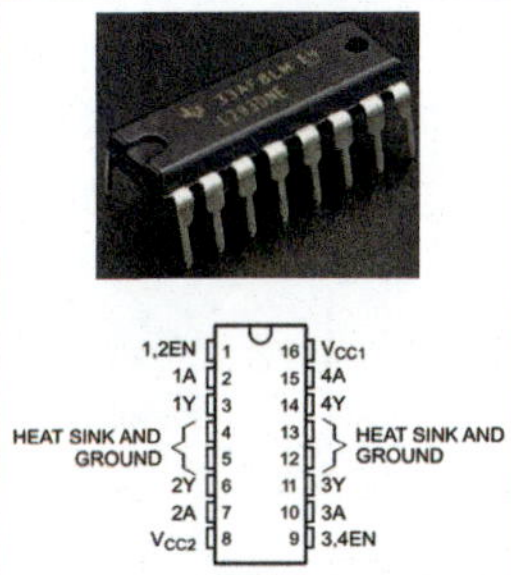	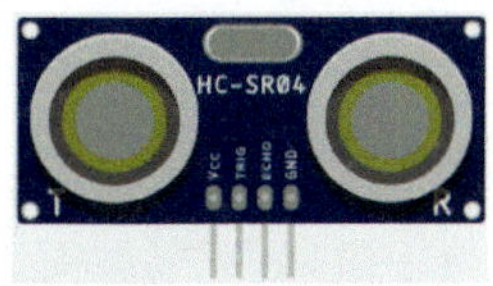	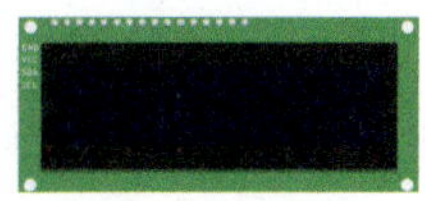
DC 모터	모터 드라이버 (L 293D)	초음파 센서	16×2 LCD

서보 모터	블루투스 모듈	수동 부저	9V 건전지

DC 모터는 무인 자동차의 네 개 바퀴에 장착되어 방향을 바꾸고 전진 및 후진을 도와준다. DC 모터를 작동시키기 위해서는 추가 전원이 필요하며, 외부 전원으로 9V 건전지를 사용한다. 무인 자동차는 전면, 좌측 및 우측 장애물을 감지하기 위해 초음파 센서를 활용한다. 무인 자동차가 방향을 변경하기 위해서는 이동 방향의 좌측과 우측에 있는 장애물을 확인해야 하며, 이를 위해 초음파 센서의 회전에는 서보 모터가 사용된다. 장애물을 감지하면 차량을 정지시키고 동시에 경보음을 울리기 위해 수동 부저를 사용한다. 무인 자동차는 모바일 앱을 통해 자율주행 모드 또는 수동 모드를 선택하여 제어할 수 있으며, 이를 위해 블루투스 모듈을

활용한다. 또한, 무인 자동차의 동작 정보를 표시하기 위해 LCD를 사용한다.

또한 아두이노는 입출력 핀의 권장 전류가 핀당 20mA로, 여러 대의 DC 모터를 구동하기에는 부족하다. 따라서 DC 모터의 전원을 보충하기 위해 L293D 모터 드라이브 칩을 연결해서 회로를 구성해야 한다. L293D 모터 드라이브를 이용하면 아두이노에서 제공하는 제어 신호를 받아서 4개의 모터에 600mA의 전원을 공급할 수 있어 소형 모터를 제어하기에 편리하다.

14.5.2 무인 자동차 회로 구성하기

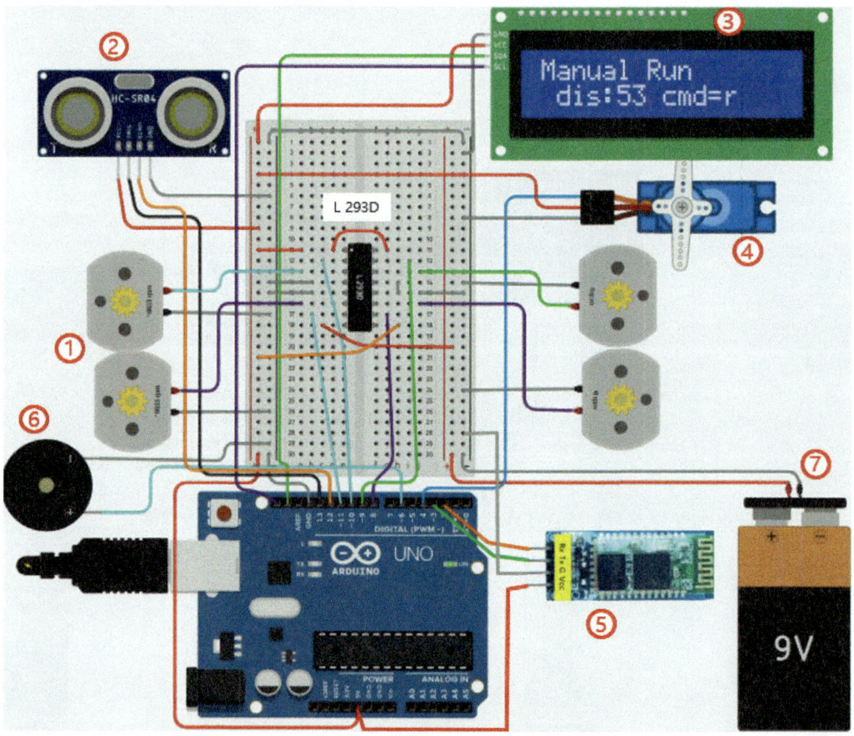

[그림 14-7] 무인 자동차 회로 구성도

그림 14-7은 아두이노를 이용하여 설계한 무인 자동차의 회로 구성을 보여준다. 초음파 센서, DC 모터, 서보 모터, 블루투스 모듈, 수동 부저, 9V 건전지 그리고 디스플레이 장치로 사용한 LCD를 아두이노 보드와 연결하는 방법은 다음과 같다.

① DC 모터 : 좌측 전방, 좌측 후방, 우측 전방, 우측 후방 모터의 + 단자 리드선은 각각 모터 드라이버 L293D의 3, 6, 14, 11번 핀에 연결한다. 그리고 - 단자는 아두이노 보드의 GND와 연결한다. 모터를 제어하기 위한 아두이노 보드의 10번, 11번, 9번, 8번 핀은 각각

L293D의 2, 7, 15, 10번 핀에 연결하며, 모터 제어 신호가 입력되면 600mA의 모터용 출력 신호가 3, 6, 14, 11번 핀에서 발생하게 된다. 이를 위해 L293D의 16번 VCC1 핀에 아두이노 보드의 5V 핀을 연결하고, 8번 VCC2 핀에 외부 전원인 9V 건전지의 +극을 연결한다.

② 초음파 센서 : Trig 핀은 아두이노의 13번 핀에 연결하고, Echo 핀은 아두이노의 12번 핀에 연결한다. 초음파 센서의 VCC 핀은 5V에 연결하고, Gnd 핀은 GND에 연결한다.

③ LCD : I2C 통신을 위한 SDA(데이터), SCL(클럭) 핀은 아두이노 보드의 SDA, SCL 핀과 연결한다. 전원 공급을 위한 VCC, GND 핀은 각각 아두이노 보드의 5V, GND 핀과 연결한다.

④ 서보 모터 : 전원을 공급하기 위해 모터의 전원 단자에 아두이노 보드의 5V 핀을 연결하고, 접지 단자는 아두이노 보드의 GND 핀과 연결한다. 서보 모터의 회전 단자는 회전 각도를 제어하기 위한 신호가 입력되며, 아두이노 보드의 4번 핀과 연결한다.

⑤ 블루투스 모듈 : 시리얼 통신을 위해 아두이노의 Tx(pin 3) 핀은 블루투스 모듈의 Rx 핀에 연결하고, 아두이노의 Rx(pin 2) 핀은 블루투스의 Tx 핀에 연결한다. 전원을 공급하기 위해 블루투스 모듈의 전원 단자에 아두이노 보드의 5V 핀을 연결하고, 접지 단자는 아두이노 보드의 GND 핀과 연결한다.

⑥ 수동 부저 : 음계에 해당하는 주파수로 tone을 발생시키기 위한 제어를 위해 아두이노 보드의 6번 핀과 연결하고, 접지 단자는 아두이노 보드의 GND 핀과 연결한다.

14.5.3 무인 자동차 프로그램

```
#include <Servo.h>
#include <LiquidCrystal_I2C.h>
#include <SoftwareSerial.h>
SoftwareSerial btSerial(3, 2);
char displayMode[2][11]={"Auto Run","Manual Run"};
#define TRIG 13
#define ECHO 12
#define BUZ  6
#define maximum_distance 200
#define AUTO    0
#define MANUAL    1
const int LeftMotorForward = 10;
const int LeftMotorBackward = 11;
const int RightMotorForward = 9;
const int RightMotorBackward = 8;
boolean goesForward = false;
int distance = 100;
int runMode=MANUAL;
char cmd=0;
```

```
char runCmd='f';
Servo servo_motor;
LiquidCrystal_I2C lcd(0x27,16,2);

void setup(){
  pinMode(RightMotorForward, OUTPUT);
  pinMode(LeftMotorForward, OUTPUT);
  pinMode(LeftMotorBackward, OUTPUT);
  pinMode(RightMotorBackward, OUTPUT);
  pinMode(TRIG,OUTPUT);
  pinMode(ECHO,INPUT);
  Serial.begin(9600);
  btSerial.begin(9600);
  servo_motor.attach(4);
  servo_motor.write(90);
  lcd.init();
  lcd.backlight();
  lcd.clear();
  lcd.setCursor(0, 0);
  lcd.print(String("car run manual-M"));
  delay(100);
}

void loop(){
  if(Serial.available()){
      cmd=Serial.read();
      Serial.flush();
  }
  if (btSerial.available()) {
      cmd = btSerial.read();
      btSerial.write("ok");
      Serial.println(String("from bt :")+cmd);
      btSerial.flush();
  }
  if(cmd=='a')
      runMode=AUTO;
  else if(cmd=='m')
      runMode=MANUAL;
  else if(cmd=='f')
      runCmd='f';
  else if(cmd=='b')
      runCmd='b';
  else if(cmd=='r')
      runCmd='r';
  else if(cmd=='l')
```

```
    runCmd='l';
  else if(cmd=='s')
    runCmd='s';

  if(runMode==AUTO)
    autoRun();
  else
    manualRun();
  distance = distance_check();
  Serial.println(String(displayMode[runMode])+" dis:"+String(distance));
  lcd.clear();
  lcd.setCursor(0, 0);
  lcd.print(displayMode[runMode]);
  lcd.setCursor(0, 1);
  lcd.print(" dis:"+String(distance)+" cmd="+cmd);
  delay(100);
}

void autoRun(){
  int distanceRight = 0;
  int distanceLeft = 0;
  delay(50);
  if (distance <= 30){
    moveStop();
    delay(300);
    moveBackward();
    delay(400);
    moveStop();
    delay(300);
    distanceRight = lookRight();
    delay(300);
    distanceLeft = lookLeft();
    delay(300);
    if ( distanceLeft >= distance ){
      turnLeft();
      moveStop();
    } else if(distanceRight >= distance){
      turnRight();
      moveStop();
    } else {
      digitalWrite(BUZ,10);
      delay(300);
      digitalWrite(BUZ,0);
      delay(200);
    }
```

```
    }
    else{
      moveForward();
    }
  }

  void manualRun() {
    if(runMode==MANUAL) {
      if(runCmd=='f')
          moveForward();
      else if(runCmd=='b')
          moveBackward();
      else if(runCmd=='r')
          moveRight();
      else if(runCmd=='l')
          moveLeft();
      else if(runCmd=='s')
          moveStop()
      if (distance <= 30){
          cmd='s';
          moveStop();
      }
    Serial.println("Mode:"+String(runMode)+" runcmd="+runCmd);
    }
  }

  int lookRight(){
    servo_motor.write(10);
    delay(500);
    int tmp_distance = distance_check();
    delay(100);
    servo_motor.write(90);
    return tmp_distance ;
  }

  int lookLeft(){
    servo_motor.write(170);
    delay(500);
    int tmp_distance = distance_check();
    delay(100);
    servo_motor.write(90);
    return tmp_distance ;
    delay(100);
  }
```

```
int distance_check() {
    float duration,tmp, cm=0.0;
    int repeat=5;
    for(int i=0; i< repeat ;i++){
        digitalWrite(TRIG, LOW);
        delayMicroseconds(2);
        digitalWrite (TRIG, HIGH);
        delayMicroseconds (10);
        digitalWrite (TRIG, LOW);
        duration = pulseIn (ECHO, HIGH);
        tmp = 0.01723 * duration;
        cm += tmp;
        delay(20);
    }
    cm = cm/float(repeat);
    if(cm<30)
        digitalWrite(BUZ,10);
    else
        digitalWrite(BUZ,0);
    return int(cm);
}

void moveStop(){
  digitalWrite(RightMotorForward, LOW);
  digitalWrite(LeftMotorForward, LOW);
  digitalWrite(RightMotorBackward, LOW);
  digitalWrite(LeftMotorBackward, LOW);
}

void moveForward(){
     digitalWrite(LeftMotorForward, HIGH);
     digitalWrite(RightMotorForward, HIGH);
     digitalWrite(LeftMotorBackward, LOW);
     digitalWrite(RightMotorBackward, LOW);
}

void moveBackward(){
  digitalWrite(LeftMotorBackward, HIGH);
  digitalWrite(RightMotorBackward, HIGH);
  digitalWrite(LeftMotorForward, LOW);
  digitalWrite(RightMotorForward, LOW);
}

void moveRight(){
  digitalWrite(LeftMotorForward, HIGH);
```

```
    digitalWrite(RightMotorBackward, LOW);
    digitalWrite(LeftMotorBackward, LOW);
    digitalWrite(RightMotorForward, LOW);
    delay(300);
  }

  void moveLeft(){
    digitalWrite(LeftMotorForward, LOW);
    digitalWrite(RightMotorBackward, LOW);
    digitalWrite(LeftMotorBackward, LOW);
    digitalWrite(RightMotorForward, HIGH);
    delay(300);
  }

  void turnRight(){
    digitalWrite(LeftMotorForward, HIGH);
    digitalWrite(RightMotorBackward, LOW);
    digitalWrite(LeftMotorBackward, LOW);
    digitalWrite(RightMotorForward, LOW);
    delay(300);
    moveForward()
  }

  void turnLeft(){
    digitalWrite(LeftMotorBackward, LOW);
    digitalWrite(RightMotorForward, HIGH);
    digitalWrite(LeftMotorForward, LOW);
    digitalWrite(RightMotorBackward, LOW);
    delay(300);
    moveForward()
  }
```

무인 자동차 프로그램은 헤더 파일 포함, 전역변수 선언, 초기 설정을 위한 setup 함수, 반복 실행되는 loop 함수로 구성되며, 상세히 설명하면 아래와 같다.

[1] : 서보 모터 제어를 위한 Servo.h 헤더 파일을 포함한다. 단, 사전 작업으로 1.2.3절을 참고하여 'Servo' 라이브러리를 설치해야 한다.

[2] : I2C LCD 디스플레이를 사용하기 위한 LiquidCrystal_I2C 헤더 파일을 포함한다. 단, 사전 작업으로 1.2.3절을 참고하여 'LiquidCrystal I2C' 라이브러리를 설치해야 한다.

[3] : 소프트웨어 시리얼 통신을 위한 SoftwareSerial.h 헤더 파일을 포함한다.

[4] : 블루투스 모듈과의 통신을 위한 소프트웨어 시리얼 객체 btSerial을 생성한다. Tx 핀은 2번, Rx 핀은 3번으로 지정한다.

[5] : 현재 실행 모드를 표시하는 문자열 배열을 선언한다.

[6~7] : 초음파 센서의 Trig, Echo 핀에 연결되는 아두이노 보드의 핀을 각각 13번, 12번으로 정의한다.

[8] : 수동 부저 제어 핀을 6번으로 정의한다.

[9] : 초음파 센서의 측정 가능한 최대 거리를 200cm로 정의한다.

[10~11] : 무인 자동차의 수동/자율주행 동작 모드를 정의한다.

[12~15] : 모터 제어를 위한 핀 번호를 선언한다.

[16] : 무인 자동차의 전진 여부를 나타내는 변수 goesForward를 선언하고, 값은 false로 초기화한다.

[17] : 초음파 센서와 장애물 사이의 거리를 나타내는 변수 distance를 선언하고, 값은 100으로 초기화한다.

[18] : 무인 자동차의 동작 모드를 나타내는 변수 runMode를 선언하고, 값은 MANUAL로 초기화한다.

[19] : 문자형 변수 cmd를 선언하고, 값은 '0'으로 초기화한다.

[20] : 문자형 변수 runCmd를 선언하고, 값은 'f'로 초기화한다.

[21] : 서보 모터를 제어하기 위한 객체 servo_motor를 생성한다.

[22] : I2C 주소가 0x27인 16×2 LCD 디스플레이 객체 lcd를 생성한다.

24~41은 setup 함수이며, 주요 소스 코드는 다음과 같다.

[25~28] : 모터 제어를 위한 핀을 출력으로 설정한다.

[29~30] : 초음파 센서의 Trig, Echo 핀에 연결되는 아두이노 보드의 핀을 각각 출력, 입력으로 설정한다. TRIG 핀은 초음파 센서의 트리거 신호를 발생시키고, ECHO 핀은 에코 신호를 수신한다.

[31~32] : 시리얼 통신과 블루투스 모듈과의 시리얼 통신을 위한 소프트웨어 시리얼 btSerial의 통신속도를 모두 9600bps로 설정한다.

[33] : 서보 모터를 제어하기 위해 servo_motor 객체를 4번 핀에 연결한다.

[34] : 서보 모터의 초기 위치를 가운데로 하기 위해 90도 회전시킨다.

[35~37] : LCD를 사용하기 위해서 초기화, 백라이트 켜기, 화면 지우기를 한다.

[38] : LCD의 커서를 1행 1열에 위치되도록 설정한다.

[39] : LCD에 "car run manual-M" 메시지를 출력한다.

[40] : 100ms 지연을 준다.

43~81은 loop 함수이며, 주요 소스 코드는 다음과 같다.

[44] : 시리얼 입력 버퍼에 읽을 수 있는 데이터가 있는지 확인한다.

[45] : 시리얼 입력 버퍼에서 문자 하나를 읽어서 cmd 변수에 저장한다.

[46] : 시리얼 입력 버퍼를 비운다.

[48] : btSerial 입력 버퍼에 읽을 수 있는 데이터가 있는지 확인한다.

[49] : btSerial 입력 버퍼에서 문자 하나를 읽어서 cmd 변수에 저장한다.

[50] : 블루투스 장치에 "ok" 메시지를 보낸다.

[51] : 블루투스 장치로부터 받은 명령을 시리얼로 출력한다. 예) from bt : a

[52] : btSerial 입력 버퍼를 비운다.

[54~55] : 블루투스 장치로부터 받은 명령, cmd의 값이 'a'이면 runMode를 AUTO로 설정한다.

[56~57] : 블루투스 장치로부터 받은 명령, cmd의 값이 'm'이면 runMode를 MANUAL로 설정한다.

[58~59] : 블루투스 장치로부터 받은 명령, cmd의 값이 'f'이면 runMode를 f로 설정한다. (전진 명령)

[60~61] : 블루투스 장치로부터 받은 명령, cmd의 값이 'b'이면 runMode를 b로 설정한다. (후진 명령)

[62~63] : 블루투스 장치로부터 받은 명령, cmd의 값이 'r'이면 runMode를 r로 설정한다. (우회전 명령)

[64~65] : 블루투스 장치로부터 받은 명령, cmd의 값이 'l'이면 runMode를 l로 설정한다. (좌회전 명령)

[66~67] : 블루투스 장치로부터 받은 명령, cmd의 값이 's'이면 runMode를 s로 설정한다. (정지 명령)

[69~70] : runMode가 AUTO인 경우, 자동 (자율주행) 모드 실행 함수를 호출한다.

[71~72] : runMode가 AUTO가 아닌 경우, 수동 모드 실행 함수를 호출한다.

[73] : 장애물까지의 거리를 측정하여 distance 변수에 저장한다.

[74] : 현재 동작 모드와 거리 정보를 시리얼로 출력한다. 예) Auto Run dis: 30

[75] : LCD 화면을 지운다.

[76] : LCD의 커서를 1행 1열에 위치되도록 설정한다.

[77] : 현재 동작 모드를 LCD에 출력한다.

[78] : LCD의 커서를 2행 1열에 위치되도록 설정한다.

[79] : 초음파 센서로 측정한 거리와 명령을 LCD에 출력한다. 예) dis:30 cmd=f

[80] : 0.1초 지연을 준다.

83~113은 자율주행 모드 함수이며, 주요 소스 코드는 다음과 같다.

[84] : 무인 자동차의 오른쪽 방향에 있는 장애물까지의 거리를 저장할 변수 distanceRight를 선언하고, 0으로 초기화한다.

[85] : 무인 자동차의 왼쪽 방향에 있는 장애물까지의 거리를 저장할 변수 distanceLeft를 선언하고, 0으로 초기화한다.

[86] : 50ms 지연을 준다.

[87] : 초음파 센서로 측정한 장애물까지의 거리가 30cm 이하인지 확인한다.

[88] : 무인 자동차를 정지시킨다.

[89] : 300ms 지연을 준다.

[90] : 무인 자동차를 후진시킨다.

[91] : 400ms 지연을 준다.

[92] : 무인 자동차를 정지시킨다.

[93] : 300ms 지연을 준다.

[94] : 무인 자동차의 오른쪽 방향에 있는 장애물까지의 거리를 측정하는 lookRight 함수를 호출하고, 반환 값을 distanceRight에 저장한다.

[95] : 300ms 지연을 준다.

[96] : 무인 자동차의 왼쪽 방향에 있는 장애물까지의 거리를 측정하는 lookLeft 함수를 호출하고, 반환 값을 distanceLeft에 저장한다.

[97] : 300ms 지연을 준다.

[98~100] : 정면 방향에 있는 장애물까지의 거리보다 왼쪽 방향에 있는 장애물까지의 거리가 크거나 같으면 로봇을 왼쪽으로 회전시키고, 정지하게 한다.

[101~103] : 정면 방향에 있는 장애물까지의 거리보다 오른쪽 방향에 있는 장애물까지의 거리가 크거나 같으면 로봇을 오른쪽으로 회전시키고, 정지하게 한다.

[104~109] : 정면 방향에 있는 장애물까지의 거리가 왼쪽과 오른쪽 방향에 있는 장애물까지의 거리보다 크면 로봇을 오른쪽으로 부저를 울리고, 300ms 지연을 준다. 그리고 부저를 멈추게 하고, 200ms 지연을 준다.

[111~113] : 초음파 센서로 측정한 장애물까지의 거리가 30cm보다 크면 무인 자동차를 계속 정면 방향으로 이동하게 한다.

116~134은 수동 모드 함수이며, 주요 소스 코드는 다음과 같다.

[117] : 현재 동작 모드가 수동 모드인지 확인한다.

[118~119] : runMode가 f이면 moveForward 함수를 호출하여 전진하도록 한다.

[120~121] : runMode가 b이면 moveBackward 함수를 호출하여 후진하도록 한다.

[122~123] : runMode가 r이면 moveRight 함수를 호출하여 우회전하도록 한다.

[124~125] : runMode가 l이면 moveLeft 함수를 호출하여 좌회전하도록 한다.

[126~127] : runMode가 s이면 moveStop 함수를 호출하여 정지하도록 한다.

[128~131] : 초음파 센서로 측정한 장애물까지의 거리가 30㎝ 이하이면, cmd 변수에 's'를 저장하고, moveStop 함수를 호출하여 정지하도록 한다.

[132] : 현재 동작 모드와 명령을 시리얼로 출력한다. 예) Mode:MANUAL runcmd=f

[136~143] : 서보 모터를 오른쪽으로 회전시켜 무인 자동차의 오른쪽 방향에 있는 장애물까지의 거리를 distance_check 함수를 호출하여 측정한다. (lookRight 함수)

[145~153] : 서보 모터를 왼쪽으로 회전시켜 무인 자동차의 왼쪽 방향에 있는 장애물까지의 거리를 distance_check 함수를 호출하여 측정한다. (lookLeft 함수)

[155~175] : 초음파 센서를 이용해 장애물까지의 거리를 측정한다. (distance_check 함수)

[177~182] : 무인 자동차를 멈추게 한다. (moveStop 함수)

[184~189] : 무인 자동차를 전진하게 한다. (moveForward 함수)

[191~196] : 무인 자동차를 후진하게 한다. (moveBackward 함수)

[198~204] : 무인 자동차를 우회전하게 한다. (moveRight 함수)

[206~212] : 무인 자동차를 좌회전하게 한다. (moveLeft 함수)

[214~221] : 무인 자동차를 우회전해서 이동하도록 한다. (turnRight 함수)

[223~230] : 무인 자동차를 좌회전해서 이동하도록 한다. (turnLeft 함수)

14.5.4 무인 자동차 앱

무인 자동차를 블루투스 무선통신을 이용하여 원격으로 제어하기 위한 앱은 교재 3장에서 제공하는 bt_conn.aia를 활용하여 앱 인벤터로 제작한다. bt_conn.aia는 아두이노 보드의 블루투스 모듈과 휴대폰, 태블릿 등의 스마트 기기 사이의 블루투스 통신을 위한 기본 앱이다. 본 절에서는 bt_conn.aia 파일을 이용하여 bt_conn_Car.aia로 파일명을 변경하고, 무인 자동차 제어를 위해 UI 디자인을 그림 14-8과 같이 변경한다. 동작 방식을 선택하기 위한 '자율주행모드', '수동 모드' 버튼을 추가하고, 제어 명령을 전송하기 위한 '전진', '후진', '좌회전', '우회전', '정지' 버튼을 추가한다.

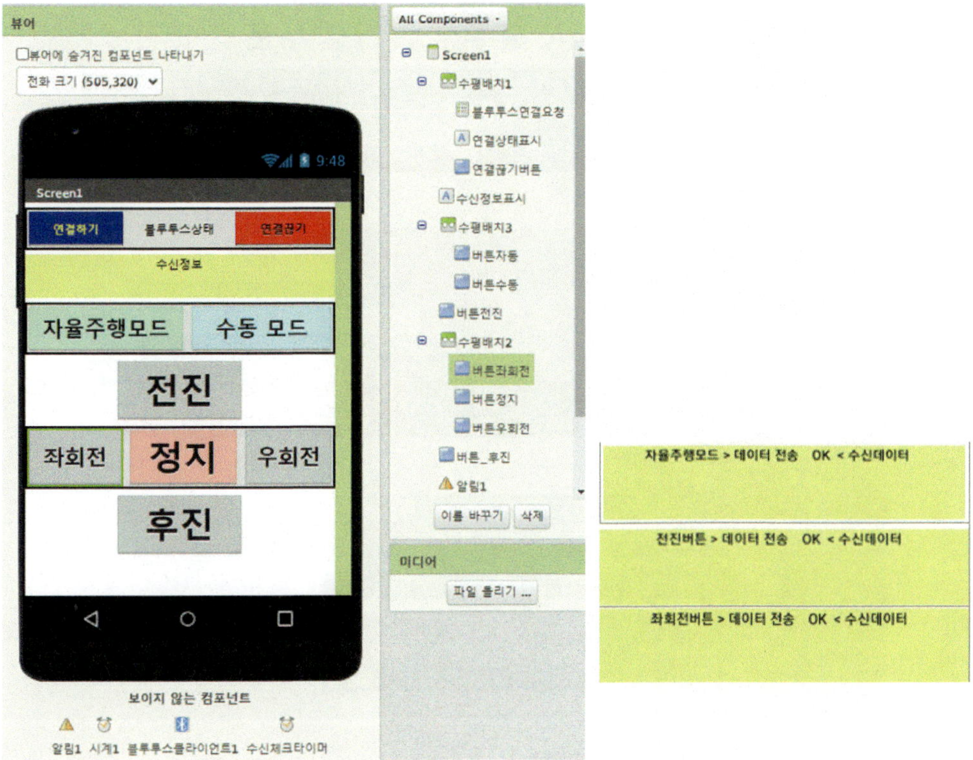

[그림 14-8] 무인 자동차 제어 앱 화면

무인 자동차 제어 앱을 개발하기 위해 블록 코딩을 진행한다. 앱 인벤터의 Blocks 버튼을 클릭하면 블록 코딩을 편집할 수 있는 화면으로 바뀌게 된다. 앱 UI 화면에 추가한 버튼을 눌렀을 때 아두이노 보드에 연결된 DC 모터와 서보 모터를 제어하기 위한 정보를 송신하는 동작을 구현하기 위해 그림 14-9에서와 같이 블록을 추가한다. '자율주행모드', '수동 모드' 버튼을 클릭하면 블루투스 클라이언트가 각각 문자 a, m을 전송한다. 그리고 '전진', '후진', '좌회전', '우회전', '정지'를 클릭하면 각각 문자 f, b, l, r, s를 전송하게 된다. '수신정보표시' 문자 상자에 버튼 선택 정보와 아두이노에서 전송한 제어 정보를 정상적으로 수신했음을 알려주는 "ok" 메시지를 출력한다.

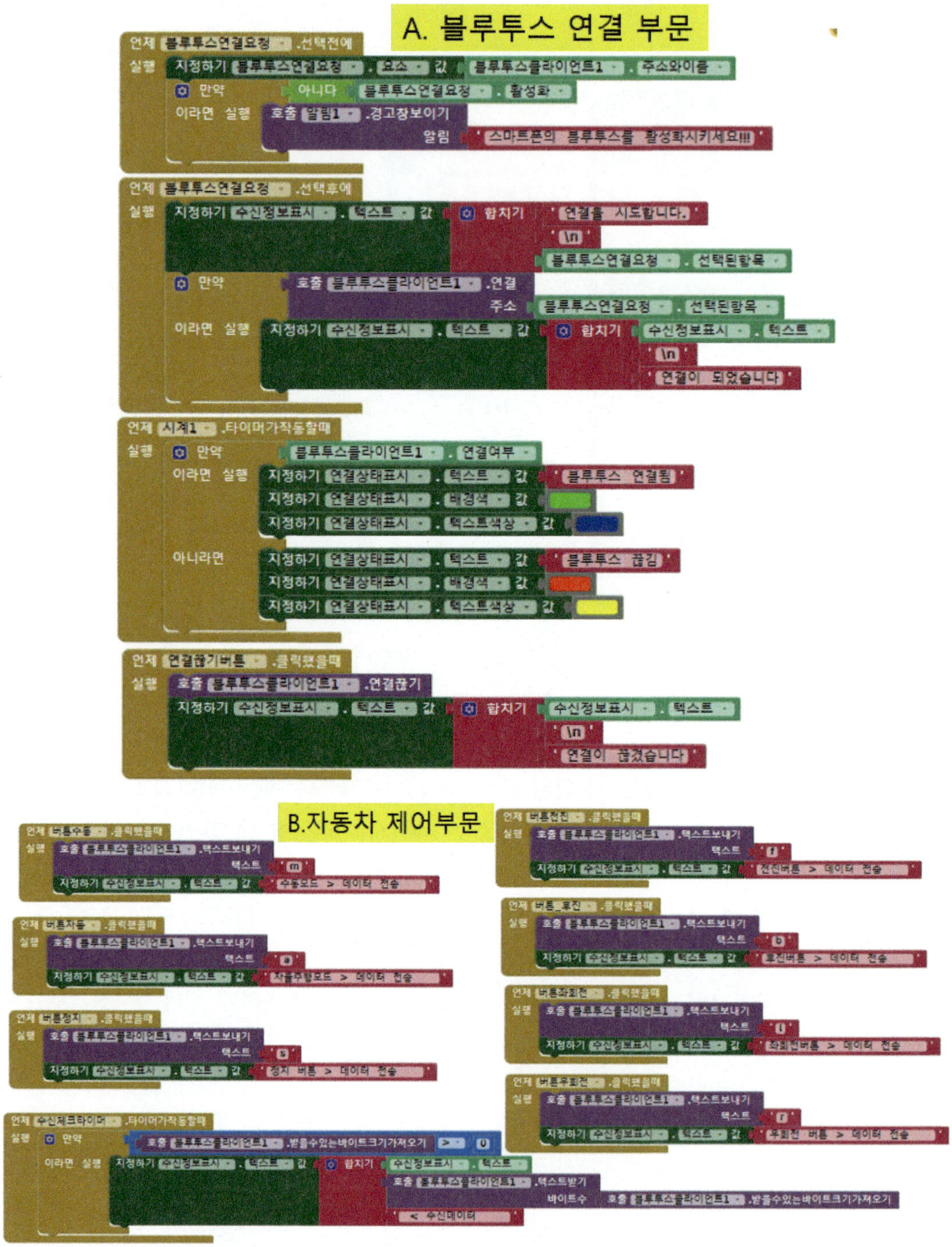

[그림 14-9] 무인 자동차 구동을 위한 앱 블록 코딩 편집 화면

14.6 지문인식 출입문

14.6.1 지문인식 출입문 설계하기

(1) 동작 시나리오 개요

- 지문 등록 ID는 1~127번까지 등록할 수 있다.
- 지문을 성공적으로 등록하게 되면 성공 효과음이 울리고, 실패하게 되면 실패 효과음이 울리게 된다.
- 등록된 지문이 스캔 되면 문이 열린다.

(2) 사용되는 부품 리스트

[표 14-12] 지문인식 출입문 구성 부품

	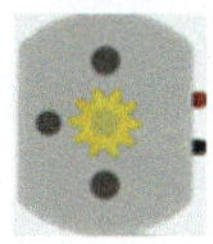	
지문인식기(AS608)	DC 모터	수동 부저

지문인식기 AS608은 500dpi 해상도와 최대 1초의 지문 스캔 속도를 지원한다. 지문 이미지를 등록하거나 삭제할 수 있으며, 시리얼 통신으로 등록된 지문을 확인하기 위한 데이터 송수신이 가능하다. 등록된 지문이 확인되면 DC 모터가 작동하여 문이 열린다. 수동 부저는 지문 등록 상태를 확인하기 위해 사용된다. 지문 등록에 성공하면 성공 효과음을, 실패하면 실패 효과음을 울리게 된다.

14.6.2 지문인식 출입문 회로 구성하기

[그림 14-10] 지문인식 출입문 회로

그림 14-10은 아두이노를 이용하여 설계한 지문인식 출입문의 회로 구성을 보여준다. 지문인식기, DC 모터, 수동 부저를 아두이노 보드와 연결하는 방법은 다음과 같다.

① 지문인식기(AS608) : 시리얼 통신을 위해 지문인식기의 Rx 핀은 아두이노 보드의 3번 핀과 연결하고, Tx 핀은 아두이노 보드의 2번 핀과 연결한다. 전원을 공급하기 위해 지문인식기의 전원 단자에 아두이노 보드의 5V 핀을 연결하고, 접지 단자는 아두이노 보드의 GND 핀과 연결한다.

- 1~127 숫자를 ID로 입력한 다음에 지문을 스캔하여 등록한다.
- 200을 입력한 후 ID를 입력하면 등록한 지문을 삭제할 수 있다.
- 199를 입력한 후, 지문을 스캔하면 등록 여부를 확인할 수 있다.

② DC 모터 : + 단자는 아두이노 보드의 12번 핀과 연결하고, - 단자는 아두이노 보드의 13번 핀과 연결한다. DC 모터의 회전 방향으로 문의 개폐 동작을 나타낸다.

③ 수동 부저 : 제어를 위한 + 핀은 아두이노 보드의 11번 핀과 연결하고, - 단자는 아두이노 보드의 GND 핀과 연결한다.

14.6.3 지문인식 출입문 프로그램

```
#include <Adafruit_Fingerprint.h>
#if (defined(__AVR__) || defined(ESP8266)) && !defined(__AVR_ATmega2560__)
   SoftwareSerial mySerial(2, 3);
#else
  #define mySerial Serial1
#endif
#define BUZ  11
#define MOTOR_OPEN  12
#define MOTOR_CLOSE 13
#define MOTOR_TIME  500
Adafruit_Fingerprint finger = Adafruit_Fingerprint(&mySerial);
uint8_t id;
void setup()
{
  Serial.begin(9600);
  while (!Serial);
  delay(100);
  Serial.println("₩n Fingerprint sensor working");
  pinMode(BUZ ,OUTPUT);
  ok_alarm();
  finger.begin(57600);
  if (finger.verifyPassword())
  {
    Serial.println("Found fingerprint sensor!");
  }
  else
  {
    Serial.println("Did not find fingerprint sensor :(");
    while (1) { delay(1); }
  }
}

void loop()
{
  Serial.println("Ready to  fingerprint!");
  Serial.println("run code : finger check= 199/delete=200/reg =1-127..");
  id = readnumber();
  if(id>0 && id<128)
  {
     Serial.print("Enrolling ID #");
     Serial.println(id);
     while (!  getFingerprintEnroll() );
  }
```

```
  else if (id==200)
  {
      if(!run_deleteID())
      {
         Serial.println(" delete OK id # " +String(id));
      }
  }
  else if(id==199)
  {
      delay(1000);
      run_fingercheck();
  }
}

uint8_t readnumber(void)
{
  uint8_t num = 0;
  while (num == 0)
  {
    if ( Serial.available())
    {
      num = Serial.parseInt();
      Serial.println("input num="+String(num));
    }
  }
  return num;
}

int run_deleteID()
{
  Serial.println("Please type in ID # (from 1 to 127) to delete...");
  id = readnumber();
  if (id == 0 || id > 127)
  {
     return 1;
  }
  Serial.println("try to delete ID # "+String(id));
  uint8_t p = -1;
  p = finger.deleteModel(id);
  if (p == FINGERPRINT_OK)
  {
    Serial.println("Deleted success!!!");
    ok_alarm();
  }
  else
```

```
  {
    Serial.print("delete error: 0x"); Serial.println(p, HEX);
    error_alarm();
    return 1;
  }
  return 0;
}

uint8_t getFingerprintEnroll()
{
  int p = -1;
  Serial.print("Waiting for valid finger to enroll as #");
  Serial.println(id);
  delay(1000);
  while (p != FINGERPRINT_OK)
  {
    p = finger.getImage();
    switch (p)
    {
    case FINGERPRINT_OK:
      Serial.println("Image taken 1");
      break;
    default:
      Serial.println("Image error");
      break;
    }
  }
  p = finger.image2Tz();
  switch (p)
  {
    case FINGERPRINT_OK:  //0
      Serial.println("Image converted");
      break;
    default:
      Serial.println("convert error");
      return p;
  }
  Serial.println("Remove finger");
  delay(1000);
  p = 0;
  while (p != FINGERPRINT_NOFINGER)
  {
    p = finger.getImage();
  }
  Serial.print("p= "); Serial.println(p);
```

```
  Serial.print("ID "); Serial.println(id);
  p = -1;
  Serial.println("Place same finger again");
  delay(1000);
  while (p != FINGERPRINT_OK)
  {
    p = finger.getImage();
    switch (p)
    {
      case FINGERPRINT_OK:
        Serial.println("Image taken 2");
        ok_alarm();
        break;
      default:
        Serial.println("Image 2 error");
        error_alarm();
        return p;
    }
  }
  Serial.print("ID ");
  Serial.println(id);
  p = finger.storeModel(id);
  if (p == FINGERPRINT_OK)
  {
    Serial.println("Stored!");
    ok_alarm();
  }
  else
  {
    Serial.println("store error");
    return p;
  }
  return true;
}

int run_fingercheck()
{
  uint8_t p = finger.getImage();
  switch (p)
  {
    case FINGERPRINT_OK:
      Serial.println("Image taken");
      break;
    default:
      Serial.println("image error");
```

```
      error_alarm();
      return p;
  }
  p = finger.image2Tz();
  switch (p)
  {
    case FINGERPRINT_OK:
      Serial.println("Image converted");
      break;
    default:
      Serial.println("convert error");
      return p;
  }
  p = finger.fingerSearch();
  if (p == FINGERPRINT_OK)
  {
    Serial.println("Found a print match!");
    openDoor();
  }
  else
  {
    Serial.println("Unknown error");
    error_alarm();
    return p;
  }
  ok_alarm();
  Serial.print(" Found ID # ");
  Serial.print(finger.fingerID);
  Serial.print(" with confidence of ");
  Serial.println(finger.confidence);
  return finger.fingerID;
}

void ok_alarm()
{
  digitalWrite(BUZ,1);
  delay(200);
  digitalWrite(BUZ,0);
}

void error_alarm()
{
  tone(BUZ,1500,50);
  delay(50);
  digitalWrite(BUZ,0);
```

```
224 }
225
226 void openDoor()
227 {
228         digitalWrite(MOTOR_OPEN,HIGH);
229         digitalWrite(MOTOR_CLOSE,LOW);
230         delay(MOTOR_TIME);
231         digitalWrite(MOTOR_OPEN,LOW);
232         digitalWrite(MOTOR_CLOSE,HIGH);
233         delay(MOTOR_TIME);
234 }
```

지문인식 출입문 프로그램은 헤더 파일 포함, 전역변수 선언, 초기 설정을 위한 setup 함수, 반복 실행되는 loop 함수로 구성되며, 상세히 설명하면 아래와 같다.

[1] : 지문인식기 제어를 위한 Adafruit_Fingerprint.h 헤더 파일을 포함한다. 단, 사전 작업으로 1.2.3절을 참고하여 'Adafruit Fingerprint' 라이브러리를 설치해야 한다.

[2~6] : 마이크로컨트롤러가 AVR 또는 ESP8266이며 ATmega2560이 아닌 경우 소프트웨어 시리얼을 설정하고, 그렇지 않으면 하드웨어 시리얼을 사용한다.

[7] : 수동 부저 제어 핀을 11번으로 정의한다.

[8~9] : 모터의 회전 방향(시계 방향, 반시계 방향) 제어 핀을 12번, 13번으로 정의한다.

[10] : 모터의 작동 시간을 500으로 정의한다.

[11] : 지문인식기를 mySerial(소프트웨어 또는 하드웨어 시리얼)로 초기화한다.

[12] : 지문 ID를 저장할 변수 id를 선언한다.

13~31은 setup 함수이며, 주요 소스 코드는 다음과 같다.

[15~18] : 시리얼 통신 속도를 9600bps로 초기화하고, 지문 센서 작동 메시지를 출력한다.

[19] : 수동 부저 제어 핀을 출력 모드로 설정한다.

[20] : 초기 성공 알람을 울린다.

[21] : 지문 인식기와의 시리얼 통신 속도를 57600bps로 초기화한다.

[22~30] : 지문 인식기가 제대로 연결되었는지 확인하고, 연결되지 않았으면 무한 대기한다.

33~56은 loop 함수이며, 주요 소스 코드는 다음과 같다.

[35~36] : 지문 인식 준비 상태와 명령어 코드를 출력한다.

[37] : 사용자로부터 숫자를 입력받아서 id에 저장한다.

[38~55] : id 값에 따라서 지문 등록, 삭제, 확인 등의 작업을 수행한다.

[58~70] : 시리얼 포트에서 숫자를 읽어 들여 반환한다. 유효한 숫자가 입력될 때까지 루프를 반복하며, 숫자가 입력되면 해당 숫자를 시리얼 모니터에 출력한다. (readnumber 함수)

[72~95] : 사용자로부터 삭제할 ID를 입력받고, 해당 ID를 삭제한다. 성공 시 성공 알람, 실패 시 오류 알람을 울린다. (run_deleteID 함수)

[97~167] : 사용자가 지문을 등록할 때 두 번의 지문 스캔을 요구하고, 두 이미지가 성공적으로 캡처 및 변환되면 지문을 저장한다. 각 단계에서 성공 또는 실패 메시지를 시리얼로 출력하며, 성공 또는 실패 시 알람을 울린다. (getFingerprintEnroll 함수)

[169~210] : 지문 센서를 사용하여 지문을 캡처하고, 캡처된 지문을 템플릿으로 변환한 다음 데이터베이스에서 일치하는 지문을 찾는다. 일치하는 지문이 발견되면 문을 열고 성공 알람을 울리며, 그렇지 않으면 오류 알람을 울린다. (run_fingercheck 함수)

[212~217] : 성공 알람을 울린다. (ok_alarm 함수)

[219~224] : 오류 알람을 울린다. (error_alarm 함수)

[226~234] : 문을 열고, 닫는다. (openDoor 함수)

부록 1 아두이노 핀 맵

(1) 아두이노 우노

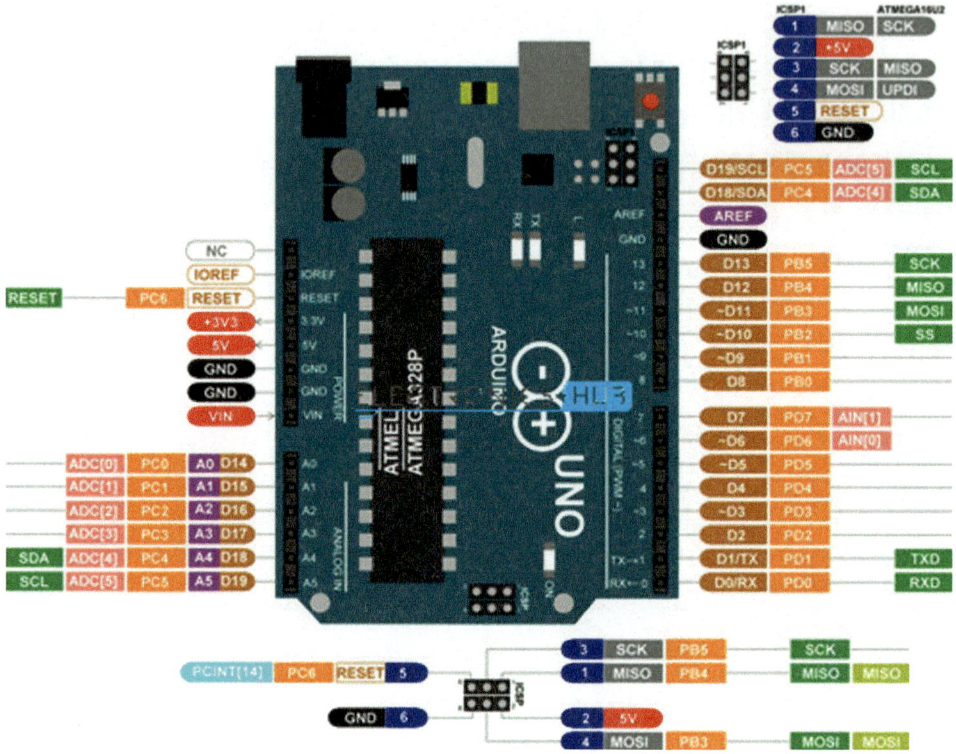

(2) 아두이노 IoT

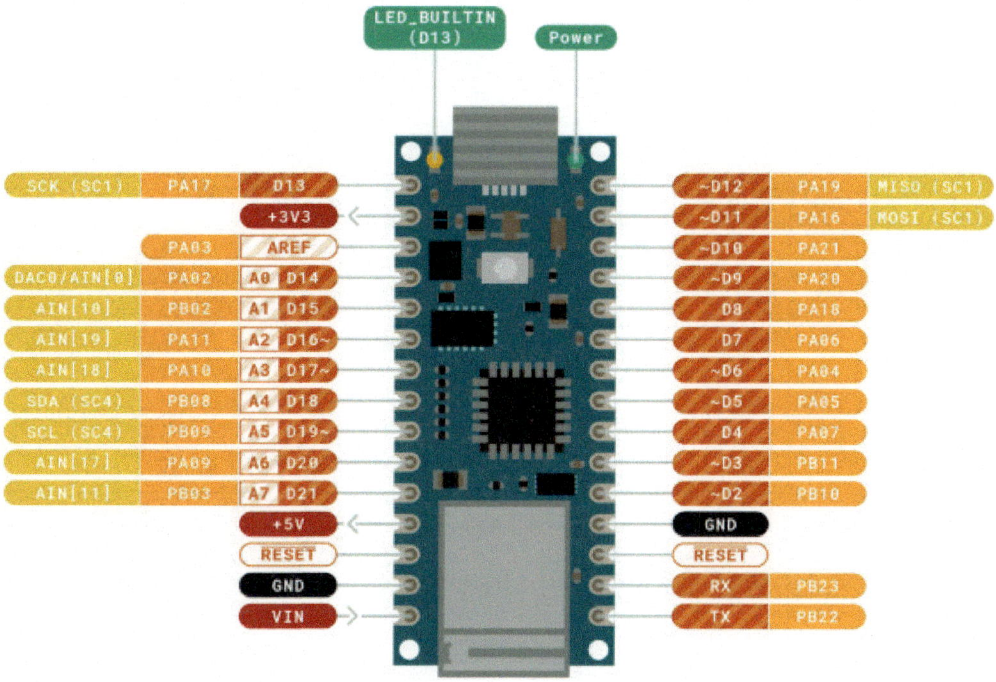
LED_BUILTIN (D13)
Power
SCK (SC1) PA17 D13
+3V3
PA03 AREF
DAC0/AIN[0] PA02 A0 D14
AIN[10] PB02 A1 D15
AIN[19] PA11 A2 D16~
AIN[18] PA10 A3 D17~
SDA (SC4) PB08 A4 D18
SCL (SC4) PB09 A5 D19~
AIN[17] PA09 A6 D20
AIN[11] PB03 A7 D21
+5V
RESET
GND
VIN
~D12 PA19 MISO (SC1)
~D11 PA16 MOSI (SC1)
~D10 PA21
~D9 PA20
D8 PA18
D7 PA06
~D6 PA04
~D5 PA05
D4 PA07
~D3 PB11
~D2 PB10
GND
RESET
RX PB23
TX PB22

부록 2 아두이노 함수 사전

함수 명칭	설명	사용 예
▶ 디지털 입출력		
digitalRead(pin)	디지털 읽음(p)	int sensorValue = digitalRead(pinNumber)
digitalWrite(pin,v)	디지털 쓰기(p,v)	digitalWrite(13, HIGH)
pinMode()	핀 입출력(p,i/o)	pinMode(7, OUTPUT);
아날로그 입출력		
analogRead()	아날로그읽기(p)	int sensorValue = analogRead(A0)
analogReference()	아날로그기준(1.1V)	analogReference(INTERNAL1V1)
analogWrite()	아날로그쓰기(p,v)	analogWrite(9, 127)
analogReadResolution()	아날로그 일기해상도 8,10,12	analogReadResolution(10)
analogWriteResolution()	아날로그 쓰기 해상도8,10,12	analogWriteResolution(12)
▶ 입출력		
noTone()	톤중지(핀)	noTone(buzzerPin)
pulseIn()	펄스폭시간정수형(p,s)	int pulseDuration = pulseIn(sensorPin, HIGH) // in
pulseInLong()	펄스폭시간2배형(p, v)	unsigned long pulseDuration = pulseInLong(inputPin, HIGH)
shiftIn()	데이터입력(d, c, b)	shiftIn(dataPin, clockPin, MSBFIRST) // in
shiftOut()	데이터출력(d,c,b,v)	shiftOut(dataPin, clockPin, MSBFIRST, dataToSend)
tone()	톤발생 (핀,주파수,시간)	tone(buzzerPin, 1000)
시간함수		
delay()	밀리초지연(ms)	delay(1000) // 1초
delayMicroseconds()	마이크로초지연(us)	delayMicroseconds(100) // 100 us
micros()	현재마이크로초()	unsigned long currentTime = micros()
millis()	현재밀리초()	unsigned long elapsedTime = millis()
▶ 수학식		
abs()	절대값(x)	abs(-10)
constrain()	입력제한(x, a, b)	constrain(value, 0, 10) //10 범위내출력
map()	매핑변환(x,min1, max1, min2, max2)	map(sensorValue, 0, 1023, 0, 255) //0-255 출력
max()	큰수(a, b)	max(8, 5) // 8 출력
min()	작은수(a, b)	min(8, 5) // 5 출력
pow()	지수(base, exponent)	pow(2, 3) // 2^3 = 8 출력
sq()	제곱(x)	sq(4) // 4^2 = 16
sqrt()	제곱근(x)	sqrt(4) // 2 출력
삼각함수		
radians(30)	라이안 변환(각도)	float angleInRadians = radians(30); // 30도 라디안으로
cos()	코사인값(radian)	float cosineValue = cos(angleInRadians); // 30도코사인
sin()	사인값(radian)	float angleInRadians = radians(60); // 라디안으로 변환

tan()	탄젠트(radian)	float tangentValue = tan(angleInRadians); // 탄젠트 값
▶ 문자 처리		

isAlpha()	알파벳 확인()	if (isAlpha(myChar)) {
		  Serial.println("이 문자는 알파벳입니다.");
		}

isAlphaNumeric()	알파벳숫자 확인()	ch = '1'
		print(isAlphaNumeric(ch)) # True
		ch = '@'
		print(isAlphaNumeric(ch)) # False

isAscii()	아스키확인()	ch = 'A' print(isAscii(ch)) # True
isControl()	제어문자확인(ch)	제어문자 : 새 줄 (Newline): \n, 탭 (Tab): \t, 캐리지 리턴 (Carriage Return): \r, 벨 (Bell): \a 백스페이스 (Backspace): \b, 폼피드(Form Feed): \f

isDigit()	10진수확인(ch)	if (isHexadecimalDigit(myChar)) {
		  Serial.println("이 문자는 16진수 숫자입니다.");
		}

isGraph()	그래픽문자확인(ch)	// 문자확인 : 공백과 제어문자 제외
		ch = 'A'
		print(isGraph(ch)) # True, 출력가능문자
		ch = ' '
		print(isGraph(ch)) # False, 출력불가능 문자,공백

isHexadecimalDigit()	16진수확인(ch)	ch = 'A'
		print(isHexadecimalDigit(ch)) # True, 16진수 문자
		ch = 'g'
		print(isHexadecimalDigit(ch)) # False, 16진수 밖 문자

isLowerCase()	소문자확인(ch)	if (isLowerCase(myChar)) {
		  Serial.println("이 문자는 소문자입니다.");
		}

isPrintable()	화면표시가능(ch)	// 출력가능 확인 : 제어문자 제외
		ch = ' '
		print(isPrintable(ch)) # True
		ch = '\n'
		print(isPrintable(ch)) # False , 제어문자

isPunct()	구두점문자확인(c)	구두점문자: 마침표('.'), 쉼표(','), 느낌표('!'), 물음표('?'), 세미콜론(';'), 콜론(':'), 따옴표(''', '"'), 괄호('(', ')', '[', ']', '{', '}'), 대시('-'), 밑줄('_') 등

isSpace()	스페이스확인(char)	공백 확인 : 스페이스,탭, 줄바꿈, CR, 폼피드, 수직탭
		ch = '\t'
		print(isSpace(ch)) # True
		ch = 'A'
		print(isSpace(ch)) # False

isUpperCase()	대문자확인(char)	ch = 'A'
		print(isUpperCase(ch)) # True
		ch = 'a'
		print(isUpperCase(ch)) # False

isWhitespace()	공백문자확인(c)	공백문자 : 스페이스(' '),탭('\t'),줄 바꿈('\n'), 캐리지 리턴('\r'),폼 피드('\f'),수직 탭('\v')

▶ 랜덤 숫자발생		
random()	랜덤숫자발생() //함수는 0에서 32767 사이의 난수	int scaledRandom = random() % 100 // 0-99 랜덤

randomSeed()	시점변경랜덤발생(seed)	long seedValue = analogRead(A0); // 시드 생성
		randomSeed(seedValue); // 시드 설정
		int randomNum1 = random(); // 시드기반 난수 생성

▶ 비트 바이트 처리		
bit()	비트자리읽기(n)	unsigned long value = bit(3); // 2의 3승 (8) 값을 반환 (0b1000)
bitClear()	비트위치리셋(value, n)	unsigned long x = 0b10101010; ->0b10100010 바뀜 bitClear(x, 3); // x의 3번째 비트를 0으로 설정
bitRead()	지정비트읽기(value, n)	unsigned long x = 0b10101010; int value = bitRead(x, 3); // x의 3번째 비트의 값을 읽음 (1)
bitSet()	지정비트셋(value, n)	unsigned long x = 0b10101010;->0b10101110 bitSet(x, 2); // x의 2번째 비트를 1로 설정
bitWrite()	비트쓰기(value, n, bit)	unsigned long x = 0b10101010;-> 10001010 bitWrite(x, 5, 0); // x의 5번째 비트를 0로 설정
highByte()	상위바이트(value)	unsigned int x = 0xABCD; byte high = highByte(x); // x의 상위 바이트(0xAB)
lowByte()	하위바이트(value)	unsigned int x = 0xABCD; byte low = lowByte(x); // x의 하위 바이트추출 (0xCD)
▶ Interrupts		

attachInterrupt()	핀인터럽함수호출(digitalPin, ISR, mode)	attachInterrupt(digitalPinToInterrupt(2), myfunc, RISING);
		void myfunc() {
		  // 인터럽트가 발생했을 때 호출되는 함수
		}

detachInterrupt()	인터럽트제거(Pin)	detachInterrupt(digitalPinToInterrupt(2));
interrupts()	전역인터럽트활성화()	interrupts(); // 전역 인터럽트 활성화
noInterrupts()	전역인터럽트비활성화()	noInterrupts(); // 전역 인터럽트 비활성화
▶Serial / USB		
Serial.begin(baudRate)	시리얼시작(baudRate)	Serial.begin(9600)

Serial.println(data)	시리얼 줄바꿈프린트(d)	if (Serial.available() > 0) {
		    char receivedChar = Serial.read(); // 바이트 읽기
		    Serial.print("받은 문자: ");
		    Serial.println(receivedChar);
		}

Serial.print(data)	시리얼출력(data)	

Serial.available()	시리얼데이터확인()	if (Serial.available() > 0) {
		  int data = Serial.read();
		}

Serial.read()	시리얼데이터읽기()	
Serial.flush()	시리얼버퍼비움()	Serial.flush(); // 출력 버퍼
Serial.parseInt()	시리얼정수형읽기()	int intValue = Serial.parseInt();
Serial.parseFloat()	시리얼실수형읽기()	float floatValue = Serial.parseFloat();
Serial.readBytes(buffer, length)	시리얼바이트읽기(b, l)	int bytesRead = Serial.readBytes(buffer, 50);

Serial.readString()	시리얼문자열읽기()	String input = Serial.readString();
Serial.readStringUntil()	시리얼문자열종단읽기()	String input = Serial.readStringUntil('\n');
Serial.write()	시리얼바이트전송()	Serial.write(dataToSend)
▶SPI		
SPI.begin()	SPI초기화()	SPI.begin(); // SPI 라이브러리 초기화

SPI.transfer()	SPI데이터송수신()	digitalWrite(SS, LOW); // SS 핀을 LOW로 설정하여 슬레이브 장치 선택
		receivedData = SPI.transfer(dataToSend); // 데이터 송수신

SPI.end()	SPI통신종료()	digitalWrite(SS, HIGH); SPI.end(); // SPI 라이브러리 종료
▶Wire (I2C)		
Wire.begin()	I2C마스터초기화()	Wire.begin(); // I2C 통신 시작
Wire.beginTransmission(address):	I2C전송준비(address):	Wire.beginTransmission(0x40);
Wire.write(data)	I2C데이터버퍼기록(d)	Wire.write(0x42); // 데이터 0x42를 전송
Wire.endTransmission()	I2C버퍼데이터전송()	int result = Wire.endTransmission();
Wire.requestFrom(address, quantity)	I2C데이터요청(a, q)	Wire.requestFrom(0x40, 6); // I2C 주소 0x40로부터 6바이트
Wire.read()	I2C데이터읽기()	byte data = Wire.read();
Wire.available()	I2C데이터확인()	int bytesAvailable = Wire.available(); // 읽을 수 있는 데이터 양 확인

Wire.onReceive(handlerFunction)	I2C수신함수지정(handlerFunction)	void receiveEvent(int byteCount) {
		  // 데이터 수신 시 실행할 코드
		}
		void requestEvent() {
		  // 데이터 요청 시 실행할 코드
		}
		void setup() {
		  Wire.begin();
		  Wire.onReceive(receiveEvent);
		  Wire.onRequest(requestEvent);
		}

Wire.onRequest(handlerFunction)	I2C수신요청함수지정(handlerFunction)	
▶Keyboard		
Keyboard.begin();	키보드초기화()	Keyboard.begin();
Keyboard.press(KEY_A);	키누름확인(key)	Keyboard.press(KEY_A); // 'A' 키를 누름
Keyboard.write('H');	특정키누름확인(c)	Keyboard.write('H'); // 'H' 입력
▶Mouse		
Mouse.begin()	마우스초기화()	Mouse.begin();
Mouse.click(button)	마우스클릭확인(button)	Mouse.click(MOUSE_LEFT); // 왼쪽 마우스 버튼 클릭
Mouse.isPressed(button)	마우스누름확인(button)	if (Mouse.isPressed(MOUSE_LEFT)) { } //마우스누름

사물인터넷, 모바일 앱 디자인

아두이노

기초에서 활용까지

1판 1쇄 2024년 8월 30일

저 자 장호덕 / 박군종 / 설상동
발행인 송광헌
발행처 복두출판사
주 소 서울특별시 영등포구 경인로82길 3-4
센터플러스 807호
(우) 07371
전 화 02-2164-2580
FAX 02-2164-2584
등 록 1993. 11. 22. 제 10-902 호

정가 : 24,000원
ISBN : 979-11-6675-536-1 93560

한국과학기술출판협회 회원사